제대로 이해하는
고교학점제

대한민국 교육의 새로운 도전

제대로 이해하는 고교학점제

이성대 지음 ────

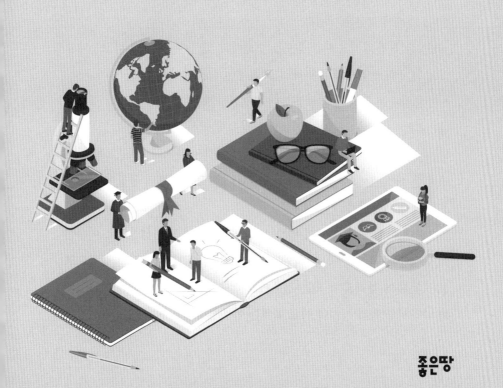

좋은땅

지금 이 글을 쓰고 있는 순간에도 세상은 끊임없이 변하고 있다. 미국과 중국의 무역전쟁의 여파가 어떻게 전개될지 누구도 예측하지 못하는 가운데 두려움만 증폭되고 있다. 그런가 하면 중국의 달 착륙선이 최초로 달 반대편에 성공적으로 착륙하여 탐사를 시작했다는 소식도 들려온다.

혁신의 상징이었던 애플이 직면한 위기는 혁신의 의미를 다시 한번 되새기게 한다. 혁신은 늘 도전하고 변화해야 함을 의미하는 것이다. 조금이라도 머뭇거리거나 현재의 성과에 안주해 있는 순간 뒤떨어지기 시작한다. 그래서 혁신은 어렵다.

세상은 복잡해지고 빠른 속도로 변화하고 있다. 우리는 그 한가운데에 있고 그 변화를 감당해내야 하며 그 속에서 길을 찾아야 한다.

이런 상황은 교육의 중요성을 더욱 절감하게 한다. 이제 과거의 경험보다는 다양하고 복합적인 요인들의 핵심을 파악하고 새롭게 주어진 문제의 해결책을 제시하는 능력이 필요하다. 이것은 과거의 학교 교육이 추구해 온 방식에서의 탈피뿐만 아니라 새로운 교육 체제의 등장이 요구되고 있음을 이야기하고 있다.

그런데 이런 교육 체제의 변화는 그 필요성이나 당위성만으로 이루어지지 않는다. 특히 우리 사회와 같이 대학입시에 대한 병적인 집착으로 모든 논의의 블랙홀이 되는 경우에는 더욱 그러하다. 자신의 이해관계에 따라서 교육적 가치나 목표 따위는 아무렇지도 않게 내던져도 상관없는 것이 된다. 이것은 단순히 대중에게서만 일어나는 현상이 아니다. 전문가를 자처하는 사람들도 대학입시의 문제에만 직면하면 그동안 자신들이 견지해 온 가치나 주장과 완전히 배치되는 전혀 다른 주장을 서슴지 않는 경우도 보게 된다.

다른 문제도 마찬가지이지만 우리 사회에서 교육의 문제를 해결하기 위해서는 대중의 설득이 매우 중요하다. 무엇보다 대학입시와 관련될 경우는 두말할 필요가 없다. 그런데 문제는 이런 대중의 여론이 좀체 설득되지 않고 잘못될 것이 뻔한 방향을 지향하고 있는 경우이다.

이럴 때 우리가 택할 수 있는 선택지는 여론의 반발에도 불구하고 정공법으로 나아가는 것과 우회적으로 목표에 접근하는 것이 있을 수 있다. 정공법을 선택하는 경우는 반발을 예상하고 이것을 설득하고 뚫고 나갈 논리와 의지를 확인해야 한다. 만만치 않은 일이다. 이에 반해 우회적 접근은 반발을 상대적으로 완화할 수 있으나 정교한 설계와 전략이 필요하다. 이 또한 쉽지 않은 일이다. 어떤 길이건 여론을 거스르고 나아가는 길은 상당한 고난을 각오해야 한다. 그래서 여론에 편승하는 쉬운 길을 택하기도 하는데 이것은 무책임한 대중 추수주의이다.

이런 점에서 교육개혁의 최우선 과제로 수능 개편안을 들고 나온 것은 미숙했다. 이미 수능의 비율이 크게 축소되었고, 상대적으로 확대된 학생부종합전형(이하 학종)에 대한 불만과 공격이 심상치 않은 분위기를 형성하고 있었다. 이런 상황에서 수능의 변별력을 약화시키려는 수능절대평가화는 수능 지지자들에게는 더 이상 물러설 수 없다는 절박함으로 다가 왔을 것이다. 상황만 관리해도 되는 유리한 고지에서 목숨을 건 싸움이 될 수밖에 없는 험지로 스스로 걸어 들어간 것이다.

이미 보수정권에서 수능축소라는 흐름이 형성되었고 그것을 잘 관리하고 새롭게 대두된 전장인 학종의 문제점에 대한 대중 설득이 우선되었어야 했다. 학종에 대한 끊임없는 문제제기는 자신의 주장을 옹호하기보다는 상대의 주장의 문제점을 드러냄으로써 자신의 주장을 대안으로 떠오르게 하는 전형적인 전략이다. 따라서 학종에 대한 공격을 교육적 가치와 당위성으로 설득하고 문제점을 보완하는 논쟁으로 이끌어 나갔어야 한다. 교육의 목표와 지향만을 놓고 보면 수능은 고려의 가치가 없는 최악의 평가시스템이 되었기 때문이다. 충분히 승산이 있는 싸움이었음에도 불구하고 잘못된 전장의 선택으로 수능확대라는 예상하지 못한 결과지를 받아들고 말았다.

이미 엎질러진 물이라 결과를 되돌릴 수는 없다. 그렇지만 우리 교육의 목표와 지향하는 가치를 다시금 되살펴 보고 다가오는 미래를 위한 교육의 역할을 진지하게 논의하는 것마저 포기할 수는 없다. 과연 대학입시에 따라서 모든 교육정책이 좌우되는 것이 바람직한지 그리고 현재의 대학입시의 선발방법이 올바르고 공정한지에 대한 논의는 지속되어야 한다. 그러나 하루아침에 대중의 생각이 바뀌지는 않을 것이다. 따라서 대중의 설득과 교육 개혁을 위한 우회적인 접근이 동시에 병행되어야 한다.

이런 점에서 고등학교 교육을 혁신하기 위한 핵심적인 과제로 대두되고 있는 고교학점제에 대한 관심과 기대가 높아질 수밖에 없다. 어쩌면 고교학점제는 우리나라 고등학교의 교육을 내실화하면서 그동안 우리 사회의 고질적인 병폐인 대학입시의 문제까지 해결할 수 있는 묘안이 될 수 있을지도 모르기 때문이다.

그러나 고교학점제에 대해서 전문가들 사이에서도 그 수준과 방법에 대한 이해의 차이가 심해서 학교 현장과 학생, 학부모들의 혼란을 야기하고 있다. 어쩌면 대중은 별 관심이 없는 문제인지도 모르겠지만 정책에 대한 일치하는 목표지점이 없을 경우 추진 과정에서의 어려움뿐만 아니라 원래 목표한 효과에 도달하지 못하는 난감한 상황을 맞이하게 될 것이다.

따라서 이러한 혼란을 해소하고 고교학점제에 대한 올바른 이해를 돕기 위해서 이 책에서는 고교학점제란 무엇인지? 다른 나라에서 이루어지고 있는 학점제의 형태와 사례를 자세히 소개하고자 한다. 그리고 우리나라에서 고교학점제를 도입하기 위해서 필요한 전제와 올바른 학점제의 도입이 가져올 파급효과와 구체적으로 대학입시의 변화를 유도할 수밖에 없는 요인에 대해서 설명함으로써 학점제의 시행에 따른 교육의 변화를 전망하고자 한다.

그리고 고교학점제뿐만 아니라 미래교육을 위한 전 세계의 도전을 소개하고 우리 교육이 나아가야 할 방향에 대해 필자의 의견을 제시하고자 한다. 여기에는 현행학제의 문제점과 개편의 필요성, 미래교육 생태계의 방향이 당연히 포함될 것이다.

CONTENTS

고교학점제 이해

왜 학점제인가?

'왜 학점제를 해야 하고 어떻게 해야 하는지?' 이 질문으로부터 고교학점제에 대한 이해를 시작해 보기로 하겠다.

우리나라의 교육은 정상이 아니다. 매우 비정상적인 상황에 놓여 있다. 모든 교육이 대학입시에서 한 발짝도 움직이지 못했다는 것을 최근의 사회적 논란이 이를 증명하고 있다. 소위 말하는 명문대학을 졸업해도 50% 이상이 놀고 있고, 여러 가지 데이터가 학벌이 더 이상 작동하지 않음을 보여 주고 있다. 그럼에도 아직도 여전히 학생과 학부모들은 대학입시에 모든 것을 걸고 있다.

사람들은 자신이 듣고 싶은 것만 듣고, 보고 싶은 것만 보며, 기억하고 싶은 것만 기억한다. 이 말을 증명하듯 여전히 좋은 대학이 행복한 인생을 보장해 준다는 미신의 힘은 강력하게 작동하고 있는 것이다.

게다가 좋은 대학을 진학한 학생들이 정말 우리 사회가 요구하는 뛰어난 능력을 갖춘 인간들일까? 이 질문에 대해서도 우리는 확신을 가지고 대답하기 어렵다.

최근에 드러난 소위 선망 대상 기업들의 취업부정 사건은 부정의 유형이 취업청탁과 성적 조작으로 심각한 수준임을 보여 준다. 그런데 여기서 이야기하려고 하는 것은 특히 면접점수를 조작해서 특정대학 출신들을 합격시킨 사례이다. 면접점수 조작은 우리나라 인재상이 잘못되고 왜곡되어 있음을 잘 드러내고 있기 때문에 주목할 필요가 있다. 면접점수를 조작할 수밖에 없었던 이유는 무엇일까? 면접 과정에서 우리의 예상과 달리 명문대학 출신의 지원자가 더 낮은 형편없는 점수를 받았기 때문이다. 이를 뒤집기 위해서 보정이라는 이름으로 점수를 조작한 것이다. 전문용어로 계급장 떼고 붙어 보니 우리가 우수하다고 했던 사람보다 능력이 떨어질 것이라고 이등국민 취급했던 소위 지잡대 출신이나 다른 학교 출신들이 더 우수한 능력을 갖추고 있었다는 것이다. 여기에는 우리 사회의 뿌리 깊은 학연이 강력하게 작용했다. 현재 조직의 상층부를 대부분 차지하고 있는 특정대학 출신들이 자신의 출신대학 후배들을 뽑기 위해서 범죄행위까지 서슴지 않았다는 것이다. 우리가 가지고 있는 엘리트에 대한 미신이 얼마나 허무한 것인지 확인하게 되는 씁쓸한 증거이다.

이런 사실은 많은 기업 인사부서 담당자들로부터 오래전부터 흘러나오던 이야기이기도 하다. 최근에 기업들이 스펙이나 시험성적 등을 신입사원 선발에서 반영하지 않는 이유는 이런 것들이 개인의 능력을 증명하지도 못하고 오히려 왜곡시켜서 꼭 필요한 사람을 뽑는 데 도움이 되지 않기 때문이다.

그리고 사회의 변화는 이제 과거의 인재상에 결별을 선언해야 한다고 경고하고 있다. 미래의 인재는 지식을 많이 알고 있는 사람이 아니다. 지식을 활용하고 이를 통해서 새로운 문제를 설정할 수 있는 사람, 다른 사람들의 전문성을 연결하고 협력을 통해서 문제를 해결해 낼 수 있는 사람을 지목하고 있다.

그럼에도 우리 사회는 여전히 산업사회의 미몽에서 벗어나지 못하고 있다. 좋은 대학만 가면 모든 것이 해결될 것이라는 잘못된 믿음이 신념화되고 이것은 다시 우리나라 유초중등교육을 상급학교 진학을 준비하는 과정으로 왜곡시켜 파행적으로 운영되도록 압박하는 구조를 고착화한 것이다.

이로 인한 사회적 폐해는 다양하고도 심각하게 진행되어 왔다. 특히 대학입시와 직접 연결되는 고등학교 교육을 심각하게 왜곡시켰으며 대학입시에서 문제의 해결책을 찾으려는 오류에 빠져들었다.

수없이 많은 대학입시의 개편 시도가 있었고 논란도 끊이지 않았다. 그러나 수많은 사례가 보여 주듯이 대학입시 제도를 바꾸는 것은 대학입시의 문제를 해결하는 것이 아니라 또 다른 학교 교육의 왜곡과 사교육의 팽창을 불러왔다. 그런 경험은 우리 교육의 문제는 대학입시의 변화만으로 또는 학교 교육의 개혁만으로 해결하기 힘들다는 것을 증명할 뿐이었다. 그것은 다른 측면에서 제도가 문제가 아니라는 시니컬한 방관주의를 낳기도 했다. 어떤 좋은 제도를 만들어도 사교육업계와 학부모들은 빈틈을 찾아내고 제도를 왜곡시킨다는 절망적 분석까지 유통된다. 실제로 그래 왔다. 다른 나라에서 성공적으로 운영되고 있는 좋은 제도를 들여와도 우리나라에 들어오면 이에 대응하는 사교육이 생겨나고 이것이 다시 공교육을 교란하는 결과를 가져왔다. 귤이 회수를 건너면 탱자가 된다는 경구를 제대로 확인시켜 주는 사례가 된 것이다.

물론 자녀를 위한 부모의 노력과 투자를 무조건 비난할 수는 없다. 우리나라 학부모들은 고도의 산업화 과정에서 성장과 부의 축적, IMF를 통한 급격한 몰락과 안전망이 없는 사회의 비정함을 동시에 경험했다. 이들이 자녀의 성적과 대학입시에 모든 것을 거는 극단적인 모습을 보이는 것은 당연할 수도 있다. 그렇다고 해서 그 선택이 잘못된 길을 향하고 있다는 사실까지 변할 수는 없다.

우리 사회는 중요한 시기를 맞이하고 있다. 더 이상의 고도성장이 불가능한 경제구조에다 미래 사회의 거센 도전이라는 샌드위치에 갇힌 꼴이다. 이미 저성장 사회에 진입한 것은 되돌리기 어렵다면 미래를 위한 준비는 교육에서 시작되어야 한다. 그 효과가 오랜 기간에 걸쳐서 나타나므로 이미 늦었다는 비관론도 있지만 그래서 교육의 혁신을 위한 도전은 미룰 수 없는 긴급한 과제이다.

그런데 우리 사회의 관심은 아직도 대학입시 방법에 대한 논의에 머물러 있다. 앞서의 정시 수시 비율 논란은 지엽말단의 문제일 뿐이다. 핵심은 건드리지도 못하면서 표피에 드러난 문제에 사회적 에너지를 낭비하는 것은 참으로 탄식할 수밖에 없는 일이다. 미래를 위한 올바른 교육개혁의 방향은 단순히 대학입시 제도의 개선으로 접근해서는 안 된다. 대학입시에 대한 국민적 관심이 높고 민감한 사안이므로 이를 무시할 수는 없었을 것이다. 그것을 부정하는 것이 아니라 이를 우회적으로 해결할 수 있는 접근과 문제의 본질을 건드리는 방안이 필요했던 것이다. 그것이 정책전문가들에게 기대하는 역할이 아닐까? 평범한 동네 주민들이 생각할 만한 일들로 논란을 벌이는 것이 과연 정부와 정책전문가들이 해야 할 일이었는지 되새겨 볼 필요가 있다.

다시 말하면 대학입시의 문제는 원래의 목적인 대학에서의 학문탐구와 성장 가능성의 평가에 충실한 방법이 무엇인지에 중점을 두고 다시 검토해야 한다. 그리고 유초중등교육이 자체로서의 목적을 충실히 달성할 수 있는 방안의 모색이라는 차원에서 분리해서 접근해야 성공할 수 있을 것이다. 즉 대학입시로 인해서 유초중고의 교육이 받는 영향을 최소화하고 가능하면 서로 분리할 수 있는 방법을 찾아야 한다.

이것은 대학입시 제도의 변화와 더불어 유초중등교육 왜곡의 정점에 있는 고등학교 체제의 획기적인 전환이 교육개혁에서 가장 중요한 과제임을 의미한다.

실제로 우리나라에서 고등학교 교육은 오랫동안 독립적으로 운영되어 온 경험이 없다. 대다수가 그렇듯 고등학교는 당연히 대학입시를 준비하는 기관으로 인식되고 고등학교 교육의 모든 초점이 대학입시에 맞추어져 왔다. 대학입시에 유리한 것이면 교육과정을 파괴하더라도 그 누구도 문제 삼지 않는다. 그것이 법을 위반하는 것임에도 그런 의식조차 없어질 정도로 당연시되었다. 오히려 아무리 의미 있고 중요한 과정이라도 대학입시에 도움이 되지 않을 것 같으면 큰 반발에 부딪치고 공격당하기 일쑤였다. 쓸데없이 예체능 과목을 할 바에는 자습이나 시키라는 무식하고도 용감한 말들을 서슴없이 해 왔던 것이 우리 교육의 흑역사이다. 그래서 하루 종일 대학입시 문제풀이로 시간을 보내도 누구도 문제를 제기하지 않았다. 학생과 학부모들도 공공연히 그런 수업을 요구해 왔다. 우리나라 교육과정 어디에도 기출문제 풀이라는 학습내용은 없음에도 말이다. 더 웃기는 일은 국가가 나서서 EBS 수능이라는 기이한 일들을 벌이고 있다는 것이다.

이렇게 고교교육이 대학입시에 종속되고 대학입시에서 좋은 성과를 담보하는 단계로서 역할을 설정함에 따라 유초중등 과정의 모든 교육이 입시를 준비하는 과정으로 왜곡되어 왔다. 그 결과 학교 교육이 학생 개개인의 흥미와 진로를 발견하고 이를 키워 가는 역할이 아닌 입시에서 좋은 성적을 얻기 위한 시험 훈련 기관으로 전락하고 말았다. 이런 시험에 대비하는 것은 사교육을 유발할 수밖에 없다. 반복해서 그리고 시간을 많이 들일수록 효과가 나는 구조에서 학교 교육만으로는 당연히 경쟁이 되지 않으니 더 많은 시간을 사교육으로 채워나가는 것이다. 그것이 효과가 있든 없든 애초에 문제가 되지 않는다. 이런 상황에서 학생들의 진로와 재능을 바탕으로 교과 선택권을 보장하는 것은 문서에서만 존재하고 이를 주장하는 것은 현장을 모르는 이상주의자들의 헛된 구호로 취급되어 왔다.

이러다 보니 우리나라에서는 특성화고를 나오지 않는 이상 고등학교를 졸업해도 대학을 가지 않으면 아무것도 할 수 있는 것이 없는 나약한 인간들을 길러내 왔다. 그래서 일찌감치 대학경쟁에서 뒤처진 학생들은 희망을 잃고 학교에서 무의미한 존재가 된다. 일부 소수의 좋은 대학을 갈 만한 아이들만 학교에서 의미 있는 존재가 되는 것이다. 이렇게 학교란 많은 학생들에게 가능성을 키워 가고 성장해 가는 공간이 아니라 스스로 절망하고 존재로서의 가치가 부정당하는 고통스러운 공간이 된다. 대학입시를 위한 경쟁 구조 속에 예속되어서 제대로 학생의 미래를 준비할 수 없는 학교의 구조는 교실 붕괴현상과 탈학교의 가속화를 초래하였다. 문제원인을 놓고 누구를 탓할 필요가 없다. 우리 모두가 자초한 당연한 현상이고 자업자득이다.

그런데 대학입시를 준비하는 학생들도 큰 차이는 없다. 자신의 진로와 희망에 관계없이 천편일률적인 교과목을 수강하고 동일한 잣대로 평가받는다. 그러다 보니 자신이 정말 무엇을 좋아하는지 어떤 재능이 있는지 알지 못한 채 오로지 대학입시를 위해서 전력 질주하는 형편이다. 이런 상황에 대한 비판이 높아지자 이제는 아이들이 꿈을 찾는 교육을 하겠다고 외친다. 그래놓고는 꿈을 찾으라고 윽박지른다. 모든 사람이 어린 시절부터 자신이 무엇을 하고 싶은지, 무엇이 꿈인지 알 수는 없다. 오히려 꿈을 가지라고 강요하는 것이 폭력이다. 그래서 꿈을 강요하는 요즘의 진로교육을 폭력이라고 비판하는 것이 전혀 터무니없는 것만은 아니다. 그러나 그런 고민조차 할 수 없는 구조 속에 사는 것과 아직 꿈을 발견하지 못한 것은 전혀 다른 이야기다. 이렇게 우리 교육은 미래사회의 보편적 가치와 미래교육이 지향해야 할 목적과 역할에서 한참을 벗어난 채 과거로의 퇴행을 거듭하고 있다.

유치원, 초등학교, 중학교의 교육의 변화는 어느 정도 진척되고 있고 그 효과도 증명되고 있다. 혁신학교의 등장이래로 획기적인 변화를 보인 부분도 적지 않다. 자유학기제가 일정 부분 긍정적인 영향을 미치고 있다고 한다. 그러나 고등학교에만 오면 이 모든 것이 작동을 멈추고 오히려 과거의 관행이 더 공고해지고 있다. 따라서 우리나라의 교육 왜곡을 해결하기 위한 핵심적인 과제로 고등학교 교육의 혁신은 매우 절실한 과제이다. 수많은 논쟁이 거듭되어 왔지만 대학입시의 개선으로 고등학교 교육의 변화를 기대하기는 쉽지 않은 듯하다. 그간의 경험을 통해서 알 수 있듯이 교육의 변화는 시간이 걸리고 더디게 이루어진다. 그런데 눈앞의 입시는 매년 일어나는 일이고 이해관계자들의 유·불리가 첨예하게 부딪치는 문제다. 대학입시의 변화를 논하는 순간 그 결과는 늘 그렇듯 극한적인 대립으로 치닫게 된다. 대학입시에 대해서 이야기를 꺼내는 순간 모든 교육적인 논의는 사라진다. 대학입시의 변화가 누구에게 유리하고 불리하냐에 따라 새로운 대립을 만들어 내고 그것이 다시 고등학교 교육을 지배하는 현상이 반복된다. 똑같은 노래를 무한 반복하는 고장 난 레코드판이 우리 고등학교 교육의 모습이다.

따라서 유초중고의 교육을 제대로 정상화하기 위해서는 고등학교 교육에서의 변화가 필요하다. 최소한 고등학교 교육을 대학입시의 종속으로부터 벗어나게 해야 한다. 그래서 고등학교 교육은 그 자체로 완성형이 되고 이것이 대학입시에서의 자연스러운 변화를 유도하는 방식의 접근은 시도해볼 만한 가치가 충분히 있다.

고교학점제는 충분히 그 역할을 할 수 있는 여러 가지 기본적인 기능과 장점이 있다고 평가된다. 그래서 교육개혁을 위한 중심과제로 학점제의 시행이 논의되는 것은 어찌 보면 당연한 귀결일 수 있다.

우리사회가 이 시점에서 왜 고교학점제의 도입을 시도해야 하는지에 대한 설명으로 충분한지는 확신할 수 없다. 그러나 고교학점제를 통해서 고등학교 교육의 정상화 그리고 대학입시의 변화 유도라는 두 가지 중요한 역할을 기대할 수 있다는 점은 확실하다.

이런 배경으로 학점제에 대해서 교육관계자들이 거는 기대도 매우 높다. 물론 학점제에 대한 인식에는 받아들이는 사람마다 온도차가 있는 것도 분명하다. 이 차이는 어떻게 학점제를 도입할 것인지에 대한 인식의 차이를 드러내게 된다. 이를 이해하기 위해서 자연스럽게 학점제가 무엇이고 어떻게 도입해야 하는지에 대한 이야기로 넘어가 보자.

고교학점제 도입은 선택이 아닌 필수?

고교학점제의 도입은 끊임없이 주장되어 온 만큼 그 당위성에 대해서는 큰 논란이 없는 듯하다. 물론 현실적인 문제를 이유로 반대하는 입장이 없는 것은 아니다. 하지만 고교학점제의 본질적인 문제를 지적하는 것은 아니므로 제도 보완의 문제이지 도입여부에 대한 결정적인 걸림돌은 아니다.

그럼 왜 다른 교육정책과 달리 고교학점제의 도입에 대해서 다수가 동의하고 그 필요성에 공감하는 것일까? 그것은 고등학교 교육이 기본적인 교육을 마무리하는 단계에 해당하면서 동시에 진로 준비의 요구를 포함하고 있기 때문일 것이다. 이런 요구에 충실하기 위해서 고등학교에서 학습은 시민으로서의 소양을 갖추기 위한 충분한 내용을 다루면서도 학생 개인의 흥미, 적성, 능력을 고려한 향후의 진로선택과 매우 깊게 연관되어야 한다. 이러한 점을 고려할 때, 학점제의 핵심적 특징의 하나인 선택 교육과정은 학생들의 선택이 고등학교의 본질적인 교육기능이어야 한다. 특히 진로탐색과 준비를 원활히 수행할 수 있도록 편성 운영되므로 고등학교 교육에 대한 일반적인 요구와 매우 정합성이 높은 제도이다. 이미 우리나라에서도 교육과정 편성 시에 선택과목들 간의 관련성과 계열성을 확보하고, 학생들이 적성과 진로에 따른 올바른 선택을 할 수 있도록 안내하려는 학교의 노력이 확대되고 있다. 이러한 학교들의 시도는 그것이 고등학교 교육목표에 좀 더 충실하기 위한 것이기 때문이다. 우리나라 교육과정은 그 자체가 이미 고교학점제의 기본적인 구조를 수용하고 있다. 우리나라 고등학교 교육과정은 학점제의 기본조건인 선택형 교육과정이다. 오래전부터 적어도 고등학생들은 자신의 진로와 흥미에 따라서 과목을 선택해야 한다는 합의가 있었던 것이다.

교육과정이란 우리나라 교육의 목표와 지향, 그리고 세부적인 학습의 내용과 학생들이 학교 교육을 통해서 성취해야 할 수준을 제시하는 기본 문서이자 학교 교육에서 지켜야 할 엄격한 가이드라인이다. 이를 어길 경우 심각한 책임을 추궁 당할 수도 있는 엄격성 때문만이 아니라 교육과정에서 제시되고 있는 내용이 교육적으로 매우 중요한 것들이기 때문에 가볍게 다루어져서는 안 된다. 그럼에도 대부분의 학교와 학부모들은 교육과정에서 제시하고 있는 학습목표나 내용에는 관심이 없다. 오로지 교과서를 끝까지 다루었는지만을 중요하게 생각한다. 우리는 그것을 진도라고 부르는데 이 진도에 목숨을 걸고 그것이 전부라고 생각한다. 그러나 교과서의 내용은 교육과정에서 다루어야 할 학습내용의 예시일 뿐 그것이 절대적인 것은 아니다. 오히려 교과서를 전부 꼼꼼히 다루더라도 교육과정이 추구하는 바를 제대로 달성하지 못하는 경우 그 교육은 실패한 것으로 보아야 한다. 그것이 더 큰 문제인 것이다. 문제는 아무도 이 중요한 것을 중요하게 여기지 않는 것이다.

　얼마 전 혁신학교 지정 논란과 관련해서 한 학부모가 인터뷰한 내용에 그런 이야기가 나온다. "교과서 진도를 다 끝내지도 않는다고요." 물론 학부모의 입장에서 할 수 있는 이야기이다. 그러나 교육적으로 보면 무식해서 할 수 있는 대단히 용감한 주장이다. 진도를 강조하다 보면 교사의 역할은 매우 단순하고 수월해진다. 학생들이 제대로 배우고 있는지와 상관없이 교과서의 내용만 끝내면 된다. 진도만 빼 주고 교사로서는 할 일을 다한 것이다. 그것으로 부족하면 알아서 사교육을 찾아가는 편리한 시스템이 존재하기 때문이다. 그러나 그것은 교육이 아니다.

　이것은 일부 학교만의 이야기는 아니다. 우리나라 학교의 상당수가 교육과정을 제대로 지키고 있지 않다. 특히 고등학교의 경우는 대부분이 이런 경우에 속한다고 해야 할 것이다. 그러니 학생들의 과목 선택의 기회를 확대하고 존중해야 한다는 교육과정의 기본 방향을 지키지 않으면서도 아무런 문제의식을 가지지 못하는 것은 말할 나위도 없다. 특히나 수능준비를 위해서 EBS 문제 풀이 수업을 하는 것은 교육과정을 전면적으로 부정하는 행위이다. 문제풀이를 하는 것도 교육의 한 방법이 될 수 있다. 그러나 그것이 교육과정에서 정하고 있는 학습내용과 성취수준을 제대로 반영하지 못하기 때문에 비판하는 것이다. 법으로 정한 교육과정을 어기는 범법행위가 공공연하게 학교에서 이루어지고 있는데도 누구도 문제제기를 하지 않는다. 오히려 그것을 강요하고 있는 것이 현실이다. 앞에서 언급한 학부모도 이런 수업을 희망할 것이다.

　그것이 어떻게 학생들의 사고를 경직시키고 그들의 성장을 방해하는지에 대해서는 관심이 없는 듯하다. 오로지 대학입시에 유리한 길이라는 미신에 갇혀서 자신들이 무슨 잘못을 하는지도 모른 채 아이들을 내몰아치고 우리 모두의 미래를 파괴하는 일을 서슴지 않는 것이다.

우리 교육과정이 학생의 진로와 선택을 강조하는 내용과 방향을 담고 있는 것은 다른 특별한 이유가 있는 것이 아니다. 그래야 하고 당연하기 때문이다. 그것이 교육이고 이것은 누구도 부정할 수 없는 당연한 흐름이다. 고등학교 교육은 학생들의 진로와 직접적으로 연계되어 이루어져야 하는 진로 준비 과정이다. 따라서 전반적인 지식과 인성 함양에 치중하는 보통교육 단계와는 달라야 한다. 자신의 진로와 관련된 보다 전문적이고 특화된 선택과목들을 집중적으로 수강하는 것을 대부분의 나라에서 공통적으로 확인할 수 있는 사실이다. 물론 진로를 구분하는 시기가 좀 더 일찍 이루어지는 독일[1]이나 대학입시를 위한 특별한 과정이 있는 영국[2]은 예외이다. 이들 나라에서도 우리나라 고등학교 단계에서 학생의 교과 선택은 당연한 것으로 받아들여지고 있다. 고등학교 교육과정이 학생들이 자신의 진로나 흥미에 따라서 과목을 선택해서 이수하는 방식으로 전환되어야 하는 것은 선택이 아니라 필수이다.

물론 학점제라는 것이 학생들에게 교과목을 선택할 수 있는 권리를 확대해 주는 것으로 단순화할 수는 없다. 가장 알기 쉽게 설명하자면 그런 것이다. 학생들에게 단순히 선택할 권리만 준다고 고교교육이 확 달라질 것이라고 믿는 것은 매우 순진한 생각이다. 그렇게 생각하는 전문가는

---

1   독일에서도 너무 이른 시기에 진로를 결정하는 문제에 대한 비판이 나오면서 통합형 종합학교인 게잠트슐레(Gesamtschule)가 확대되고 있다.

2   영국은 대학진학을 위해서 A-level 과정, Six-form School 등으로 불리는 2년 과정의 학제를 운영하고 있다. 중등 과정(11학년)을 마치면 2년 과정(12~13학년)으로 대학입시를 위한 특정 과목을 수강하고 시험을 치르게 된다. A-level 2년차 과정은 대학수준의 어려운 내용을 공부하게 되므로 영국은 대학이 3년 과정이다.

아마 거의 없을 것이다. 이 문제는 추후에 좀 더 자세히 설명할 기회가 있을 것이다.

그럼 고교학점제가 고등학교 교육을 혁신할 수 있는 매우 중요한 그리고 결정적인 정책이 될 수도 있다는 가정이 어떻게 가능할까? 기본적으로 학점제가 전제하는 학생의 교과목 선택권은 학생들이 수업에 관심을 가지고 나아가 몰입할 수 있도록 하는 기본적인 조건이기 때문이다. 현재의 대부분의 고등학교에서처럼 학교에서 정해 주는 과목을 수동적으로 수강하는 방식에서는 많은 교과목에서 동기를 부여받기는 어렵다. 동기는 필요나 흥미에서 나오는 것이다. 흥미롭지도 자신에게 필요하지도 않다고 생각되는 지식에 관심을 가지고 몰입하기란 결코 쉽지 않은 일이다. 그래서 우리나라 학생들은 학교 공부를 고통을 감내하는 과정이라고 생각하는 것이다. 어쩔 수 없이 참아 내야 하는 인내의 과정이며 극단적으로는 -학생이라는 죄인이기 때문에- 빨리 끝내고 싶은 지긋지긋한 형벌로 생각하기도 한다. 배움의 즐거움이나 희열을 느끼는 것은 생각조차 할 수 없는 먼 나라의 이야기인 것이다.

이로 인해서 우리나라 국민의 학습역량은 매우 낮은 수준에 머물러 있다. 실제로 OECD의 국제성인역량조사(Program for the International Assessment of Adult Competencies, PIAAC)에서 우리나라 성인의 학습 전략 수준은 일본과 더불어 최하위를 기록하였다. 국제성인역량조사에서 학습전략 관련 문항은 '나는 새로운 아이디어를 듣거나 읽으면 이를 적용할 수 있는 실제 상황을 떠올려 본다', '나는 새로운 것 배우기를 좋아한다', '나는 새로운 것을 접하는 경우 이미 알고 있는 것과 관련지으려고 한다', '나는 어려운 문제를 속속들이 파헤쳐 이해하는 것을 좋아한다', '나는 서로 다른 아이디어가 어떻게 연결되는지 파악하는 것을 좋아 한다',

'나는 어떤 일이 잘 이해가 되지 않으면 이를 더 잘 이해하기 위해 추가적인 정보를 찾는다' 등으로 비판적사고, 정교화, 상위인지적 자기조절과 노력조절, 그리고 조직화와 관련된 내용이다. 요즘 어디에서나 등장하는 4차산업혁명 시대를 위해서 필수적이라고 이야기되는 요소들이다.

학습이란 세상을 살아가면서 끊임없이 배우고자 하는 관심과 배울 수 있는 능력을 기르는 것이어야 한다. 그럼에도 우리나라 학생들의 학습에 대한 호기심이나 행복도는 OECD 최하위 수준임은 익히 알려져 있는 사실이다. 이런 점에서 우리나라 성인들의 배움에 대한 호기심과 학습능력이 OECD 국가 중 최하위 수준을 기록한 것은 별로 놀랍지 않은 결과이다. 이렇게 성장한 학생들이 성인이 되었을 때 학습역량이 떨어지는 것은 당연한 일이다. 학습에 대한 즐거움과 호기심을 경험하지 못하는 학교 교육은 교육의 원래 목표인 끊임없이 배우고자 하는 관심과 능력을 기르는 역할을 정면으로 부정하는 것임을 잘 드러내고 있는 우려스러운 지표들이다.

학생들에게 자신들이 마음대로 교과목을 선택할 수 있는 작은 자율권만 주어져도 학생들의 만족도가 크게 높아진다는 것을 몇몇 학교에서 이미 보여 주고 있다. 학생의 선택권이 배움의 질을 높이는 단계까지 보장하지는 않는다. 그러나 적어도 학생들이 억지로 강요된 수업을 듣느라 고통 속에서 시간만 죽이는 일은 크게 줄어든다는 것은 증명하는 것이다. 이것은 자신이 선택했기 때문에 그만큼 적극적으로 수업에 임하게 되고 책임감도 달라지기 때문으로 보인다. 비슷하게 대학에서도 자신이 원하는 수업을 선택해서 수강하는 학생과 수강신청 경쟁에 밀려서 어쩔 수 없이 수강하게 된 학생이 수업에서 보여 주는 자세는 현격하게 차이가 난다.

학생 자신의 주도적인 선택이 학습에 일정 부분 긍정적으로 작용한다는 점은 부정할 수 없는 사실이다. 실제로 학생 선택권을 확대하고 있는 학교를 대상으로 이루어진 설문조사나 교사, 학생 인터뷰에서 이런 사례를 충분히 확인할 수 있다. 다음의 인터뷰 내용은 고교학점제 사례집과 각종 자료에서 필자가 발췌, 재정리한 내용들이다.

인터뷰를 통해 본 학생, 학부모, 교사들의 생각

학생들의 인터뷰를 정리해 보면 자신이 듣고 싶고 흥미가 있는 과목을 선택하는 것에 대한 만족도가 매우 높았다. 그러면서도 대학입시에 대한 불안감을 감추지는 못했다. 학부모들도 학생들이 교실을 옮겨 다니면서 수업을 듣는 것에 대한 불만이 있었지만 학생들이 만족함에 따라 찬성하는 입장으로 바뀌고 있었다. 반면 정보의 부족을 토로하며 막막한 심정을 피력하기도 했다. 교사들은 입장이 엇갈리고 있는데 학생들의 진로에 따른 과목 선택의 긍정적인 측면을 높게 평가하기도 하지만 현재의 학교의 여건이 교사들을 힘들게 할 것을 우려하고 대입제도의 변화 없이 고교학점제를 도입하는 것은 큰 효과를 기대하기 어렵다는 의견도 개진하고 있다.

학생들의 인터뷰

S고 학생 "자기가 듣고 싶은 수업을 선택해 듣기 때문에 딴 짓할 틈이 없다."
D고 학생 "흥미가 있고 공부하고 싶은 과목을 골라서 들으니까 집중도 잘되고 성적도 더 올랐어요. 확실히 좋은 것 같아요."

B고 학생 "진로에 맞는 과목을 더 전문적으로 배울 수 있어 수업참여도가 높고 분위기가 향상된다는 점과 함께 문·이과 경계가 흐려진다는 점이 장점임.", "인원수가 부족해 과목이 개설되지 않거나 기존 교육처럼 평가와 대입준비 위주로 진행될 경우 취지가 무색해지거나 학생들의 부담이 늘어날 것이다."

H고 학생 "지금 변화 태동기에 있는데, 우리가 이 변화를 포기한다면 우리 교육은 다시 획일화된 지식 위주 교육체계로 갈 것 같다. 학생 이전에 사람으로서 각자의 가치와 색깔을 갖고 있다. 현실적인 고난이 있을 수 있지만, 꾸준히 논의해 나가면 내일의 교육이 언젠가 오늘의 교육이 될 것이다."

학부모 인터뷰

고등학교 학부모 "자녀가 처음에는 교실을 옮겨 다니며 수업 듣는 것을 솔직히 불편해했다." "지금은 원하는 수업을 본인이 선택한다는 데 대해 굉장히 즐거워하며 공부하고 있다."

중학교 학부모 "정보가 없어 아이들 진로를 어떻게 결정해야 할지 잘 모르겠다." "망망대해에 떠서 알아서 배를 저어 가야 되는 그러한 상황인 것 같아서 솔직히 걱정이 많이 된다."

교사 인터뷰

"수강생이 적은 과목의 경우 석차, 비율을 기반으로 한 등급제로 성적을 매기면 낮은 등급을 받을 확률이 커진다."라며 "수강생이 많은 주요 과목으로 학생이 쏠리는 부작용을 막기 위해 평가 방법에 대한 정책적 배려가 필요하다."

"학생들을 지켜보면 진로와 진학의 선택을 강요당한다는 생각이 들어요. 진로를 정했다고 말하는 학생과 상담해 보면 자기의 흥미와 적성과는 관계없이 부모나 선생님, 사회구조에 의해 은연중에 강요당한 선택을 자기 것으로 생각하는 경우가 많습니다. 이때 저는 '꿈 너머 꿈'을 생각하라고 조언해요. 학생이 정한 직업이 교사라면 '교사가 돼서 뭘 할건데? 그 다음은 또 무엇을 하고 싶니?'라고 계속 질문을 던지는 겁니다. 그러다 보면 그 학생이 희망하는 직업이 정말 자기가 원하는 길인지 다시 생각하게 되죠. 이런 과정을 거쳐야 한 사람의 인격체로서 주도적으로 성숙한 미래를 그려볼 수 있다고 믿어요."(출처: 대학저널)

"고교학점제 도입을 위해서는 무엇보다도 대학입제도 개선과 교과 재구조화가 필요하다."

"학생부종합전형이 도입된 지 꽤 오랜 시간이 지났지만 대학과 고교 간 의견 차이가 있듯 교육제도와 실제 현장 간 괴리로 발생하는 문제들은 촘촘히 따져 보고 시행하는 것이 바람직할 것."

"대입 제도를 바꾸지 않은 채 무턱대고 학점제를 실행하는 것은 문제다."

학점제, 거대한 벽에 가해지는 심상치 않은 균열

요즘 학부모 대다수의 고민은 자녀가 좋은 성적으로 좋은 대학을 가는 것이 아니라고 한다. 그냥 학교만 행복하게 다니고 하고 싶은 것, 꿈이 있었으면 하는 것이 소박한 소망이라는 것이다.

그 어려운 걸 아이들에게 해내기를 기대하다니 참 꿈도 크기도 하다. 더구나 그것을 소박한 소망이라고 생각하다니 그래서 아이들이 부모들과 대화를 회피하는 건 아닐까?

여전히 아이들은 대학입시라는 부담이 자신들의 어깨를 짓눌러 오는 것을 실감한다. 그리고 꿈이 없으면 그 인생이 쓸모없는 것처럼 느끼게 하는 압박 속에 하루하루 살아간다. 그래도 과목을 선택하는 행위만으로도 자신이 하고 싶은 것에 도전하고 그것을 배워 가는 즐거움을 경험할 수 있는 공간이 생겼다는 것에 큰 의미를 부여할 수 있을 것이다.

이것이 학점제가 가져올 작은 변화이지만 그것은 지금까지 우리 학교를 지배해 온 거대하고 폭력적인 지배의 구조-학생의 선택권을 배제한 학교와 교사 중심의 획일적이고 표준화된 교육과정, 학생의 다양한 재능과 가능성을 꺾어 버리는 편협하고 획일적인 평가를 깨뜨리는 의미 있는 균열을 만들어낼 수 있다는 기대를 갖게 한다.

이 이야기는 우리 사회가 그리고 학교가 학점제를 통해서 학생들이 엄청나게 똑똑해질 것을 기대하거나 학습 수준이 획기적으로 높아질 것을 기대하는 것이 아니라면-사실 이것은 가능하지 않은 환상이다-학점제는 기대 이상의 큰 변화를 유발할 수도 있을 것이라는 점을 말하고자 하는 것이다.

학생들의 배움이 질적으로 성장하고 학습 수준이 높아지기 위해서는 교육과정의 해석과 수업의 혁신, 그리고 평가 방법의 변화 등이 우선되어야 한다. 학점제는 이런 직접적인 교육의 내용을 변화시키는 것보다는 이런 변화를 만들어 가기 위한 틀을 제공하는 것에 해당된다고 해야 할 것이다.

학점제에 기대가 높은 이유는 지금까지 공고하게 구조화되어서 학교와 교실을 옴짝달싹하지 못하게 옥죄어 오던 보이지 않는 족쇄들을 무장 해제하는 결정적인 역할을 할 수 있게 될 것이기 때문이다. 물론 '제대로 운영하기만 한다면' 그렇다는 이야기다.

먼저 학점제를 실시하면 완전한 절대평가로의 전환까지는 아니더라도 최소한 지금처럼 모든 학생들을 성적으로 한 줄 세우기가 불가능해질 수밖에 없다. 우리는 지금까지 학교에서 모든 학생을 성적에 따라서 한 줄로 세우는 것을 당연하게 여겨왔다. 그래서 전국의 모든 학생들까지도 한 줄 세워야만 만족한다. 그렇지 않은 평가는 절대로 믿을 수 없다는 주장이 높은 지지를 받는 지경이다. 모든 학생을 한 줄로 세우는 것은 가능할 수도 있다. 그러나 가능하다는 것이 옳거나 필요하다는 것을 의미하지는 않는다. 가능하다 해도 정당하지 않으면 해서는 안 되는 것이 정의이다. 학점제는 이런 가능하지만 정당하지 않은 것들에 대해 강력하게 의문을 제기하는 것이다.

물론 우리 사회는 학생이라는 이름을 붙여서 수많은 폭력을 가하는 것에 너무도 둔감해 있어서 그것을 의식하기 어렵기는 하다. 어른들의 과도한 노동시간을 비판하면서 52시간 근무를 이야기하지만, 주당 80시간 이상 학업에 시달리는 학생들의 문제에 대해서는 외면한다. 안타깝지만 어쩔 수 없는 일로 치부해 버린다. 그러나 어른들의 노동시간이 지금에 와서 사회적 논제로 등장하게 된 것은 우리 사회의 의식의 성장에 따른 것이다. 이제 학생들의 학습시간뿐만 아니라 인간을 특정한 측면에 한정한 평가로 한 줄로 세울 수 있다고 믿는 낡은 신념도 폐기해야 할 때가 됐다.

과거 산업화 시대에는 특정 지식암기 능력만을 중요시하고 이를 인간의 능력을 판단하는 기준으로 삼아 왔다. 그러나 사회의 변화는 다양한 인간의 능력에 관심을 가지게 되고 이것이 존중받는 시대가 되었다. 이미 우리가 알고 있듯이 IQ보다는 EQ, SQ 등의 감성, 관계 능력이나 협업 능력이 더 중요하게 평가되고 있다. 이런 능력이 미래의 역량으로 주목받고 있고, 그래서 교육과정에서도 이런 능력을 기르는 것을 학교 교육의 최우선 목표로 해야 함을 강조하고 있다. 그런 다양한 능력을 기르고 이것을 평가할 수 있는 시스템을 갖추어야 하는 것은 누구도 이의를 제기하지 않는 당연한 일이 되었다.

학점제는 이런 사회변화와 추구하는 가치를 반영해서 학생들의 다양한 진로를 존중하고 재능을 제대로 기르기 위한 마땅한 조건들을 갖추는 일이다. 학점제는 학생들이 자신의 진로와 흥미에 따라서 다양한 교과목을 선택할 수 있도록 하는 것이 기본 전제이다. 고등학교를 졸업하고 대학에 진학하는 학생들도 있지만 직업세계에 바로 진출하는 학생들도 적지 않다. 과거 대학진학률이 90%를 육박하던 시기도 있었지만 이제는 70% 이하로 떨어졌다. 앞으로 더 떨어질 것이라는 예측이 나오고 있는 상황이다.

직업세계로 바로 진출하는 학생은 자신이 희망하는 직업과 관련한 전문지식과 직업세계에서 필요로 하는 기초소양을 습득해야 한다. 이런 학생들은 특성화고 학생뿐만 아니라 일반계고 학생이라 하더라도 직업과 관련한 전문교과를 수강하여야 한다. 대학진학을 희망하는 학생들은 희망하는 학과와 관련이 높은 과목을 더 많이 더 깊이 있게 수강하는 것이 바람직하다. 이것은 현재 우리나라 고등학교에서 운영하고 있는 문과/이과/예체능 시스템보다 더 확대된 개념이어야 한다. 사실 우리나라 교육과정에서 문과/이과의 개념이란 애초부터 없는 개념이다. 선택형 교육과정을 운영하라는 교육과정의 취지를 학교에서 편의상 인문계열, 자연계열, 예체능계열 등으로 나누어서 운영하여 왔다. 그것이 관행처럼 굳어지더니 당연한 것으로 받아들여진 것일 뿐이다. 학생들에게 충분한 선택권을 줄 수 없는 현실적 한계로 인한 불가피한 상황이기도 했다. 그래서 학생들을 일률적으로 나누어서 강제적으로 선택과목을 배정하는 편법을 동원하게 된 것일 뿐이다. 어쨌든 학생들은 문과와 이과가 서로 다른 과목을 선택하게 되니 교육과정의 원칙을 지키는 것이기는 하다.

그러다 보니 문학을 하고 싶은 학생이나 경제학을 하고 싶은 학생이나 수강하는 과목에서는 차이가 없게 되는 것이다. 학생 하나하나의 꿈을 소중히 여긴다고 열심히 광고는 하지만 사실은 학생의 진로나 꿈같은 것은 학교에서 별로 중요하지 않았던 것이다.

이렇게 학교의 편의 위주로 운영하던 것을 학생의 희망과 진로에 따라서 자신들이 선택할 수 있도록 교과목 선택권을 확대하겠다는 것이 학점제이다. 그래서 학점제가 단순히 과목 선택을 확대하는 것으로 이해되지만 단지 과목 선택권의 확대에서 그치는 것이 아니다. 고등학교 교육 전반에 커다란 변화를 가져오게 될 것이다.

간단히 정리하면 학생들이 저마다 자신이 희망하는 과목을 선택해서 일정 기준 이상의 학점을 이수하면 졸업을 하게 되는 제도를 학점제라고 할 수 있다. 그런데 이렇게 되면 모든 학생들이 수강하는 교과목이 완전히 서로 달라질 수 있다. 이전에는 인문계열 학생들은 몇 개의 선택과목만을 제외하면 인문계열 학생끼리 모두 같은 과목을 수강했다. 자연계열 학생들, 예체능계열 학생들도 마찬가지였다. 그래서 같은 계열의 학생들끼리 성적순으로 한 줄로 쭉 세우는 것이 가능했다.

그러나 이제 그럴 방법이 없어진다. 물론 공통되는 과목 내에서는 학생들을 줄 세우기가 가능하겠지만 서로 다른 과목을 듣는 학생들은 하나의 기준으로 비교하는 것은 불가능하다. 그것이 어떻게 가능하겠는가? 과학 과목을 많이 수강한 학생과 역사 관련 과목을 많이 수강한 학생을 단순 비교할 수 있는 방법은 없다.

이것은 나아가서 더 이상 상대평가를 고집할 이유도 없게 만든다. 상대평가라는 것은 평가의 객관성을 유지한다는 의미도 있지만 줄 세우기가 가장 큰 목적이다. 줄 세울 방법이 없어지는데 상대평가를 유지할 필요가 없는 것이다. 물론 현재도 성취평가제(절대평가)의 도입을 시도하고 있지만 등급이 너무 세밀하고 서로 간의 점수 비교를 통해서 순위를 나눌 수 있으므로 거의 줄 세우기와 다르지 않다. 대학입시의 문제가 걸린다면 절대적 상대평가(절대등급으로 평가하되 그 비율을 일정하게 제한하는 평가방법)로의 변화 정도는 큰 무리가 없어 보인다. 이렇게만 되어도 학생들이 불필요하게 무한 경쟁으로 내몰리는 부작용을 줄일 수 있다. 교육과정에서 정한 성취수준에 따른 정상적인 교육이 가능해질 것이다. 현재는 교육과정에서 정한 성취수준을 충분히 만족해도 상대적 등수에 따라 평가해야 하므로 최고의 성취수준에 도달하고도 최하위의 점수를 받을 수도 있다. 이론적으로는 그렇다.

또 현행 상대평가에 따른 내신등급은 최소한 해당 과목의 수강생이 25명 이상이어야만 1등급이 1명(4%) 나올 수 있는 구조이다. 적은 수의 학생이 신청한 과목은 자연적으로 피하게 된다. 일부 학교에서는 1등급의 숫자를 맞추기 위해서 불필요한 학생들에게까지 특정 과목을 강제로 수강하도록 하는 편법적인 교육과정 운영이 이루어지기도 한다.

특히 서울대학교에서 특정 과목(심화과목인 경우가 많다)의 이수를 요구하는 경우는 이런 일들이 많이 벌어진다. 고등학교에서 이런 과목의 1등급 수를 늘이기 위해서 불필요한 학생들에게까지 이 과목을 수강하지 않을 수 없도록 교육과정을 편성하는 일은 드문 경우가 아니다. 몇몇 학생을 위해서 수많은 학생들을 불필요한 과목에 소위 말하는 깔판으로 이용하는 일이 벌어지고 있는 것이다. 불법은 아니라고 항변하겠지만 많은 학생들에게 죄를 짓는 일이며 백번 양보해도 절대 교육적이라고 이야기할 수는 없을 것이다. 학점제는 최소한 이렇게 무리한 교육과정을 운영할 필요가 없도록 한다는 점에서도 긍정적이다.

학점제가 제대로 운영된다고 할 수 있는 기본적인 요건은 학생들이 요구하는 다양한 과목을 최대한 많이 개설하는 것이다. 학교는 학생이 요구하면 특별한 사정이 없는 한 해당 과목을 개설하기 위해서 노력해야 한다. 과목 개설을 위한 최소 수강생 기준을 정하더라도 과목당 수강 학생 수가 적은 소인수 수업이 늘어날 수밖에 없다. 학생의 다양한 특성과 소질 그리고 관심분야에 따른 다양한 교과목의 개설은 학점제의 기본이기 때문이다.

이렇게 소인수 과목이 늘어나면 내신평가 시스템의 변화가 필연적으로 요구될 것이다. 학생의 선택권을 확대한다고 하면서 학교 내신평가 시스템을 현재와 같이 유지하면 학생선택권이란 허울 좋은 껍데기로 끝나기 쉽다. 현재의 경직된 상대평가를 그대로 유지하면 평가제도가 학생 선택권을 제약하는 강력한 장애요인으로 작동할 것이다. 상대평가를 완전히 절대평가로 전환하기는 어렵더라도 상당히 완화된 형태로 운영하는 것이 바람직하다. 일부의 소신을 가진 학생들은 내신성적에 상관없이 자신이 듣고 싶은 교과목을 선택하기도 할 것이다. 그렇지만 다수의 학생들은 대학입시에서 불리할 수밖에 없는 소인수 과목보다는 다수가 수강하는 과목을 선호할 것이다. 그리고 대학입시에 유리한 과목 위주로 선택하게 될 것이 뻔하다. 그러므로 소수의 학생이 수강하는 과목에 대해서는 학생들이 내신성적에 피해를 보지 않도록 등급의 간격을 완화해야 한다. 심화과목에 대해서 미국의 AP 시험과 같은 별도의 방법을 도입해서 내신평가제도로 인해서 학생선택권이 영향을 받는 일은 없도록 해야 한다.

이런 이유로 학점제가 제대로 자리 잡고 소기의 목적을 달성하기 위해서는 어떤 방식으로든 내신평가제도의 변화는 불가피하다. 그리고 이런 변화가 대학입시에도 긍정적으로 작용할 것으로 조심스럽게 예측해볼 수 있다. 특히 수능조차도 학생들의 진로나 전공과 상관없이 국어, 수학,

사회, 과학, 외국어 등을 중심으로 한 획일적 평가 방식을 고집하기 어려울 것이다. 학점제 도입과 함께 학생이 희망하는 학과에 따라서 서로 다른 기준으로 평가해야 한다는 요구가 높아지게 될 것이기 때문이다. 물론 수능을 어떻게 할 것인지는 민감하고 복잡한 문제이므로 별도의 논의가 필요하다. 더 충분한 논의가 이루어지기를 희망한다.

교육과정은 이미 학점제를 향하고

　우리나라에서 '학점제'라는 용어가 공식 교육과정 문서에 등장한 것은 2009 개정 교육과정의 모태라고 할 수 있는 〈미래형 교육과정 구상(안) (국가 교육기술자문회의, 2009)〉에서이다. 국가교육과정은 우리나라 교육의 기본방향과 구체적인 내용을 담고 있는 중요한 문서이다. 대부분의 학교 현장에서 책꽂이를 장식하고 있기는 하지만 문서상으로는 모든 학교가 이 교육과정을 따라서 교육을 하고 있다. 이 교육과정의 기본 틀을 정하는 공식문서에서 학생들의 미래 핵심역량을 길러 줄 수 있는 교육과정 운영 체제로 학점제, 무학년제 도입을 제안하고 있다. 하지만 이에 대한 구체적인 정의는 제시하지 않고 있다.

　구체적인 내용이 등장하는 것은 학생의 교과목 선택권 확대를 주요 내용으로 하는 교과부의 〈기초·심화 과정 도입 등 고교 교육력 제고 방안 (2010. 4. 9)〉이다. 그 내용은 고등학교 교육과정 운영체계를 학점제, 무학년제로 전환하는 전초전적 정책의 성격을 갖는다고 할 수 있을 것이다. 이 정책은 학교 교육 혹은 학생들의 학습에 있어서의 주도권을 학생에게 되돌려 준다는 측면에서 교육과정적인 의미를 가지고 있으며 2009 개정 교육과정과 연결 선상에 있다.

실제로 제7차 교육과정에서 도입하고 있는 선택중심 교육과정은 우리나라 교육과정사상 처음으로 학생들에게 실질적인 과목 선택권을 부여했다는 점에서 획기적인 것으로 평가할 수 있다. 실제 현장에서 제대로 실현되지는 못했지만 학생 선택권이라는 개념을 명확히 인식하게 하는 역할은 충분히 하였다고 할 수 있다. 종래 교육과정에서는 국가 혹은 시·도나 학교가 교육과정 의사결정의 주체였다. 이와 달리 선택중심 교육과정은 학생을 일차적인 주체로 부각시킨다는 점에서 그 의의가 더욱 주목되고 있기도 하다.

여기서 더 진화한 2009 개정 교육과정은 고등학교 선택과목 개설에 있어서도 학습자 간 성취도 차이를 고려하여 개별 학습자가 최적한 학습 기회를 가질 수 있도록 수준별 접근을 강조하고 있다. 또 개별 학생의 진로에 따라 적정 범위와 수준의 선택과목을 학습할 기회를 제공할 수 있도록 진로별 선택과목 이수 경로를 고려해야 한다는 점을 명시하고 있다. 물론 이것도 말뿐이긴 마찬가지이다. 우리나라 교육과정은 너무 복잡하다는 문제는 있지만 그 방향성이나 구성은 매우 이상적이다. 그것을 실천할 수 있는 학교 현장의 준비가 안 되어 있어서 아름다운 그림일 뿐이지만. 그래서 우리나라 교육을 살펴보면 교육과정 따로 학교 교육 따로라는 말이 나오는 것이다. 국가교육과정에는 아주 아름답고 좋은 말들이 난무하지만 그것을 실천할 여건이 갖추어지지 않은 단위학교나 교사들에게는 또 다른 일거리로만 받아들여진다. 실제 자신이 운영하는 교육과정과는 별개로 국가교육과정에 맞춘 학습 계획을 문서로 만드는 것이 현실이다. 진짜 교육과정을 준비하고 이것과 별도의 서류를 갖추는 이중으로 일을 부담해야 하기 때문이다.

이런 현실과 무관하게 학생의 선택권을 확대하는 추세는 2015 개정 교육과정에서 더욱 강화되었다. 거스를 수 없는 추세라는 말이 될 것이다. 2015 개정 교육과정에서는 고등학교의 경우 선택과목에 대해 학생의 선택권을 강화하는 방안을 마련하였다. 중학교 학생들의 진로탐색 활동을 지원하는 자유학기의 정착 및 확산을 위한 편성·운영 지침이 포함되었다. 학생의 적성과 진로를 고려한 교육과정을 편성·운영하고 선택과목에 대한 학생의 선택권을 확대하고자 하는 것은 제7차 교육과정 이후 변함없이 지향하는 기조이다. 근 20년이 지났다. 학교 현장은 큰 변화가 없었지만 그래도 2015 개정 고등학교 교육과정에서도 여전히 이러한 기조를 이어 가고 있다. 고등학교 학생들로 하여금 '공통과목'을 통해 기초 소양을 함양한 후 각자의 적성과 진로에 따라 맞춤형으로 교육을 받을 수 있도록 선택과목을 다양화하는 시도를 멈추지 않고 있다.

이렇듯 학생의 선택권을 강화하는 것은 우리나라 교육과정의 일관된 흐름이다. 이 흐름에서 학점제는 그동안 구호와 문서에 그쳤던 학생 선택권을 강화하고 학생의 진로와 적성에 따라서 다양한 과목 선택이 가능하도록 하는 가장 강력하고 효과적인 방안이 될 수 있다. 물론 어떻게 학교 현장에 구현하느냐에 따라서라는 단서를 달지 않을 수 없긴 하지만 그나마 기대를 걸어 볼 만한 제도이다.

학점제 도입이 필요한 이유에 대해서는 다음의 잘 요약된 내용을 소개하는 것이 좋겠다.

'현행 고교 교육과정은 졸업할 때까지 최소한의 성취수준에도 도달하였는지를 점검하는 제도적 장치 없이 이수단위(출석기준)만이 중요하게 관리되고 있어(학습의 양 관리) 모든 학생이 능력에 상관없이 3년간 재학하고 졸업하기 때문에 이수와 졸업에 대한 기준이 불분명하고, 획일적인 한계를 내포하고 있다[5]

즉, 우리나라 고등학교의 교육과정은 단위제와 학년제로 운영되고 있다. 단위제란 과목마다 수업시간에 따라 단위를 부여하고 국가에서 지정한 단위를 모두 채우면 상위학년으로 진급이 되는 것을 말한다. 물론 현행 교육과정에서는 학생의 선택권을 보장하고 있지만 단위학교의 여건으로 인해 형식으로 그치고 있다. 대부분의 학생들은 여전히 거의 비슷한 과목을 수강하고 있다. 다시 말하면 우리나라 고등학교 체제에서는 일정한 출석 일수만 충족하며 학업수준에 상관없이 졸업이 가능하다. 이로 인해 학습자의 학습의 질을 제대로 관리하지 못하고 학습자 또한 자기주도적으로 학습에 참여하려는 동기를 자극받지 못하고 있다는 한계를 드러내고 있다. 반면에 학점제는 일정한 학업성취수준에 도달하지 못하면 과락이나 유급이 가능하고 학습속도가 빠른 학생의 경우는 속진이 가능하다. 또한 학생의 진로와 능력에 따라서 교과목을 선택함으로써 학습의 양과 질을 동시에 관리하는 실질적인 학생별 교육과정이라고 할 수 있다.

학점제는 학생들로 하여금 자신의 능력·흥미·진로에 맞는 과목을 선택해서 이수하게 하되 일정 수준의 성취결과를 내지 못하면 학점 이수를 인정해 주지 않는다. 이는 학생들로 하여금 자신이 원하는 과목을 선택

---

3   구자억(2011), 〈학점제 도입 방안〉, 《포지셔닝 페이퍼》 제8권 제5호, 한국교육개발원.

해서 자신의 진로에 필요한 지식과 기능을 갖추도록 학습의 질을 관리하는 데에 효율적인 제도라고 할 수 있다. 뿐만 아니라 졸업에 필요한 학점의 기준을 정해 놓고 이를 이수하지 못하면 졸업이 불가능하므로 학교에서 책임교육이 가능해질 것이다.

단위제를 처음 도입한 2차 교육과정 이후 고교 교육과정 이수제도는 줄곧 학생의 진로에 따른 과목 선택을 중시하면서 '준(準)학점제'를 채택해 왔다. 더욱이 2015 개정 교육과정의 비전인 '미래사회가 요구하는 창의·융합형 인재 양성'과 '학습경험의 질 개선을 통한 행복한 학습의 구현'을 실현하기 위한 핵심 과제는 인문·사회·과학기술 기초소양 함양과 선택학습 강화로 정리할 수 있다. 특히 학생 선택학습 강화는 다양한 유형과 수준의 교과목을 선택할 수 있고 학생들의 소양획득을 확인할 수 있는 학점제의 도입을 강력하게 요구하고 있는 것이다.

고교학점제는 학생의 교과 선택권 확대와 이를 위한 학교 교육과정의 다양화를 추구해 온 지금까지의 교육과정 흐름을 잇는 연장선상에 있다. 계속적인 시도에도 불구하고 여전히 미흡하다는 평가를 받고 있는 학생 선택형 교육과정을 강화하려는 정책 의도에서 고교학점제를 도입한다는 것이다. 4차산업혁명 시대의 도래에 따라 모든 학생의 창의적 역량을 키우는 교육이 더욱 절실해지고 있다. 창의적 역량은 능동적이고 적극적인 수업 참여를 유도할 수 있는 자기주도적 학습에서 길러진다. 이를 위해서 학생들에게 교과 선택권을 강화하는 방향으로의 변화가 필요하다는 교육과정상의 흐름이 현재 추진되고 있는 고교학점제의 배경이다.

국가교육과정과 변천사

우리나라에서는 광복 후 지난 72년 동안 임시 교육과정을 거쳐 제1차 교육과정부터 '2015 개정 교육과정'에 이르기까지 총 10차례(여덟 번의 전면 개정과 두 번의 부분 개정)에 걸쳐 국가 수준의 교육과정이 고시되었다.

임시 교육과정시기

1945년 광복 후, 미군정의 통치하의 교육과정은 미군정청 학무국의 통제를 받았는데 1945년 9월에 일반명령 제4호 '신조선의 조선인을 위한 교육'에서 초·중등학교에서 따라야 할 교과 편제와 시간 배당표를 발표한 것이 최초의 교육과정으로 볼 수 있다. 1946년 9월에 다시 교수요목표를 발표하는데 대강의 교수요목만 제시하고 있다.

1차 교육과정

1954년에 제1차 교육과정이 정식으로 고시되는데 1954년 4월 교육과정 시간 배당 기준령과 1955년 8월 초·중·고·사범대학교 교과 과정이 공표되었다. 재미있는 것은 이 시기의 교육과정 작성의 원칙으로 사회를 개선하고 향상, 육성하여야 할 인간의 구체적 자태, 내용은 적절 필수의 최소량, 교육과정은 유기적 통일체, 교육과정의 내용은 시대와 지역의 요구에 적응, 교육과정은 융통성이 있고, 신축자재, 탄력성이 있어야 하며 그 내용은 풍부한 재료 단원을 포함할 수 있도록 해야 한다고 명시하고 있는 점이다.

교육과정의 융통성과 풍부한 재료 단원을 포함할 수 있는 재량권을 보장하는 것은 오늘날 교육과정이 갖추어야 할 요건으로 강조되는 내용이다.

제2차 교육과정

1963년 2월 초등학교 교육과정이 공포된 것이 2차시기 교육과정이다. 이 시기 교육과정의 특징은 경험 중심 교육과정이며 고등학교 교육과정에 처음으로 '단위제'가 도입되었으며 학생의 진로에 따라 2학년부터 인문 과정, 자연 과정, 직업 과정, 예능 과정 등으로 구분하게 되었다.

제3차 시기 교육과정

1973년 2월 초등학교 교육과정이 공포된 것이 3차시기 교육과정이다. 이 시기 교육과정은 학문 중심 교육과정으로 규정할 수 있는데 교과의 학문적 성격을 지나치게 강조하였다는 비판을 받고 있다.

제4차 교육과정

1981년 12월 31에 공포된 이 교육과정은 전문가의 연구, 개발 과정을 거쳐 국가교육과정을 개정하는 최초의 사례가 되었다. 초등학교 1·2학년에 처음으로 통합 교과서가 도입되었고 중학교에 '자유 선택과목'이 신설되었다. 이 시기 교육과정의 기본 방향은 인간중심 교육과정이었다.

제5차 교육과정

1987년 새로운 초·중학교 교육과정이 공포되었는데 기초교육을 강화하고 정보화시대 대비 교육과 교육과정 운영의 효율성을 강조하고 있다. 이 시기 교육과정은 초등학교 1·2학년에 통합 교육과정을 도입하고 초등학교 '사회'과 4학년에서 처음으로 시·도 단위 지역별 교과서가 개발되었으며 고등학교에 2단위 교양선택이 운영되게 된다.

제6차 교육과정

1992년 학교급별로 고시되어 지방 분권화, 구조의 다양화, 내용의 적정화, 운영의 효율화를 주요 방향으로 하고 있다. 교육과정을 '교과', '특별활동', '학교 재량 시간'의 3대 영역으로 편성하였으며 중학교에 '한문', '컴퓨터', '환경' 등의 선택교과를 도입하였다. 고등학교 이수 과정에 보통, 예능, 과학 과정 등 필요한 과정을 설치하였다.

7차 교육과정

1997년 도입된 7차 교육과정에서는 '수요자 중심 교육'이라는 개념에 따라 수준별 교육, 재량활동, 선택중심 교육과정이라는 정책을 도입하였다. 학교급별 구분을 없애고 1학년에서 10학년까지를 국민공통기본교육 기간으로 설정하고 11~12학년에서는 선택중심 교육과정을 편성하였다. 초등학교 1~2학년의 통합교과 운영으로 열린교육 체제를 확립하였다.

2007 개정 교육과정

수시 개정 교육과정이 도입되기 시작한 사례로 총론은 제7차 교육과정의 기본 철학과 체제를 유지하였고, 각론은 사회의 다원화 및 급격한 변화에 대응하여 대폭적으로 새롭게 바뀌었다. 과학·역사 교육을 강화하고, 재량활동 운영의 학교 자율권을 확대하고 일반 선택과목과 심화 선택과목을 일원화하는 등 선택중심 교육과정의 체제를 정비하였다. 단위학교별 교육과정 편성 운영의 자율권을 확대하고 주 5일 수업 도입에 따른 수업일수 조정을 포함하였다.

2009 개정 교육과정

개성의 주요 특징은 국민 공통 기본 교육과정을 공통교육과정으로 명명하고 9학년까지로 축소하였다. 학년군 및 교과군 개념을 도입하여 집중이수를 가능하게 하였으며 교과별 수업 시수 20% 자율증감을 허용하고 창의적 체험활동을 도입하였다.
중고등학교에서 학생의 학기당 이수 과목 수를 8개 이내로 편성하도록 하고 일반계 고등학교 필수 이수단위를 116단위에서 86단위로 축소하여 교육과정자율성을 확대하였다. 한국사 교육강화를 위해 고등학교 한국사를 6단위 이상 이수하고 2개 학기 이상 편성하도록 하였다.

2015 개정 교육과정

창의 융합형 인재를 양성하기 위해서 미래 사회가 요구하는 핵심역량을 제시하였다. 학습량의 적정화와 학습의 질을 개선하는 것을 중점 방향으로 하고 있다. 교과의 교육목표, 교육내용, 학습 및 평가의 일관성을 강화하며 특성화 고등학교 교육에서 국가직무능력표준을 활용한다.

중학교 자유학기제 전면 실시('16년)에 대비하여, 중학교 한 학기를 '자유학기'로 운영할 수 있는 근거를 마련하였으며, 소프트웨어 교육을 강화하기 위해서 정보과목을 필수과목으로 포함하였다.

고등학교 교육과정은 선택중심 교육과정을 지향하여 이수 과정을 다양화하여 학생 과목 선택권을 확대하도록 하였다. 인문계열 자연계열 구분 없이 인문 사회 과학기술 기초소양을 균형 있게 함양하기 위해서 통합사회, 통합과학 과목을 신설하였다.

고교학점제는
다양한 모습으로

학점제가 가져올 평가의 변화 외에도 학점제의 여러 측면에서 학교 교육의 변화를 가져올 것이다. 그 변화의 규모는 학점제를 이해하고 접근하는 수준에 따라서 크게 달라질 것이지만 학점제가 우리 교육의 모든 문제를 그리고 단숨에 해결할 획기적이고 만능의 정책은 아니다. 그럼에도 학점제의 도입은 고등학교 교육에 적지 않은 파급효과와 변화를 유도할 수 있을 것이라는 점은 명백하다. 이런 기대로 학점제 도입에 관해서 다양한 수준과 방안들이 논의되고 있다. 그리고 논의의 결과에 따라서 도입되는 학점제의 형태는 크게 달라질 것이다.

어떻게 학점제를 도입할 것인가에 대한 논의에 들어가기 위해서는 먼저 학점제가 무엇인가에 대한 인식의 차이가 존재한다는 점을 이해해야한다. 학점제를 단순하게 정의하면 학생의 교과목 선택권을 부여하는 것이라고 할 수 있다. 그런 점으로 보면 우리나라의 현재 고등학교 교육과정도 학점제라고 볼 수 있다. 적어도 학점제로 가는 전 단계 정도로는 볼 수 있다.

앞서 설명한 것처럼 우리나라의 고등학교 교육과정은 단위제와 학년 제를 취하고 있다. 좀 더 자세히 설명하면 교과목마다 기본적으로 이수 해야 하는 단위를 지정하는 단위제는 일주일에 1시간씩 17주를 학습하는 것을 1단위로 계산한다. 이런 단위를 교과관련 180단위, 창의적체험활동 24단위를 합해서 204단위를 이수하면 고등학교 졸업의 자격이 주어지는 것이다.

이 단위를 학점과 단순하게 등치시켜서 이해해도 큰 무리는 없다. 그런 점에서 우리나라 교육과정이 이미 학점제를 시행하고 있는 것과 마찬가 지라고 이야기할 수도 있을 것이다. 여기에 학생의 선택권이라는 측면에 서도 교육과정 상에서는 가능한 범위에서 최대한 학생의 선택권을 확대 하도록 하고 있다. 최소한 세 과목 이상의 진로선택과목을 학생이 자율 적으로 선택할 수 있도록 강제하고 있으므로 학점제와 크게 다를 것이 없 다고 보는 것도 크게 무리한 일은 아니다.

또, 학점제를 학생의 선택권 확대와 보장이라는 측면으로 본다면 현재 의 교육과정에서도 학생의 선택권은 이미 보장되고 있다. 좀 복잡한 이 야기이긴 하지만 간단히 정리하면 2009 개정 교육과정이나 2015 개정 교 육과정[4]은 단위학교가 학생의 진로를 고려해서 다양한 선택과목을 개설

---

4 2015 개정 교육과정 총론의 일부 발췌 "대학입시 중심으로 운영되어 온 고등학교 문·이과 이분화와 수능 과목 중심의 지식 편식 현상을 개선하기 위해 학생들이 어느 영역으로 진로·진학을 결정하든지 간에 문·이과 구분 없이 인문·사회·과학기술에 관한 기초 소양을 갖출 수 있으며 진로와 적성에 따라 다양한 선택과목을 이수할 수 있도록 하였다."

할 수 있도록 하고 있다. 그리고 학생들에게 최소 세 과목 이상의 선택권을 부여하도록 강제하고 있다. 실제로 학교 현장에서 제대로 실시되고 있는지 여부를 떠나서 교육과정 자체로는 학생선택권의 확대를 지향하고 있다. 이로 인해서 제한적인 범위이기는 하지만 학생들이 과목을 선택할 수 있는 기회가 주어지고 있다.

이렇게 학생 선택권이라는 측면에서만 고려하면 현재의 교육과정 내에서도 학생의 다양한 교과목 선택권을 보장하는 것은 충분히 가능하며 학생의 당연한 권리로 자리를 잡아 가고 있다. 이것은 이미 여러 학교가 현재의 교육과정 체제 내에서 나름대로 자신들의 여건에 맞는 수준으로 학생의 교과 선택권을 확대하고 그것이 긍정적인 결과로 나타나고 있다. 학점제의 기본적인 전제인 학생 선택권은 이미 실시할 수 있는 근거는 마련되어 있다. 게다가 제도적으로는 강제하고 있기도 하므로 이미 학점제의 요건을 갖추고 있다는 것은 충분히 설득력을 가지는 주장이다.

이렇게 현재 우리 고등학교의 교육과정 자체를 학점제와 유사한 형태로 이해하면 큰 제도적 변화나 큰 인프라 확충 비용 없이도 학점제의 도입이 가능하다고 볼 수도 있다. 이런 입장에서 학점제는 학생들이 자신이 희망하는 과목을 선택하여 수강하고 그 과목들에 할당된 학점을 일정 기준이상 이수하면 졸업자격을 얻는 제도로 이해된다. 물론 그렇다고 해서 학생들이 완전히 마음대로 과목을 선택하는 자유가 있는 것으로 이해하는 것은 아니다. 그러나 학점제는 이런 기본적인 틀 내에서도 학생들이 더 자유롭게 자신이 수강할 과목을 선택할 권리를 갖는다는 점에서 현재의 우리 고등학교의 학교 운영과는 큰 차이가 있다. 여기에서 더 나가면 과락과 유급, 그리고 졸업시험의 도입이 논의될 수 있다. 지금까지 우리 학교에서는 기준 출석일수만 채우면 학습의 성취 정도와는 무관하게 학년 진급이 가능하였다. 그러나 학점제에서는 일정한 성취수준에 도달하지 못하면 과락(소위 말하는 F(Fail))제도가 있어서 재이수를 하거나 유급까지 하게 된다. 이것은 학점제가 학생선택권뿐만 아니라 학습의 질 관리도 동시에 이루어지는 제도임을 보여 주는 것이다. 물론 학습의 질 관리는 이런 수준만을 이야기하는 것은 아니다. 다른 나라의 학점제 사례를 살펴보면 학습의 질 관리가 어떤 수준까지 진행되어야 하는지 잘 이해할 수 있다.

학점제를 도입하고 있는 나라들은 대부분 졸업자격시험을 치르도록 하고 있다. 이것은 다양한 과목을 수강하는 학생들이 학점을 기준이상 취득하더라도 졸업에 준하는 학업 성취가 이루어졌는지 확인할 필요가 있기 때문으로 보인다. 이 또한 학점제에서 학습의 질 관리를 얼마나 중요하게 여기고 있는지를 잘 보여 준다. 3년 동안 출석일수만 기준이상으로 채우면 학업성취수준과는 무관하게 자동으로 졸업이 가능한 우리 고등학교에서는 아주 낯선 제도이며 실제 도입될 경우 충격이 만만치 않을 것이다.

앞에서 언급한 과락제도나 졸업자격시험은 학점제 도입을 주장하는 대다수가 동의하는 내용이며 학점제의 기본적인 요건이라고 할 수 있다. 그러나 이런 간단한 요건을 도입하기 위해서도 우리 교육과정의 개편뿐 아니라 학교현장에서의 적응을 위한 준비가 만만치 않을 것이다.

학생선택권의 확대라는 단순하고 제한된 의미에서의 학점제로 무엇을 하고자 하는 것인지에 대한 질문으로 학점제를 다시 살펴볼 필요가 있다. 학점제에서 학생들에게 선택권을 부여하는 목적은 자신의 진로와 수준에 따라서 필요한 과목을 자유롭게 선택하고 이것을 이수해 나가는 과정이 자신의 진로를 탐색하고 설정해 가는 것이어야 의미가 있다. 단순하게 교과목 선택권을 준다고 학생들이 수업에 몰입하거나 배움이 일어나지 않는다는 지적은 학생들에게 선택권을 부여하는 것만으로는 충분하지 않다는 것을 말한다.

즉, 그 선택에 의미가 있어야 한다. 학생들이 교과목을 선택하는 것이 자신의 관심분야와 진로에 대한 탐색과 집중일 때 수업에 집중하는 효과와 학생이 배움으로 성장하는 일이 일어난다. 학점제에서 학생의 선택권을 확대하는 것은 그런 의미를 담을 때 학점제의 장점이 극대화된다. 단순히 선택권을 보장하는 것으로 고등학교 교육이 획기적으로 변화하는 효과를 기대하는 것은 너무 순진한 생각이다.

그러나 이런 주장을 완전히 잘못된 접근으로 부정하는 것은 아니다. 초기 단계에서 이런 접근은 현실적인 대안으로 받아들여질 수는 있다. 완성단계에는 교과목 선택권만으로는 충분하지 않다는 것이다. 제대로 된 학점제의 도입을 위해서는 목표지점이 여기에서 그쳐서는 안 된다. 학점제를 학생의 선택권 확대뿐만 아니라 학습의 질을 관리하고 학습자 맞춤 개별화 교육으로써의 기능을 제대로 살리는 측면에서 접근하는 것이 바람직하다.

매우 복잡한 수준으로 학점제를 구현하는 방안은 학점제의 본질이 학생 선택권뿐만 아니라 학습의 질 관리에 있다는 인식에 기반해야 한다. 이를 위해서 교육과정의 개정과 교실, 교사 수의 확대를 포함한 인프라의 과감한 확충뿐 아니라 고교 체제와 학제 개편까지 포괄해야 한다.

현행 교육과정이 학점과 유사한 단위제를 기본으로 하고 학생선택권을 부여하고 있다는 점만으로 학점제와 동일한 개념으로 이해하는 것은 곤란하다. 간단히 설명하면 학점제에서 학생선택권은 기본조건이며 핵심은 학습의 질 관리라는 점을 강조하고 있는 것이다. 이와 더불어 단순한 학생선택권의 확대가 만이 아닌 '학생선택권의 수준'도 매우 중요한 요소이다. 학습의 질 관리를 위해서 학점제는 일정한 성취기준에 도달한 경우에만 학점(credit)을 부여하고 이것이 모여서 기준 학점 수에 도달하면 졸업자격을 취득하는 방식이다. 성취기준에 도달하지 못하면 학점을 취득하지 못하는(Fail) 경우도 생긴다. 이에 비해서 단위제는 일정 시간만 채우면 성취기준 도달여부에 관계없이 통과하고 기준 단위를 이수하면 졸업자격이 주어지는 방식이라는 차이가 있다. 기본적으로 학점제는 학습량과 질을 동시에 충족하도록 하는 제도이다. 따라서 학점제의 요건을 갖추기 위해서는 이수단위(출석기준)만을 관리하는 현행의 학교중심의 교육과정 운영을 학생별 교육과정 운영 체제로 전환해서 학습의 양과 질을 동시에 관리할 수 있도록 해야 한다.

결코 단순한 내용이 아니다. 이해의 수준에 따라서는 고등학교 교육에서 매우 획기적인 변화를 예고하는 것이 될 수도 있다. 학습의 질 관리는 학생 개개인의 배움을 통한 성장을 확인하는 것을 의미하기 때문이다. 학생의 진로나 흥미뿐만 아니라 학습의 수준에 따라서 적절한 과목을 선택하고 그 과목에서 설정한 학습 수준에 도달여부를 평가한다. 따라서 학교가 제시한 획일적인 교육을 수용하고 그에 따라 일률적인 기준으로 평가하는 학교중심의 구조에서 개개의 학생에 대한 배움의 성장에 주목하는 학생성장 중심의 구조로 전환함을 선언하는 것이다.

여기서 학습의 질 관리라는 의미가 **성취수준의 도달여부를 판단하는**

엄격한 평가시스템만을 의미하는 것이 아니다. **학생의 수준에 따른 적절한 수준으로 구성된 다양한 교과목의 개설**이 이루어져야 함을 말하는 것이다. 예를 들어 수학과목의 경우에 수학적 개념의 습득 수준이 필요한 학생과 체계적인 수학과목의 이수가 필요한 학생은 같은 공통수학이라도 그 수준과 내용이 달라야 한다. 그래야 효과적인 학습이 가능해지고 그것이 학습의 질을 추구하는 교육이다.

좀 더 자세히 설명하면 현재 교육과정에서는 모든 학생이 필수로 이수해야 하는 공통수학과목은 모든 학생들에게 같은 수준과 내용의 공통수학을 수강하고 똑같은 문제로 평가한다. 그러나 학점제에서 학습의 질 관리라고 하면 모든 학생들이 같은 내용의 공통수학을 이수하도록 하는 것이 아니다. 각자의 진로와 수준에 따라서 다른 학습내용과 수준의 공통수학을 이수할 수 있도록 과목을 별도로 개설해야 한다는 것이다. 다른 수준과 내용을 배우면 당연히 평가도 달리해야 한다. 이것은 현재의 평가시스템으로는 불가능하므로 당연히 평가 제도의 변화가 이루어져야 한다.

필요도 없는 어려운 내용의 수학을 배우느라 제대로 수학적 개념도 파악하지 못하고 수학을 포기하는 학생들이 속출하는 것이 현재 우리 교육과정의 심각한 문제점이다. 이런 문제를 해결하는 데 학점제의 역할을 기대하는 것이다. 많은 내용을 배우지 않더라도 수학적으로 사고하는 힘을 길러 주는 수학교육을 할 수 있도록 해야 한다. 이를 위해서 교육과정을 개정하고 단위학교에서 다양한 과목을 개설하도록 하면 수학교육이 안고 있는 고민도 해결될 수 있을 것이다. 이것은 단지 수학 교육에만 국한되는 것이 아니다. 모든 교과목에서 이런 접근이 이루어져야 제대로 된 학점제의 효과를 기대할 수 있다는 것이 학습의 질 관리를 강조하는 측의 입장이다. 그러나 이것은 결코 단순하지 않은 일이다. 매우 복잡한 일을 수반하게 된다. 먼저 단일교과 내에서 다양한 수준의 교과목을 정의하는 교육과정의 개발이 필요하다. 내용의 난이도 조정만으로는 충분하지 않고 내용 구성 및 학습방법 등이 전혀 다른 과목의 정의가 필요하다. 결코 간단하거나 쉬운 과정이 아니다. 구체적인 내용이나 학습 방법, 그리고 교재의 구성을 단위학교와 교사에게 일임하는 것이 바람직하다. 하지만 현재 우리 학교 구조에서는 교사들에게 너무 큰 부담이 될 수 있어 쉽지 않은 일이다.

그러나 단위학교와 담당교사들만큼 학생의 수준이나 요구를 잘 파악할 수 있는 사람도 없다. 어차피 제도가 정착되는 데 시간이 걸리므로 여유를 갖고 접근할 필요가 있다. 점진적으로 단위학교와 교사가 자율적으로 교과목을 개발하고 개설할 수 있도록 유도하는 것이 학점제가 제대로 역할을 하도록 하는 방법이다. 또, 학생 맞춤개별화 교육을 실현하는 것이기도 하다. 어렵다고 처음부터 배제하는 것은 학점제의 효과를 제한하는 것이다. 장기적인 목표는 높게 설정하고 단계적으로 수준을 높여 가는 접근이 필요하다. 이것이 진정한 모든 학생을 위한 교육을 실천하는 일이기 때문에 포기할 수 없는 목표이다.

학습의 질 관리를 위해서는 과락, 유급, 조기졸업이 원활하도록 하는 교육과정의 변화도 당연히 요구된다. 학점제가 학습의 양인 학점을 축적해서 졸업하는 제도이므로 기준 학점을 조기에 취득하면 재학연한에 상관없이 조기에 졸업을 할 수도 있다. 물론 한 학기에 이수할 수 있는 과목의 제한이 있어서 쉽지는 않지만 계절학기를 활용하면 한 학기나 두 학기

일찍 졸업할 수 있다는 산술적 계산이 가능하다. 반면에 성취수준의 관리가 엄격해지면서 과락과 유급을 당한 학생은 졸업이 늦어지는 일도 벌어질 수 있다. 평가가 교사의 책임 하에 이루어지지만 몇몇 국가의 사례처럼 외부조정자의 모니터링을 도입하는 것도 검토해야 한다. 이렇게 해서 온정주의나 성적 부풀리기를 막고 보다 엄정한 학사관리가 이루어지도록 해야 제대로 학점제가 자리 잡게 될 것이다. 지금까지 경험해 보지 못한 과락과 유급이 학생과 학부모에게 충격으로 다가 올수도 있다. 하지만 학생의 학습에 대한 학교와 교사의 책무성이 강화되어 보다 적극적인 학습관리가 이루어질 것이라는 긍정적인 측면도 기대된다. 지금까지는 학습부진이 발생해도 자동으로 학년 진급이 이루어지므로 학년만 올려 보내고 나면 다음 학년에서 알아서 해야 할 일이 되었다. 이런 과정이 반복되므로 그 누구도 책임지지 않는 구조였다. 말로만 모든 학생을 책임지는 교육을 하겠다고 하고는 정말 말뿐이었다. 그러나 과락과 유급이 도입되면 담당교과 선생님이 끝까지 그 과목의 학습에 대한 책임을 져야 하므로 그 책임감은 이전과는 전혀 다른 무게가 될 것이다. 학생도 자신의 수준에 따라서 적정한 과목을 선택해야 그 과목을 이수하고 학년 진급과 졸업이 가능하므로 과목 선택에 있어서 책임 있는 선택을 하게 될 것이다. 이렇게 학점제는 학생의 선택권 확대라는 기본적인 조건보다 학습의 질 관리라는 측면에서 교육적으로 더 중요한 의미를 가진다고 할 수 있다. 학점제는 제대로 운영되면 적어도 학생들을 위한 교육과정이라는 말이 공허하지는 않게 될 것이다.

이렇게 접근하는 학점제는 매우 복잡한 시스템이다. 학교는 학교대로 지금과는 비교할 수 없는 많은 과목을 개설하는 것뿐 아니라 수업, 학생지도 등에서 전혀 다른 경험을 하게 될 것이다. 학생과 학부모도 마찬가지의 혼란을 경험하게 될 것이 예상된다. 그러나 이렇게 복잡해지는 시스템은 구성원들의 책무성을 더 강하게 요구하게 되고 특히 사교육에 대한 의존이 약화될 수밖에 없다. 서로 다른 수준과 내용을 배우는 학생들에 대응할 수 있는 사교육은 개인과외밖에 없다. 사교육에 자녀를 내맡겼던 학부모들에게는 난감한 일이 될 수도 있다. 자녀의 학습에 대한 다른 무게와 방식의 역할을 요구받게 될 것이기 때문이다.

고등학교 교육의 개혁을 위한 학점제의 중요한 두 가지 측면 외에도 대학입시 경쟁을 우회적으로 해소하기 위한 효과적인 방안으로써 학점제의 역할에 대한 기대도 적지 않다. 이는 추후에 살펴보기로 하자.

고교학점제 논의에 대한 우려

학점제의 어떤 측면을 핵심으로 강조하느냐에 따라서 학점제의 시행에 대한 전망은 큰 차이를 보일 수 있다. 그럼에도 공통적으로 동의하는 것은 현재의 학교 구조가 지나치게 획일화되어 있어서 학생들의 다양한 관심과 진로를 반영하지 못하고 있다는 점이다. 그리고 이로 인해서 공교육에 대한 신뢰가 저하되고 사교육에 의존할 수밖에 없는 환경으로 학생과 학부모를 몰아가는 고통의 악순환이 반복되고 있다는 것이다.

이러한 상황을 개선하고 공교육을 정상화하기 위한 방법으로써의 학점제 도입의 당위성과 필요성에 대해서 상당한 기대가 있는 것 또한 사실이다. 그러다 보니 이런 성급한 기대에 가려서 대부분의 논의는 학점제를 어떻게 학교 현장에서 실현할 것인지에 대한 구체적인 방안에 초점이 맞추어지고 있다.

그러나 논의는 올바른 해결 방안을 제시하지 못하고 겉도는 양상을 보이고 있다. 그것은 학점제 도입의 목적에 대한 합의와 인식의 공유가 제대로 이루어지지 못한 채 서둘러 정책으로 제시되기 때문으로 보인다. 늘 그렇듯 새로운 정책의 도입이라는 성과에만 관심을 두다 보니 제대로 실현하기 위해서 해결해야 할 문제가 무엇인지에 대한 논의는 뒷전이 되어 버렸다. 현실은 학점제의 도입에 대한 기대에 찬 장밋빛 그림만 무성하다. 구체적으로 어떻게 도입할 것인지 기본 방향에 대한 검토가 체계적으로 이루어지지 않고 있다. 이해당사자 간의 생각의 간극도 결코 적지 않은 듯하다. 한마디로 배가 산으로 갈 조짐을 보이고 있다.

학점제를 이해하는 방식의 차이와 그로 인해서 학점제를 실시하는 수준에 대한 인식의 차이는 명백히 존재한다. 학생선택권을 확대하는 것으로 충분하다는 식의 극단적으로 문제를 단순화하는 주장은 학점제의 본질을 왜곡하고 학점제의 구현 수준을 제한할 수 있다. 나아가 제대로 된 학점제의 정착에 걸림돌이 될까 우려된다. 또 초기에 너무 높은 수준의 목표를 설정하는 주장도 경계해야 하는 것은 마찬가지이다. 시작부터 너무 복잡하고 높은 수준의 학점제를 완벽하게 구축해 나가겠다는 것도 무리한 주장이다. 이들 간의 간극을 좁히고 적절한 목표지점을 설정해 나가는 것도 중요한 과제이다.

학점제가 우리 교육의 모든 문제를 해결할 수 있는 만병통치약은 아니다. 그러나 적어도 다양한 학생들의 재능과 적성을 발견하고 키워 주는 정상적인 교육으로 한발 다가서는 계기가 될 수 있다. 학점제는 유초중고 교육이 본래의 목적에 맞게 운영되면서 대학도 자신들의 학과 특성이나 교육방향에 맞는 학생을 선발할 수 있는 기회가 될 것이다.

학점제는 자신이 희망하는 다양한 교과목을 수강할 수 있는 길을 열어 준다. 원하지도 않는 과목을 억지로 들으면서 다른 학생들의 내신등급을 받쳐 주는 역할을 강요당하는 폭력적 상황을 종식하는 길이기도 하다.

그러나 이러한 기대는 학점제의 도입에 큰 부담이 되기도 한다. 정책에 대한 과도한 기대나 형식적 접근으로 인해 정책이 실패로 이어지는 과거의 경험은 학점제도 예외일 수 없다. 정책 본래의 가치와 장점을 살리지 못하고 비난만 초래하고 초라하게 사장되는 결과를 막기 위해서도 정교한 설계와 체계적인 추진 방안이 뒷받침되어야 할 것이다.

고교학점제 도입을 위해서 필요한 것들

현재 시행되고 있는 우리나라 고등학교 교육과정은 선택형 교육과정이다. 학생들이 자신의 진로와 흥미에 따라서 교과목을 선택하도록 권장하고 최소 선택기준을 강제하고 있기도 하다. 그럼에도 불구하고 학생선택권이 제대로 효과를 보이지 못하는 이유는 무엇일까?

그 이유는 앞으로 학점제를 실시하는 과정에서 여전히 해결하고 극복해야 할 과제일 가능성이 높으므로 이를 자세히 살펴볼 필요가 있다. 교육과정에서는 학생 선택권을 충분히 보장하도록 하고 있음에도 현실에서 실현되지 않는 이유는 무엇일까? 그렇게 할 수 없는 상황이거나 상황과 관계없이 그렇게 할 의지가 없는 경우일 것이다. 아니면 상황도 여의치 않은데 그것을 극복해야 할 필요성을 찾지 못하거나 의지가 없는 경우일 것이다. 어떤 이유에서든 이를 극복하는 것이 필요하다면 그 이유를 제대로 살펴보는 것이 우선되어야 한다.

학점제가 충족해야 할 교육적 조건은 분명히 현재의 단위제와는 다른 점이 있다. 그러나 학생의 진로와 적성에 따라 다양한 교과목 선택권을 보장하는 것이 두 제도의 공통의 기본 전제다. 이런 점에서 단위제의 한계가 역시 학점제의 실현을 위해서 해결해야 할 장애요인이다.

앞에서 살펴본 바와 같이 이미 제도적으로는 학생이 자신의 진로와 적성에 따라서 교과목을 선택할 수 있어야 한다. 그럼에도 불구하고 학교 현장에서는 획일적인 교육과정을 강제하고 있다. 우리나라 고등학교 교육과정 204단위 중에서 86단위는 학교에서 자율적으로 편성할 수 있다. 이것은 전체 교과 단위인 180단위의 거의 절반에 해당된다. 이 정도 수준은 다른 나라와 비교해도 결코 적다고 볼 수 없다. 그러나 학교별로 서로 다른 선택과목은 개설하지만 학생이 저마다 다르게 선택할 수 있는 교과목은 거의 없거나 매우 적은 수준이다. 학교별 선택과목의 차이는 있지만 단위학교 내의 학생들 간 선택과목 차이는 계열 간의 차이 외에 없다는 의미이다.

문제의 원인은 선택중심 교육과정의 취지를 학교에서 제대로 이해하지 못하거나, 이런 취지를 이해하고 공감하지만 현실적인 한계로 인해서 적극적으로 추진하지 못하기 때문이다.

대부분의 학교는 대학입시 준비가 중심이던 과거의 관성으로 인해서 문서상의 편제에 따라서 규정에 어긋나지 않게 편성하는 것이 좋은 교육과정이라고 믿는다. 학교와 교사의 편의에 따라서 획일적인 교육과정을 운영하면서도 아무런 문제의식을 느끼지 못하는 것은 교육과정에 대한 잘못된 인식에 기인한다.

이런 학교의 현실은 학점제를 시행하는 과정에서 단위학교와 교사들의 역량을 충분히 높이지 않으면 제대로 학점제를 도입하기 어려울 것이라는 암울한 전망을 낳게 한다. 제대로 학점제를 실현하기 위해서는 학점제의 취지와 목표 그리고 교육과정에 대한 올바른 이해가 선행되도록 집중적인 정책적 지원이 이루어져야 한다.

이것은 단순히 학교와 교사만의 문제에 그치지 않는다. 학점제에서 학생 선택권에 대한 학생과 학부모의 인식도 학점제를 제대로 시행하기 위한 중요한 요인이다. 과목 선택에 대한 의미를 올바르게 이해하고 대학입시에서의 유·불리가 아닌 학생의 진로탐색과 학습의 내실화를 위한 적절한 학습설계를 할 수 있어야 한다. 학생과 학부모의 역할도 그만큼 중요하다는 것이다.

교사 수, 교실, 예산 부족 등 학교의 여건 미비를 적극적으로 학생 선택권을 확대하지 못하고 최소한의 수준에서 선택교과를 개설할 수밖에 없는 이유로 설명한다. 대부분의 학교들은 이런 고민을 안고 있을 것이다. 그러나 비슷한 여건에서도 다양한 교과목을 개설해서 학생들이 자신의 진로에 따라 선택할 수 있는 기회를 확대하고 있는 학교의 사례가 있다. 현실적 여건이 장애로 작용은 하지만 전혀 불가능한 조건은 아니라는 반증이다.

그럼에도 여전히 교사의 수나 교실 부족 등의 문제는 학생선택권을 제한하는 중요한 요인으로 작용한다. 학생의 선택권을 상당히 확대한 교육과정을 운영하는 학교들의 경우는 대부분 시설이나 교사여건에 여유가 있는 사립학교들과 일부 공립학교(특목고, 자공고, 혁신학교)들이다. 이들 학교조차 외국의 학점제 수준만큼 다양한 교과목을 제공하고 있지 않다. 학생들이 스스로 선택해서 수강할 수 있는 교과목을 다양하게 개설하려는 노력을 하고 있는 수준이다. 현재의 여건에서도 학교의 노력 여하에 따라서 학생들에게 교과목 선택의 기회를 확대할 수 있다는 것을 잘 보여 주고 있다. 낮은 수준에서 학점제의 시행이 불가능하지 않다는 전망이 가능한 근거이다.

단위학교 수준에서나 그 노력만으로 다양한 선택권을 보장하는 것이 어려운 경우 시도교육청 차원의 정책적 지원이 큰 역할을 하기도 한다. 시도교육청 차원의 교육과정 다양화 노력은 단위학교의 한계를 극복하고 학교 간 협력을 통해서 학생의 교육과정 선택권을 확대하는 데 큰 도움이 된다. 이런 시도교육청의 정책을 통해서 학교 간 협력으로 다양한 교육과정을 개설한 사례는 최초로 경기도교육청에서 교육과정 클러스터가 시행된 이후, 세종시교육청의 캠퍼스형 고등학교, 서울시교육청의 연합개방형 고등학교 등으로 확대되고 있다. 이런 정책들은 학생들의 학습몰입도와 만족도가 높아지는 긍정적인 결과로 현장에서 환영을 받고 있다.

이렇게 학점제의 중요한 측면인 학생 선택권은 현행 교육과정에서도 다양한 시도를 통해서 가능성을 보여 주고 있지만 한계도 뚜렷하게 드러내고 있다. 즉 학교에서 의지를 가지고 접근하면 여건이 허락하는 수준에 따라서 학생선택권 또한 확대될 수 있음을 보였다. 반면 교사의 수, 교실, 예산 등의 인프라가 충분히 확보되지 않은 경우 학생선택권을 충분히 보장하는 것은 현실적으로 큰 어려움에 봉착할 수밖에 없다는 반증이기도 하다. 무엇보다도 학교와 교사들의 추진의지가 기본이 되어야 함은 말할 것도 없다. 하지만 충분한 인프라 투자 없이 학교나 교사들의 노력만 강조하는 것은 정책에 저항하는 집단적인 반발을 불러올 소지가 매우 높음을 직시해야 한다.

고교학점제, 학생의 주도성 그리고 책무성

획일적인 교육과정을 운영하는 것은 매우 단순하므로 학교와 교사들의 부담이 적다. 다양한 교과목을 개설해야 할 때 교사들의 부담이 증가하고 학교의 교육과정 운영이 복잡해진다. 학생들을 관리의 대상으로 보아온 지금까지의 관행으로 보면 학생들의 서로 다른 시간표에 따라서 수업을 듣고 다른 반으로 편성되는 상황은 학생의 관리를 포기할 수밖에 없다는 의미로 받아들여질 수도 있다. 이런 이유로 대부분의 학교가 여전히 현재의 학급담임 체제를 유지하고 제한된 범위에서 선택권을 주는 문과반, 이과반과 같은 강제적인 계열분리 체제를 운영하고 있다. 그런데 이런 구분은 교육과정에도 없는 기형적인 제도이다.

학점제는 학생의 선택권이 강화된다는 점에서 학생의 자기주도성에 그 성패가 크게 좌우될 것이다. 선택권을 부여한다는 것은 학생들이 자기 결정권을 가지고 자신의 진로와 흥미에 따른 교과목을 선택할 수 있는 자기주도성이 전제되어야 한다.

자신의 진로와 관심분야에 대한 확실한 판단이 이루어지면 이에 따른 적절한 과목 선택이 이루어질 수 있다. 물론 모든 학생이 자신의 진로에 대해 확고하게 결정하고 교과목을 선택하기를 기대하는 것은 무리일지 모른다. 그러나 최소한 그런 노력과 고민을 통해서 그리고 이를 지원하는 시스템의 도움으로 그 영역을 좁혀 나가는 전략적 접근이 이루어져야 한다. 그렇다고 너무 걱정할 필요는 없다. 고등학교 과정에서 결국 자신의 진로를 찾지 못해서 무작위로 폭넓게 교과목을 수강하는 것도 실패로 볼 수는 없다. 그것도 탐색의 과정이기 때문이다. 물론 그것이 무책임한 방임은 아니어야 한다는 것이 전제될 때 동의할 수 있는 이야기다. 단순히 학생들의 선택에만 맡기는 것이 아니라 이런 과정에서 학생들이 끊임없이 자신의 선택을 되돌아보고 그 과정이 일관성을 유지 할 수 있도록 지원하는 시스템이 갖추어져야 한다. 이를 위해서는 장기적으로 자신의 진로에 대한 고민(결정을 의미하는 것이 아니다)을 할 수 있도록 지원해야 한다. 그래서 적어도 중학교 과정에서는 진로탐색이 시작되어야 한다. 그렇다고 해서 직업안내 중심의 현재의 진로탐색을 이야기하는 것은 아니다. 단순한 체험이나 활동으로 채워지는 자유학기제로도 충분하지 않다. 제대로 자신을 이해하고 자신이 좋아하고 적성에 맞는 분야를 찾아가도록 교육과정이 운영되어야 한다. 또한 고등학교에서는 전문적으로 학생들의 과목 선택을 포함한 학습 계획을 지원하는 아카데믹 어드바이저(학습 상담사)를 확보해야 한다. 이들 아카데믹 어드바이저는 학생들이 교과목을 선택하는 과정과 진로에 집중할 수 있도록 조언하는 역할을 담당하게 될 것이다.

최악의 상황은 이런 탐색이나 고민 없이 그냥 대학입시에 도움이 될 것 같은 과목이나 쉽게 이수할 수 있는 과목을 쇼핑하듯 수강하는 경우이다. 이런 경우는 배움에 대한 희열은 물론이거니와 스스로 탐색하면서 형성되는 자기주도적인 성장도 경험하지 못하게 될 것이다. 학점제를 도입하는 취지가 무색하게 되는 것이다.

결론적으로 학생이 자신의 진로에 대해서 고민하고 탐색하며 자기 결정을 할 수 있는 능력을 갖추느냐 하는 것은 학점제의 성패를 좌우하는 중요한 요건이다. 이제 학교에서의 진로교육은 직업을 소개하고 피상적으로 체험하는 형식이 아니어야 한다. 좀 더 구체적이고 진지하게 자신의 재능과 흥미를 찾고 진로를 설정하기 위한 노력을 하도록 하는 방향전환이 필요하다. 따라서 학점제의 시행은 초등학교와 중학교 단계에서의 진로교육의 질적 변화를 유도하는 효과를 기대할 수 있으며 이를 강력하게 요구하는 것이기도 하다.

학점제를 도입하면 학생을 관리한다는 관점은 불가능해지는데 이것은 학교와 교사뿐만 아니라 학부모들에게도 원하지 않는 상황이 될 수 있다. 지금까지는 학교에만 보내면 모든 것을 학교가 알아서 책임지고 관리하던 체제였다. 이제 중간에 공강 시간이 생기고 출결석도 관리하지 않게 되면 학생이 스스로 자신의 학교생활을 책임지는 체제로 전환되는 것이다.

사실 우리나라의 학교는 지나치게 많은 책임을 떠안고 있다. 학생들의 학습뿐만 아니라 생활전반에 학교가 개입하고 책임을 져야 하는 분위기는 일면 이해가 되는 부분도 있지만 너무 과할 정도이다. 그러다 보니 학생의 교육에 대해서 가정과 부모는 책임지지 않아도 되는 것처럼 문제가 생겨도 학교에 책임을 묻는 것이 당연하게 여겨지고 있다. 그러나 교육의 절반은 가정에서 책임져야 하고 학교와 학부모가 서로 협력할 때 아이들도 건강하게 성장한다. 생각을 바꾸고 다른 시각으로 접근할 필요도 있다.

맞벌이 가정도 아니면서 어린아이들을 종일반에 군이 보내려고 하는 분위기가 그렇다. 최근 들어 학교들이 교육과정의 내실 있는 운영을 위해서 졸업식과 방학을 1월로 당기니까 졸업식이 끝난 후 학생의 소속이나 관리 문제로 논란이 되고 있는 것을 보면 해도 너무한다 싶다.

당연히 학교에 가지 않을 때는 부모가 아이들을 책임져야 한다. 맞벌이 부모의 경우에 어려움을 이해하지 못하는 것은 아니나 그렇다고 학교에 책임지라고 졸업을 늦추라고 할 수도 없는 것이다. 한두 명의 자기 자식도 책임지기 힘들어 하면서 수십 명을 한 반에서 보살펴야 하는 선생님에게 끝없는 책임을 요구하는 것은 무리한 바람이다. 잘못돼도 뭔가 한참 잘못되었다.

학점제가 시행되면 이런 논란이 다시 재연될 것이 뻔하다. 예전과 달리 학생들이 하루 종일 같은 반에서 함께 수업을 듣는 것이 아니라 자신이 선택한 과목에 따라서 등교시간도 달라지고 하교시간도 달라진다. 중간에 수업이 비는 경우에 그 시간을 어떻게 보내야 할지도 고려해야 한다. 그래서 학교 도서관이나 아이들이 시간을 보낼 공간을 충분하고 쾌적하게 확보하는 것도 중요하다. 학교의 공간적 변화도 필요하다. 이쯤 되니 첩첩산중이라는 생각이 들 만도 하다.

학점제의 운영은 학생들의 자기주도성에 크게 의존한 것일 뿐 아니라 학생의 강한 책무성 또한 요구한다. 학점제를 시행하게 되면 우리나라 학교의 전통적인 담임 체제가 더 이상 작동하기 어려워지게 될 수 있다. 우리나라의 담임제도는 학생과의 긴밀한 관계를 형성함으로써 얻게 되는 여러 장점을 가지고 있다. 이런 이유로 일부에서는 학점제의 시행으로 인해 전통적인 담임제도가 와해될 것을 심각하게 걱정한다. 그 파급 효과가 가져올 학생들의 학교생활에서의 부정적인 영향에 대해 우려하는 것이다. 그런 우려가 학점제의 도입에 부정적인 입장을 보이는 중요한 이유가 되기도 한다.

학점제의 시행은 지금까지 학급 중심으로 이루어지던 수업이 교과 선택중심으로 이루어진다. 같은 학급의 학생이라도 하루에 한 번도 같은 수업을 듣지 않는 경우도 발생한다. 이런 상황에서 학생들의 생활지도나 학습관리를 위해서 외국에서는 홈룸(Home room) 교사 제도를 운영하지만 우리의 담임의 역할에 비해 제한적일 수밖에 없다. 그래서 학습상담교사(또는 진로상담교사)가 교과목 선택이나 학점관리 등의 문제에 도움을 주고 홈룸교사는 공지사항 전달 등의 역할을 분담한다. 지금까지의 관리 위주의 학생생활이 자율적이고 자기 책임 중심으로 전환되는 것이다.

따라서 학생들은 스스로 자신의 학교생활에 대해 더 높은 책무성을 요구받게 된다. 출결석 관리도 상대적으로 느슨할 수밖에 없다. 수업 중간 중간에 공강 시간이 생기고 이것은 학생마다 다른 수업 시간표를 의미한다. 지금처럼 수업시간에 어느 반 누가 빠지고 누가 결석했는지 실시간으로 관리하는 것이 불가능하다는 것이다. 이것은 학생들은 물론 학부모들에게도 경험해 보지 못한 어색하고도 부담스러운 과정이 될 것이다. 지금까지는 학교만 보내면 학교에서 붙잡아 두고 하교할 때까지는 학교가 무한책임을 졌다. 이제는 공강 시간에 무엇을 하던 수업에 들어가든 말든 모두가 학생의 자기 결정으로 전환되기 때문이다. 더 이상 부모의 책임을 학교에 미루기 어렵다는 이야기이다. 사실 그동안 학교에 과도하게 많은 것을 요구해 온 것이 사실이다. 학교와 학생의 관계 설정도 달라질 뿐 아니라 학부모와 학교의 관계도 달라질 것이다.

학점제는 학교와 교사뿐만 아니라 학생, 학부모에게도 지금과는 다른 수준의 자기책무성을 요구하는 제도이다. 특히 학생들이 스스로 자신이 해야 할 일과 일정을 관리할 수 있는 자기관리 및 자기주도적 능력을 갖추도록 하는 것도 학점제의 교육적 효과이다. 이런 습관이 하루아침에 이루어지는 것이 아니므로 유초중학교 단계에서부터 체계적으로 이런 훈련을 해야 한다. 그것을 통해서 자기관리 능력이 형성되도록 해야 하므로 전반적인 학교 교육의 변화도 촉발할 것이다. 이것도 학점제의 긍정적인 측면으로 볼 수 있을 것이다. 자기 책무성의 또 다른 측면은 선택에 대한 책무성이다.

학점제에서 교과목을 선택하고 필요한 학점을 채우는 것도 모두가 자신의 책임이므로 학습상담사와 수시로 상의해서 자신이 챙겨야 한다. 즉 학점제는 자신의 학업관리에 대해 스스로 결정하고 스스로 책임져야 하는 학생의 자기책임형 교육과정이다.

학습상담사가 학생에게 조언을 하기는 하지만 과목을 선택하는 최종 책임은 학생에게 있다. 핀란드처럼 교사와 학생, 학부모 3자가 학기 초에 학습 계획을 수립하는 경우도 있지만 대부분은 학생이 학습상담사와 상의한다. 그것을 토대로 부모와 학생이 상의해서 과목을 선택한다. 학생이 전적으로 자기 결정으로 선택하는 경우도 많다. 어쨌든 교과목 선택에 대해서 스스로 판단하고 결정하므로 그에 대한 책임도 져야 한다. 학생이 자기결정권을 행사하는 것도 능력이다. 그런 역량을 갖추도록 하는 것이 학교와 교육의 책임이라는 점을 간과해서는 안 된다. 초·중학교에서의 진로교육이 자신의 진로에 대해서 고민하고 탐색하는 과정으로 제대로 운영되어야 고등학교에서 자신의 진로에 따른 올바른 과목 선택을 할 수 있게 될 것이다. 아무런 준비 없이 고등학교에 진학해서 과목을 선택하게 하면 학생들은 대학입시에서의 유·불리를 가장 우선 따지게 될 것이다. 현재 고교 체제에서 다양한 교과목을 개설하는 것만으로 학생들이 그 교과목을 선택하리라고 기대하는 것은 너무 순진한 발상이라는 이유이다. 학생들의 선택이 의미 있고 책임 있는 과정이 되기 위해서는 초, 중학교 교육에서 진로에 대한 올바른 인식과 자기 결정의 경험이 이루어지도록 해야 한다.

학점제는 단순히 고등학교에서 학생들이 과목 선택의 자유를 누리는 것으로 그치지 않고 우리 교육의 전반적인 체질 변화를 유도하게 될 것이라는 조심스러운 낙관의 근거이다.

고교학점제,
학교 자율성의 증가

학점제는 학생의 자기주도성과 책무성만을 의미하지 않는다. 학점제의 시행은 단위학교가 저마다 서로 다른 교육과정의 운영을 의미한다. 현재 우리나라 고등학교는 일부 특목고를 제외하고는 대다수가 거의 유사한 교육과정을 운영하고 있다. 이것은 일반 고등학교뿐만 아니라 특성화고라고 해서 별반 다르지 않다.

좋게 말하면 표준화된 시스템으로 운영되고 있다는 것인데 그만큼 다양성이 떨어진다는 것을 의미하는 것이다. 이런 시스템은 전국 어디를 가나 균일한 교육이 이루어지므로 지역에 따른 격차를 줄일 수 있다는 점에서 일견 긍정적으로 평가할 수도 있다. 하지만 그로 인해 잃게 되는 다양성의 장점은 결코 가볍지 않다. 표준화된 시스템은 중앙집중적 통제가 가능한 만큼 효율성은 높지만 교육이 추구하는 다양한 가치는 묻히기 쉽기 때문이다.

교육에서 표준화와 다양성의 가치는 늘 경쟁을 해 왔지만 역사는 표준화 시도가 미친 악영향과 다양성의 가치가 얼마나 중요한지 잘 증명해 왔다. 우리나라에서의 일제고사의 운명과 미국 부시정부가 추진했던 '낙오방지법(NCLB: No Child Left Behind)'이 역사의 뒤안길로 밀려난 것이 좋은 사례이다.

뿐만 아니라 우리가 늘 바람직한 사례로 드는 국가들의 교육시스템을 보면 학교 교육과정의 다양성을 존중하는 것을 기본으로 하고 있다. 학교 교육과정, 교사 교육과정이라는 말이 우리 교육과정에도 등장하게 된 것은 우연한 일이 아니다. 아이들은 다양한데 한 아이도 포기하지 않겠다면서 표준화된 교육을 주장하는 것은 앞뒤가 맞지 않는 말이다.

학점제는 학생들의 요구를 파악해서 학교가 다양한 교과목을 개설하는 것이 기본 전제이므로 학교마다 서로 다른 교육과정이 운영되는 것은 매우 자연스럽고 당연하다. 물론 고등학교 과정에서의 최소 성취수준의 도달을 보장하기 위해서 제한적인 수준에서 공통교육과정이 필요하긴 하다. 하지만 그 외의 과정은 학교마다 다르고 학생마다 듣는 과목의 수준도 다를 수 있다는 점을 이해해야 한다. 이 점에 대한 동의가 없이 제대로 된 학점제란 불가능한 이야기를 하는 것이다.

그러므로 학점제는 우리 교육시스템의 혁명적인 변화를 촉발할 수 있다. 지금까지 일상화되어 왔던 관료시스템에 의한 중앙집중적 통제가 불가능한 구조가 되기 때문이다. 관료시스템은 표준화되고 획일적인 구조에서 효과적으로 작동한다. 그러나 학교가 저마다 다른 교육과정과 운영방식을 가지게 되면 자율성과 책무성에 의해서 동작할 수밖에 없다. 학교는 교육과정에서 제시하는 기준에 따라서 교과목을 개설한다. 이에 근거해서 교사는 무엇을 가르칠지 그리고 어떻게 평가할지를 스스로 결정하게 된다. 그리고 그것에 대한 책임지면 되는 구조이다. 학교의 교육과정 운영에 관료적 통제가 스며들 여지가 현저하게 줄어들고 차단되는 것이다. 다양한 가치와 사고가 만날 때 그 사회의 역동성은 높아지고 그것이 창의적인 생각이나 새로운 시도를 자라나게 하는 자양분이 풍부한 토양을 만들어 가게 된다. 이것은 미래사회가 요구하는 역량과도 일치하는 것이며 교육의 지향점이 되어야 할 것들이다. 이렇게 학점제가 가져올 다양한 교육적 시도들은 교육이 지향하는 목표를 제대로 실천하는 발판이 될 것이다.

다양한 교육과정의 실현은 평가의 변화를 유도하는 강력한 요인도 될 것이다. 학교별로 그리고 교사별로 서로 다른 내용으로 수업을 하고 학생들도 서로 다른 교과목을 이수하면, 교사들은 저마다의 방식으로 평가를 해야 한다. 이렇게 되면 모든 학생들을 한 줄로 세우려는 시도가 무의미해지고 불가능해질 것이다. 평가에 대한 기존의 시각을 전면적으로 바꾸는 계기가 될 수 있다.

그러나 잘못된 정책 방향으로 인해 국가 주도의 표준화된 평가에 의해서 학교의 자율성이 거꾸로 구속되는 결과를 가져올 가능성도 충분히 있다. 학교 간의 격차나 교육의 균일성에 문제를 제기하는 목소리가 높아지면 표준화된 평가의 필요성을 강조하는 주장에 힘이 실리기 때문이다. 다른 분야와 마찬가지로 학교 교육도 평가 방식에 강하게 지배받는다. 학교 교육이 표준화 시험에서 좋은 성과를 얻어야 한다는 압박으로부터 자유로울 수는 없다. 이것이 학교나 교사에 대한 평가로 활용되는 경우는 더 말할 나위가 없다. 미국의 학업성취도 평가의 사례가 분명한 교훈을 주고 있다. 학생들의 학업성취도 평가 결과에 따라서 학교에 대한 재정지원에 차등을 주고, 심지어는 학교를 폐교하였다. 그리고 교사들을 해고하는 수단으로 활용한 결과 엄청난 폐해를 가져왔다. 시험 성적을 올리기 위해서 온갖 편법이 동원되었지만 가장 심각한 폐해는 평가에 좋은 성적을 얻기 위해서는 평가에 대응하는 형태로 수업을 하게 된다는 것이다. 학생들의 점수는 높아졌지만 실제적인 학생들의 성장이나 학교 교육의 질은 정체되거나 퇴행하였다는 결론에 도달하였다. 이런 표준화 평가의 실패 경험을 통해서 미국 사회는 교육의 다양성과 학생 개개인의 성공을 위한 지원의 중요성을 절실히 깨닫고 전면적인 방향 전환을 시도하고 있다.

이런 표준화 시험의 폐해를 가장 절실하게 경험하고 있는 것이 우리나라의 교육이다. 지금 고등학교 교실을 지배하고 있는 EBS 문제 풀이 수업의 폐해가 대표적인 사례이다. 표준화 시험에 더 강하게 의존할수록 교육은 더 획일화되고 표준화된 기준에 속하지 않는 요소들은 중요성과 상관없이 배제되게 된다. 이로 인해 학교 교육의 다양성은 부정되고 표준화 시험에 적합한 형태로 적응해 나갈 것이다. 아무도 강제하지 않아도 자연스럽게(?) 대한민국 어디를 가나 똑같은 모습의 학교를 만나게 될 것이다.

특히나 대학입시에 영향을 크게 받는 우리나라 교육에서 수능과 같은 표준화 시험의 영향은 엄청나다. 수능을 대학입시에서 확대하는 경우 평가의 변화는 물론 학점제의 도입 취지도 완전히 퇴색되어 또다시 실패한 정책의 잔해로 남게 될 것이다. 그러므로 학점제 도입에서 또 다른 중요한 전제는 단위학교에서 다양한 교육과정을 운영할 수 있는 자율성의 확대, 그리고 이를 위한 평가시스템의 전환이다. 그리고 학교의 평가를 신뢰하고 적극적으로 반영하는 대학입시의 전환이다.

고교학점제, 교육개혁을 향한 도전: 선결과제

　현재의 단위제로 운영되는 고등학교 교육과정에서 학생선택권을 확대하는 수준을 우리가 지향하는 학점제와 등치시켜서 이해하는 것은 곤란하다. 학점제는 학생의 교과목 선택권 확대와 더불어 학습의 질을 담보하는 것이 핵심이며 이를 위한 제도의 뒷받침이 필요하다. 오히려 후자가 더 중요한 요소이자 지향점이 되어야 한다. 따라서 고등학교 졸업자격을 위한 학습량, 학습의 다양성뿐만 아니라 학습의 질을 함께 고려하는 교육과정을 재정립하는 것이 제대로 학점제를 정착시키기 위한 선결 과제다.

　이론상으로는 그리고 제도적으로 현재의 교육과정 내에서 그리고 현재의 학교 여건으로도 학생의 교과목 선택권은 보장할 수는 있는 조건은 갖추어져 있다. 그 범위와 수준에 대해서는 충분하다고 할 수는 없지만 학교의 노력 여하에 따라서 전혀 불가능하지 않다는 것을 일부의 학교들이 실제 사례로 보여 주고 있다. 그럼에도 대다수의 학교에서 학생의 교과목 선택권이 제대로 주어지지 않고 있다. 제도적으로 가능한 이런 선택권 확대라는 수준조차 제대로 실현되지 못하는 현실적 제약은 그것이 무엇이든 학점제를 도입하기 위해서는 반드시 넘어야 할 도전이 될 것이다.

그 원인은 제한된 범위에서라도 학생의 선택권을 보장하기 위한 시도가 단위학교 차원의 과도한 에너지의 투입을 요구하기 때문으로 보인다. 다시 말하면 학교 구성원, 특히 교사들의 강력한 의지와 높은 헌신을 요구하는 일이라 일반화되기 어렵다는 것이다. 현실적으로 학생의 선택권을 확대하는 것만도 쉽지 않은 상황에서 다양한 교과목의 개발과 학습 질 관리까지 요구하는 것은 너무 무리한 요구가 될 수도 있을 것이다. 이런 현실을 고려하면 단위학교의 노력에만 의존해서 학점제를 추진하는 것은 실패를 자초하는 일이 될 것이다. 단위학교에서 적용할 수 있도록 교과별 다양한 수준의 과목 개발과 성취수준 관리 방법을 제시하는 일은 교육당국 차원에서 정책적으로 지원해야 한다.

그리고 일부 사립학교에서 학교 차원의 강력한 지원을 바탕으로 학생 선택권의 확대가 이루어지고 있는 사례가 많은 것도 유의 깊게 살펴봐야 한다. 이것은 거꾸로 충분한 인프라의 확보와 지원이 학생의 교과목 선택권을 확대하기 위한 중요한 요소임을 보여 주는 것이다. 특히 학점제를 완전 무학년제, 자유선택형으로 시행하는 경우는 그 어려움이 더 심할 것이다. 현재처럼 모든 학생이 동시에 1교시부터 마지막 시간까지 수업에 참여하는 구조가 불가능하므로 충분한 교실과 교사의 확보가 요구된다. 따라서 학점제 시행을 위한 단위학교의 인프라 확충이 적기에 이루어질 수 있는 예산확보가 가능한 지도 학점제의 성공적 정착을 위해서 관건이 될 것이다.

어떤 정책이든 적정한 예산의 지원이 수반되지 않고서 성공하기는 어렵다. 그런데 학점제를 시행하기 위해서 필요한 인프라 확보는 어떤 목표로, 어느 정도의 수준으로 접근하느냐에 따라 필요한 예산의 규모는 편차가 매우 클 수밖에 없다.

먼저 단위학교에서 개설하는 교과목의 다양성을 어떤 수준으로 설정할 것인지에 따라서 필요한 교사, 교실 수의 차이가 적지 않을 것이다. 선택형 교육과정을 고등학교 1학년부터 시작할 것인지(현재도 고등학교 1학년부터 선택형 교육과정이라고 정의하고 있지만 실제 공통교육과정으로 보아야 한다)? 현재처럼 고등학교 2학년에서부터 실질적으로 선택이 이루어지도록 할 것인지? 일반계 고등학교에서의 직업교육은 어떤 방식으로 수용할 것인지? 등의 고려에 따라서 필요한 인프라의 규모는 매우 달라질 것이다.

게다가 고등학교에서 학점제 시행을 위해서는 인프라를 확대해야 하는 반면에 인구감소로 인해서 중학교의 교실이나 교사 수는 남아도는 문제가 발생한다. 이런 인프라의 불균형 문제는 학제 개편을 통해서 풀어내는 것도 함께 고민해야 한다.

여하튼 단순한 학생선택권의 확대에서부터 학습의 다양성과 학습 질 관리를 위한 높은 수준의 학점제까지 그 전망에 따라 교육과정의 정비에서 인프라의 확충까지 그 수준의 차이는 클 수밖에 없다. 이것을 명확히 해야 시행착오를 줄일 수 있을 것이다.

그리고 학점제 시행에 걸림돌이 되는 것은 교육과정의 미비, 인프라 확충을 위한 예산확보의 필요성뿐만 아니라 대학입시의 문제가 있다. 어떤 측면에서는 가장 핵심적인 논란의 대상이 될 것으로 예상된다. 서로 다른 교과목을 이수한 학생들을 어떤 기준으로 평가할 것인지? 학생들을 한 줄로 세울 방법이 사라진 상황에서 학생 선발의 기준을 어떻게 할 것인지? 학생의 진로에 따른 다양한 선택과 이를 통한 진로의 형성이라는 학점제의 취지를 제대로 살리면서 대학입시에서 이를 반영하기 위한 묘안은 어떤 것일까? 이에 대한 고민이 깊어질 수밖에 없다. 잘못하면 오히려 대학입시의 문제가 학점제 시행의 걸림돌이 되고 한계로 작용할 가능성이 크다. 지금까지 늘 그래왔던 것처럼.

학점제는 다양한 학생들의 진로와 적성에 따라서 스스로 교과목을 선택하고 수강할 수 있는 기회를 확대하는 것이므로 현재의 고교내신 상대평가를 유지하면서 안착하기는 어렵다는 것이 중론이다. 고등학교 성적 산정방식을 상대평가로 유지하게 되면 수강하는 학생의 수가 적은 과목은 내신등급에서 불이익을 받게 된다. 당연히 이것은 대학입시에서 불리하게 작용하므로 학생들로부터 외면받게 될 것이기 때문이다. 학점제가 추구하는 다양한 교과 선택의 취지가 무색해지고 획일화된 교과 운영으로 되돌아간다면 학점제 자체가 무력화될 수도 있다.

또, 대학입시 문제를 중심으로 사고하면 학점제의 중요한 한 축인 학습의 질 관리가 심하게 흔들릴 수도 있다. 학습의 질 관리는 단순한 성취수준의 관리만을 의미하지는 않는다는 것을 앞에서 여러 차례 강조한 바 있다. 즉 자신의 진로와 수준에 맞는 과목을 선택하는 것은 과목 선택권보다는 내실 있는 학습의 질 관리라는 취지에 더 가깝다. 학점제는 획일화된 수준과 내용의 과목을 수강하느라 제대로 과목의 내용을 이해하지도 못하고 과목으로부터 흥미를 잃게 해 온 현재의 학교의 모습에 대한 반성에 기초해야 한다. 따라서 학점제는 자신의 진로에 따라서 수준과 내용을 달리해서 개념과 실제 활용 중심의 교육으로 진정한 배움이 일어나도록 하는 데 초점을 맞추어야 제대로 한다.

특히 국어, 영어, 수학, 과학 등과 같은 기초·탐구 과목에서 학생들의 진로와 수준에 따라서 같은 과목에 대해서 다양한 내용과 수준의 수업을 개설할 필요가 있다. 이것은 기존의 수준별 수업과는 다른 방식이다. 수준별 수업은 같은 교과서와 내용을 다른 수준으로 배우고 평가는 동일하게 하지만 학점제에서는 교과서와 내용도 다르고 평가도 별도로 한다는 점에서 다른 개념이다. 완전히 다른 과목으로 생각해야 한다.

이렇게 다양한 내용과 수준으로 수업을 나누거나 과목을 분화하는 것은 기초·탐구 과목에서 필요성이 더 높다. 하지만 역설적으로 이들 과목에 다양한 수준의 과목 분화를 적용하기는 더 어려울 수도 있다. 이런 과목들은 대학입시에서 반영 비중이 높기 때문이다. 대학의 입장에서는 이들 과목에 대해서 다양한 수준의 과목 수강자들을 어떻게 평가하고 선발할 것인지 논란이 예상된다. 또한 학생들은 내신에서 불리하다고 판단되면 수강인원이 적은 과목은 수강신청을 하지 않을 가능성이 높다. 외국의 사례처럼 대학들이 AP 과목과 같은 높은 수준의 과목 수강을 요구하는 경우는 학생들이 자신이 지원하고자 하는 대학에 따라서 어려운 과목을 수강할 수도 있을 것이다. 이 또한 대다수의 대학이 전공과 무관하게 일률적으로 모든 학생들에게 높은 수준의 과목 수강을 요구하는 문제도 예상할 수 있다. 이 경우에는 내실 있는 학습이라는 원래 취지에서 벗어날 수 있다는 점이 우려가 된다.

이런 점에서 고교 내신절대평가 도입보다 수능 절대등급의 도입을 우선 추진한 것은 현재 우리의 교육문제를 대학입시에 종속된 사고로 바라보는 데서 오는 오류로 보인다. 이런 시도는 대학입시 문제를 해결해서 교육문제를 풀어 보려던 지금까지의 수많은 실패 사례의 전형이었다는 점에서 바람직한 접근이 아니다.

반면에 대학입시에서 고교 내신성적이 중요한 요소로 활용되면서 학교 간 학력격차 문제가 끊임없이 제기되고 있는 점을 감안하면 내신 절대등급의 도입 또한 변별력을 이유로 한 저항 때문에 쉽지 않을 것이다. 이것이 자칫 대학입시에서의 변별력 저하를 이유로 수능강화나 다른 이슈로 쟁점이 번져서 학점제를 변질시킬수도 있다. 결국은 본질은 사라지고 껍데기만 남은 다른 교육개혁 정책의 운명을 답습하게 될 것이 우려된다.

따라서 정교하게 기획하고 핵심적인 포인트를 공략하지 않으면 학점제를 실시한다고 하더라도 학점제가 추구하는 교육적 가치를 실현하고 유초중등교육을 개혁하는 것은 난망한 일이 될 것이다.

고교학점제,
교육개혁을 향한 도전:
다양한 주장들

　학점제와 관련해서 여러 가지 주장과 관점이 존재할 수 있지만 몇 가지 지나친 기대와 낙관에 대해서 우려하지 않을 수 없다.

　앞에서도 언급한 것처럼 현행 교육과정은 이미 학생 선택권을 강조하고 있다. 그럼에도 불구하고 학생선택권이 거의 실현되지 못하고 있는 상황에 대한 정확한 인식이 향후 학점제의 성공적인 정착을 위한 필수적인 요소임을 지적하였다. 그리고 이런 상황이 개선되지 않는 원인을 몇 가지로 분석한 바 있다. 결론적으로 교육과정 개편, 인프라의 구축, 그리고 대학입시의 변화 유도라는 조건을 함께 해결해 나갈 때 학점제가 제대로 학교 현장에서 정착될 수 있다. 이러한 외형적인 조건에 대한 논의와 달리 학점제의 내용적인 부분에 대한 고민은 관심을 받지 못하고 있는 듯하다. 학점제를 시행하는 것만으로 학교 교육이 획기적으로 바뀔 것으로 믿는 것은 너무 단순하게 접근하거나 핵심을 제대로 파악하지 못한 탓이다.

학점제가 학생들의 다양한 선택권을 확대하기 위한 제도이지만 기존의 단위제와 달리 학습의 질 관리가 더 중요한 목표라는 점은 아무리 강조해도 지나치지 않을 것이다. 이점은 학교와 교사뿐만 아니라 학생과 학부모도 주목해야 한다. 학생의 적성과 진로에 따라서 다양한 종류의 교과목을 개설하는 것이 학점제가 추구하는 교육적 가치의 한 측면이다. 다른 측면은 학생의 학습수준과 목표에 따라서 교과별로 다양한 수준과 내용의 수업을 교과목으로 개설해서 학습의 질 관리를 강조하는 것이다.

이렇게 다양한 수준과 내용의 교과목을 개설할 때는 교과별 내용적 계열 또는 수준을 명확하게 구분하고 그에 따라 내용을 구성하는 것이 중요하다. 특히 기초·탐구 교과는 수준별로 위계화하여 학생의 수준에 맞게 선택하여 순차적으로 이수하도록 해야 한다. 따라서 기존의 학년 구분에 의해서만 이루어지던 위계와는 달리 학교별로 고유한 교육과정 수립과 내용설계가 필요하다. 학점제는 다양한 과목을 백화점 식으로 많이 나열하는 것보다 이렇게 내용적으로 체계적인 구조가 갖추어질 때 성공할 가능성이 높다. 대학에서도 학생들이 자신의 진로에 따라서 수강 과목을 어떻게 구성하고 있는지에 더 관심을 가지게 될 것이므로 교과목의 체계와 내용 설계에 대한 단위학교의 역량을 높이는 것이 중요하다.

오해하지 말아야 할 것은 선택과목이 늘어난다고 학생들이 흥미를 가지고 수업에 몰입하는 것이 아니라는 점이다. 그 내용이 자신의 관심을 얼마나 반영하고 삶의 문제와 연결되는지에 따라 수업에 집중하게 된다. 어떤 내용을 담고, 어떻게 학생의 관심과 연결할 것인지에 대한 고민은 다양한 형태의 수업을 만들어 낼 것이다. 아니 그런 다양성을 허용할 때 학생들의 몰입이 가능한 수업이 가능해진다. 따라서 내용을 중심으로 단위학교의 자율적인 설계가 가능하도록 권한을 확대하고 코티칭, 과목과 괴 등의 창의적인 시도를 허용하는 제도적 지원이 뒷받침 되어야 할 것이다.

부수적인 논의이기는 하지만 학점제가 곧 완전한 무학년제를 의미하느냐에 대한 논의도 필요하다. 대학에서 학점제를 운영하지만 전공과목은 전공선택조차 선수 과목 제한에 의해서 학년 구분이 강제되는 형태이고 일부 과목에서만 학년구분을 하지 않을 뿐이다. 교양과목도 선택과목만 완전한 무학년으로 운영되고 있다. 고등학교 교육에서 필수적으로 이수해야 할 내용에 대한 요구가 높을수록 무학년제의 운영은 어려울 수밖에 없다. 이런 제약으로부터 자유로우면 무학년제 운영의 영역이 확대될 것이다. 선택의 문제이고 고등학교 교육을 바라보는 시각의 차이이지 무학년제가 꼭 필수는 아니라는 점을 이해할 필요가 있다. 너무 제도를 경직되게 이해할 필요가 없다는 점이 핵심이다.

만약 스웨덴의 전공코스제와 유사한 형태의 학점제를 선택한다면 실제로 무학년으로 운영되는 과목은 많지 않을 것이다. 반드시 무학년으로 운영해야 한다는 경직된 접근은 학교 인프라 활용의 제약 등으로 인해 오히려 학점제 도입에 걸림돌이 될 수 있다. 현재의 교육과정 구성은 고등학교 1학년은 거의 공통과목을 수강해야 하는 구조이므로 그나마 2~3학년 과정을 무학년 운영할 수 있을 것이다. 이 또한 대학입시 때문에 3학년 1학기까지 필요한 과목의 선택이 이루어져야 하므로 현실적으로 무학년제의 의미는 크지 않을 수도 있다.

그럼에도 불구하고 무학년제로 인해 얻을 수 있는 교육과정의 다양성은 그 의미가 결코 작지 않다. 학교 교육과정을 그만큼 유연하고 다양하게 운영할 수 있고 학생들도 더 넓은 선택의 자유를 누릴 수 있으므로 쉽게 폐기를 선택할 문제는 아니다. 단위학교의 여건이 안되는 경우는 꼭 고집할 필요는 없지만 할 수 있으면 하면 좋다는 것이다. 무학년제의 시행여부가 학점제의 핵심적인 논란이 될 필요는 없다.

고교학점제, 합의해야 할 기준

　고교학점제가 과연 고교교육을 혁신하는 핵심기제 역할을 할 수 있을 것인지에 대해서는 기대 못지않게 우려하는 목소리도 높다. 고교교육에 근본적인 혁신이 필요하다는 문제의식과 고교학점제를 도입하려는 취지에 대해서는 공감한다 하더라도 '문제의 해결 방안이 꼭 고교학점제여야 하는지?, 현실적으로 고교학점제가 제대로 운영될 수 있을 것인지?, 그리고 고교학점제를 통해 회복한다는 고교교육 '본연의 기능'은 무엇이어야 하는지?' 등에 대해서는 의문을 제기하고 있는 것이다.

　이런 지적은 고교학점제를 도입하기만 하면 대학입시 경쟁을 획기적으로 완화하고 다양한 학생들의 재능과 적성을 발견하고 키워 주는 정상적인 교육으로 유초중고 교육이 본래의 목적에 맞게 운영될 것이라는 섣부른 기대에 대한 경계이다.

　이런 기대는 문제를 지나치게 단순화한 결과이기도 하지만 자칫 학점제의 본질을 왜곡하고 제대로 된 학점제의 정착에 걸림돌이 될 수 있다. 정책에 대한 형식적 접근뿐만 아니라 과도한 기대로 인해 정책이 실패로 이어지는 과거의 경험은 학점제도 예외가 될 수 없다. 고교학점제로 인해 초래될 학교현장의 부담과 혼란을 최소화하면서도 고등학교 교육을 근본적으로 바꿀 수 있는 학점제란 어떤 모습이어야 할지에 대한 정교한 검토와 합의가 필요하다. 다시 말해서 고교학점제가 그 취지를 살리고 도입 목표를 달성하기 위해서는 필수적으로 선행되어야 할 제반 조건뿐만 아니라 올바른 고교학점제 실현을 위한 기준을 확립할 필요가 있다.

그 기준은 '인문·사회·과학기술 기초 소양을 균형 있게 함양하고, 학생의 적성과 진로에 따른 선택학습을 강화하고 자기주도적 학습 능력을 기르고 학습의 즐거움을 경험하도록 한다'는 2015 개정 교육과정의 정신을 기초로 해야 할 것이다.

학점제는 기본적으로 학생 선택중심 교육과정이다. 학생들이 자신의 진로와 적성, 그리고 수준에 따라서 주체적으로 교과목을 선택할 수 있는 교육과정이 제공되는 것이 필수적이고 기본적인 전제이다.

선택중심 교육과정의 편성과 운영을 위한 기본 원칙에 포함되어야 할 내용으로는 대체로 다음과 같은 사항을 포함할 수 있을 것이다.

첫째, 학생이 선택 가능한 최소한의 단위(학점)의 설정이 포함되어야 한다. 다양한 과목 선택을 위해서 고정된 형태의 필수이수 과목이 너무 많은 것은 바람직하지 않다. 필수이수 과목이라 하더라도 과목군으로 구성된 다양한 내용과 수준의 과목을 선택할 수 있도록 하면 학생의 선택권을 넓힐 수 있다.

둘째, 집중적인 학습과 몰입을 위해서 학생의 학기당 이수 과목 수를 제한하는 기준을 설정하여야 한다. 너무 많은 과목을 수강하는 것은 깊이 있는 학습을 방해하는 요인이 된다. 이수 과목을 줄이는 것은 과목당 할당하는 학점을 높이는 것으로 자연스럽게 가능해진다.

셋째, 학생들의 계열성 있는 선택과목 이수에 필요한 과정을 설치하고 운영하는 것도 필요한 내용이다. 학점제는 학생의 진로선택에 따라서 지정된 과정을 이수하는 방안과 자유롭게 선택하도록 하는 방안으로 구분할 수 있다.

이런 기준과 함께 교과교실제의 전면적인 도입, 교원 수의 증원과 교원 유형의 다양화, 권역별 고등학교 특성화 방안 마련, 활용 가능한 선택중심 교육과정 편성·운영 예시 안 등의 지원 방안이 함께 추진되어야 한다.

올바른 학점제의 실현을 위해서는 학생 선택권을 제대로 보장하기 위한 기본적인 교과목 제시와 이를 효과적으로 이수하기 위한 선택중심 교육과정 편성과 운영 기준이 필요하다. 학점제를 시행해야 하는 이유는 학점제가 학생의 배움과 성장이 제대로 이루어지도록 지원하는 학생 선택중심 교육과정이기 때문이다. 학생의 진로와 흥미에 따라서 다양한 선택이 이루어지도록 하고, 이렇게 선택한 과목이 체계적으로 연계되어 자신의 진로를 형성하는 과정에서 진정한 배움과 성장이 일어나도록 하는 것이다.

따라서 학점제가 제대로 작동하기 위해서는 학생의 과목 선택이 자신의 진로와 연계성을 유지하기 위한 가이드가 필수 조건이다. 뿐만 아니라 단위학교의 교육과정 편성 운영을 지원하기 위한 방안에 대한 기준 설정도 필요하다. 학점제는 학생들의 진로에 따라 '진로별 학습기회의 확충 문제'로 풀어 나가는 스웨덴 방식의 코스형과 학생의 자유로운 선택에 의해서 진로가 구성되어 가는 미국이나 핀란드 방식의 개방형[5]으로 구분할 수 있다. 코스형은 좀 더 세분화된 진로에 초점을 맞추어서 체계적이고 연계된 과목을 개설해서 학생들이 자신이 선택한 진로를 위한 준비가 이루어지도록 하는 형태이다. 개방형은 학생들이 자신의 희망에 따라 자유롭게 선택한 교과목이 진로를 형성해 나가게 된다. 코스형에 비해 개방형은 과목 선택의 융통성이 높지만 제대로 진로를 형성하도록 학생들의 진로탐색과 체계적인 과목 이수가 이루어지도록 충분한 지원이 이루어져야 한다.

학점제에서 다양한 과목 개설을 위해서는 단계 선택제와 과목 교차 선택제를 구분해서 이해하는 것이 필요하다. 단계별로 설정된 세부 영역별 '국가 학업성취 수준'에 도달한 학생에게 해당 단계의 이수를 판정(무학년 단계 선택교과)하는 것이 단계 선택제다. 단계 설정이 가능한 교과에 대해서 일률적인 학년 간 구분을 없애고 학습자가 자신의 학업성취 수준에 맞는 단계를 설정하여 이수하는 것을 말하는 것이다. 선수 과목이나 학생의 수준에 따라서 이수 가능한 과목에 제한은 있으나 학년에 구분 없이 자신의 수준에 맞는 단계의 과목을 이수하는 것이다.

과목 교차 선택제는 학습자가 자신의 필요와 흥미, 적성, 진로 결정에 따라 해당 학년에 관계없이 개설 과목을 교차 선택하여 이수하는 것을 의미한다. 단계나 선수 과목에 상관없이 자유롭게 과목을 선택할 수 있다. 단계선택과 교차선택은 한가지만으로 확정해서 운영해야 하는 것이 아

---

5   김정빈, 김수영, 함영기, 한주영(2017). 〈고교학점제 도입을 위한 교육과정 및 학생평가 재구조화 방안〉, 서울: 서울특별시교육청교육연구정보원.

니다. 교과의 특성에 따라서 그리고 과목에 따라서 적절한 선택방법을 적용할 수 있다.

다만 단계 선택제로 교과목을 운영하기 위해서는 학습자의 진로희망과 성취수준에 따라서 학습내용에서의 수준을 달리하는 위계형 및 수준별 교육과정의 개발이 필수적으로 요구된다. 현재 진행되는 논의에서 이부분에 대한 이해가 부족하며 누락되고 있다고 판단되기 때문에 단계 선택제와 교차선택제로 구분해서 설명하고 있는 것이다. 이것은 같은 교과라고 하더라도 학생들의 성취수준과 진로에 따라서 다른 수준과 내용의 과목을 이수하도록 교육과정이 설계되어야 한다는 것이다. 같은 내용을 수준에 따라서 다르게 가르치는 수준별 수업과는 다른 개념으로 접근해야 한다. 단계 선택제는 각각의 단계에 따른 성취수준을 명시하여 단계별 이동의 기준을 제시해야 한다. 이렇게 운영되면 동일한 교과라고 하더라도 성취수준에 따라 이수시기가 달라지기 때문에 학년개념이 없는 무학년제가 도입되어야 한다.

학점제 도입과 관련해서 또 다른 민감한 쟁점은 평가다. 고교학점제가 그 목적을 제대로 실현하기 위해서는 절대평가 도입이 필연적이라는 주장과 채점의 타당성과 신뢰성을 확보하기 위한 대안이 마련되지 않은 상태에서의 절대평가의 도입은 오히려 부정적인 효과를 초래할 것이라는 우려가 대립하고 있기 때문이다. 이런 논란은 학점제 운영의 성패 여부가 '이수' 과정의 운영에 있음을 잘 보여 준다. 즉 학점제의 성공적인 정착은 성취기준의 도달을 제대로 평가 하고 그에 따라 이수 여부를 결정할 수 있는 질 관리 시스템이 핵심 내용이라는 것이다. 즉 교과목별 이수자 격차, 교사 선택, 교사별 평가에 따른 편차, 이수기준의 설정, 채점의 타당성과 신뢰성, 학점 취득 실패 학생에 대한 진급 및 졸업 유예, 또는 재이수 방법과 여건의 확충 등의 운영 체제가 제대로 작동하는지 여부에 달려 있다. 그런데 이 모든 것이 평가의 공정성 문제로 환원될 수 있고 평가에 대한 신뢰가 무너지면 학점제 자체에 대한 부정으로 이어질 수 있다. 특히 한 번도 경험해 보지 못한 유급(낙제)과 졸업유보의 문제와 대학입시에 결정적인 영향을 미치는 내신성적은 매우 민감한 문제가 될 것이고 수많은 논란을 낳을 수 있다. 이것이 평가가 학점제의 중요한 쟁점 중의 하나가 될 것이라는 전망의 근거이다. 이를 미연에 막기 위한 객관적인 평가 시스템의 개발이 학점제 추진 과정에서 매우 중요한 과제이다.

여기에 고교학점제와 연계된 평가의 본질은 수업별·교사별 평가이어야 한다는 주장도 주의 깊게 살펴보아야 한다. 학점제가 제대로 역할을 하기 위해서는 학생평가의 단위가 '과목별', 즉 '수업별·교사별'이어야 한다는 것이다. 이것은 학점제에서 수업별로 학습 내용과 성취기준이 다르므로 해당 수업별로 담당 교사별로 평가를 하는 것은 당연한 일이다. 서로 다른 내용을 배우고 평가는 일률적인 방법으로 한다는 것 자체가 어불성설이기도 하다. 그런데 이 경우 교사별 평가에 대한 신뢰도의 문제가 제기될 수도 있으며 이것은 매우 민감한 문제이다. 그래서 절대평가를 학점제의 논리 필연적 결합 요소로 보는 것도 성급한 판단이 될 수 있다. 현재의 상대평가가 학점제에서 과목 쏠림 현상을 유발하는 문제점이 있지만, 절대평가에서 예상되는 성적 부풀리기로 인한 부작용이 더 부정적인 결과를 초래할 수 있다. 무조건 절대평가를 도입해야 한다는 주장을 신중하게 검토해야 하는 이유이다. 이런 문제제기에 대한 대안으로 절대적 상대평가(절대 평가에 등급의 제한을 두는 방식으로 현재의 상대평가보다 등급을 느슨하게 적용하는 방식)나 외부기관의 검증 방식 등에 대해서 충분한 검토가 필요하다.

다시 정리하면 학점제가 그 목적을 제대로 실현하기 위해서는 학생의 과목 선택권을 보장해야 한다. 따라서 **학점제의 성격은 학생의 선택을 존중하는 과목 선택형 교육과정**이 되어야 한다. 이것은 현재의 고등학교 운영에서 계열을 선택하면 같은 계열 내의 대부분의 학생이 동일한 과목을 이수하는 방식과 달리 학생이 계열에 관계없이 자유롭게 과목을 선택하는 방식을 말하는 것이다. 그러나 이것은 단지 학생이 자율적으로 선택하는 권리를 넘어서 올바른 선택을 할 수 있는 역량을 갖추도록 지원하는 것까지를 포함하여야 한다.

학생 선택권을 최대한 확대하고 실질적으로 보장하기 위해서는, 먼저 학교가 학생들에게 다양한 선택과목들을 충분히 제공해야 한다. 이것은 학교에 부여되는 교육과정 편성, 운영, 교과 선택 및 수업시수에 대한 재량권에 크게 영향을 받는다. 학점제를 시행하는 많은 국가들이 교과목, 수업시수 등을 상세히 구분하지 않고 거시적인 틀만 제공하여 학교가 다양한 교과목을 개설·운영하도록 지원하고 있다. 우리나라 교육과정은 이런 점에서 지나치게 상세한 내용까지 규정하고 있어 단위학교의 교육과정 자율권을 확대할 필요가 있다. 그러나 많은 재량권을 준다고 해서 이를 제대로 활용하는 것과는 별개의 문제이다. 단위학교와 교사들이 이를 수용할 준비와 역량이 갖추어졌는지에 대한 검토가 필요하며 그 역량을 높이기 위한 노력을 병행하면서 단계적 확대가 이루어져야 한다.

학점제는 영역별·단계별로 다양한 수준의 과목 선택이 가능한 교육과정이어야 한다. 학생들의 진로와 학습수준을 고려한 다양한 수준의 과목에 대한 교과내용과 성취기준을 명시하여 일관된 학습의 질 관리가 가능하도록 해야 한다. 이것은 학점제에서 매우 중요한 기준으로 학생들의 배움을 내실화하기 위한 교육과정의 세분화 및 재구성을 의미한다. 현재의 교육과정을 예로 들면 모든 학생들이 공통적으로 공통수학과 수학 I, II를 듣고 이공계열을 전공할 학생들이 미적분이나 확률과 통계, 또는 고급수학 같은 과목을 추가적으로 듣는다. 그러나 학점제가 제대로 구현된다는 것은 이런 정도의 구분이 아니라 수학 I, II 과목도 여러 수준으로 구분해야 한다. 개념이해의 수준부터 수학이나 자연과학 전공희망자를 겨냥한 고급수준까지 학생들이 자신의 진로에 따라서 다양하게 선택해서 수강할 수 있도록 해야 한다는 것이다.

학점제는 코스형(계열형)과 개방형(구성형)의 접근 방향에 따른 운영방안을 제시해야 한다. 코스형은 학생의 진로에 따라서 미리 설정된 경로(코스)와 그 경로 내에서 다양한 선택권을 행사하는 방법이며 개방형은 학생이 자유롭게 과목을 선택하되 그것이 자신의 진로에 집중되도록 하는 운영방법이다. 스웨덴의 교육과정은 코스형(계열형)으로, 미국의 교육과정은 개방형(구성형)의 대표적인 사례로 볼 수 있다. 어떤 형태가 더 우수하다고 할 수는 없으며 어떤 형태를 선택하느냐에 따라서 필요한 인프라나 교육과정 운영에서 차이를 보일 뿐이다. 스웨덴의 경우는 고등학교에서 최대 18개의 코스를 제공하고 학생들이 특정한 코스를 선택하여 그 과정을 이수해 나가는데 주로 직업 과정이 대부분(12개 과정)이다. 특성화고와 일반계고가 완전히 분리되어 있는 우리나라에 적용할 때는 일반계고에 6개의 전공코스로 계열을 더 세분화하는 방법이 될 것이다. 이것은 대학진학률이 높지 않은 북유럽의 특성이 반영된 교육과정이라 우리나라에 잘 맞지 않을 수도 있다. 하지만 우리도 대학진학률이 점점 낮아지고, 일반계고에서 직업분야로 진출하는 학생들이 늘어나고 있으므로 일반고에서는 직업 과정의 코스를 선별해서 도입하고 특성화고에서는 학문 과정을 도입하는 것도 검토해 볼 수 있을 것이다. 이렇게 코스형(계열형)은 미리 정해진(완성된) 과정을 이수해 나가므로 사전에 교육과정을 설계하는데, 예측가능성이 높아서 운영하는 학교의 입장에서 부담이 적다는 장점이 있다. 그러나 학생들이 제대로 자신의 코스를 선택하지 못하면 중도에 변경하는 혼란을 겪어야 한다는 부작용도 있다. 개방형(구성형)의 경우는 학생들이 자유롭게 과목을 선택하고 이것이 자신의 진로를 구성해 나가는 방식이므로 학사 운영에 있어서 유연성이 높아야 한다. 이는 거꾸로 교육과정을 운영하는 학교에는 부담이 되고 학생들의 입장에서도 자칫 방향성을 잃기 쉽다는 단점이 있다. 그러나 일반고에서 직업 과정의 개설 필요성이 높아지고 특성화고에서의 진학도 적지 않은 점을 고려하면 개방형(구성형)으로 다양한 선택가능성을 제공할 수 있다는 점에서는 학점제의 취지를 제대로 살릴 수 있다.

절대평가와 수업별·교사별 평가의 도입에 대한 명확한 방향을 설정하는 것은 무엇보다 중요하다. 학점제는 절대평가의 도입을 강력히 요구하게 될 것이다. 학생들이 대부분 수강하는 과목이 다르고 소인수 과목이 늘어나게 되면 상대평가를 유지하는 것이 의미를 잃게 된다. 그리고 과목마다 학습의 내용이 다르고 성취기준도 다르므로 일률적인 평가는 무의미하게 된다. 따라서 절대평가와 교사별 평가로의 자연스러운 흐름이 이어지게 될 것이다. 그러나 절대평가와 교사별 평가의 도입에는 평가의 객관성과 신뢰성을 확보해야 하는 과제가 남는다. 특히 학생부 전형이 대학입시에서 큰 비중을 차지하면서 내신의 공정성에 대한 문제제기가 높아지고 있는 점은 절대평가와 교사별 평가를 도입하는 데 큰 부담이 된다. 따라서 평가의 객관성과 신뢰성을 높이기 위한 방안을 구체적으로 제시해야 할 것이다. 절대평가를 도입하면서 평가의 일관성을 유지하고 있는 외국의 사례에서 힌트를 얻는 것도 방법이다. 이는 추후에 외국 사례를 다루면서 다시 이야기하도록 하겠다. 그리고 절대평가를 도입하는 것에 적지 않은 어려움이 예상되므로 상대적 절대평가의 도입이나 상대평가에서 등급 간격을 완화하는 방법도 고려해야 한다.

학점제에 무학년제 방식의 도입 여부에 따라서 학생의 과목 선택권 폭이 크게 달라진다. 무학년제의 도입이 필수조건은 아니지만 무학년제 도입여부에 따라서 학사 운영이 크게 달라질 수 있으므로 이에 대한 결정은 학점제 시행의 중요한 기준의 하나이다.

앞에서 살펴본 내용들은 학점제의 도입을 위해서 고려해야 할 핵심적인 기준이라고 할 수 있다. 각각의 입장에 따라서 필요성과 중요도가 달라질 수 있지만 이들을 어떻게 수용하는가에 따라서 학점제의 성격 또한 달라질 것이다. 또한 이들 기준의 선택은 교실의 확보, 교사의 수, 그리고 평가제도 등의 교육환경을 고려한 현실적인 제약을 고려한 복잡한 과정이 될 것이다.

고교학점제,
성공을 위한 조건

　학점제를 도입하는 것은 여러 가지 복잡한 학교 교육환경의 변화를 의미한다. 따라서 기존의 학교여건과 제도로는 대응할 수 없는 요소들이 심각한 장애로 작용할 것으로 예측된다.

　선택중심 교육과정인 학점제를 성공적으로 정착시키기 위한 기준인 학생의 선택권을 충분히 보장하기 위해서는 고등학교 교육의 이해당사자들이 교육적 선택에 대해 올바르게 이해하고 있어야 한다. 교육적 선택은 단순한 과목 선택이 아니라 자신의 진로와 학업수준을 고려한 신중하고 체계적인 선택이어야 한다. 이것은 충분한 과목개설로 다양한 선택의 기회를 제공하고 학생들이 올바른 선택을 할 수 있도록 안내하는 학교의 역할을 우선적으로 요구한다.

　따라서 일차적으로 학교와 교사의 역량을 높이기 위한 노력이 중요하다. 이를 바탕으로 다양한 선택의 기회를 제공하기 위해서 교육청과 학교는 과정을 세분화하고, 한 학교 내에서 가능한 충분히 많은 교과목을 개설하기 위해 노력해야 한다. 이와 더불어 단위학교 차원에서 학생의 요구를 충분히 수용하는 것이 어려울 경우 학교 간의 역할 분담과 협력 체제를 갖추어야 할 것이다.

국가교육과정이 선택 교육과정을 지향하고 단위학교에 과목 개설이 가능하도록 허용하고 있지만 현재와 같이 단위학교의 경직된 교육과정의 운영을 강제하는 구조하에서는 학생의 교육과정 선택권이 유명무실해질 수밖에 없다. 단위학교에서 다양한 과목을 개설하거나 과목을 새롭게 설계하는 것은 경험과 시간을 필요로 하는 일이다. 그리고 국가교육과정이 제시하는 다양한 과목을 단위학교에서 개설하는 문제만 해도 이를 뒷받침할 수 있는 인프라와 제도적 지원이 필요하다. 그러나 현실은 지원의 부족으로 단위학교에서 현재 교육과정에서 제시하는 다양한 교과를 개설하고 운영하는 것조차 어려움을 겪고 있다. 이런 상황에서 학점제가 추구하는 보다 복잡하고 다양한 수준의 교과목을 기획, 개설, 운영하기를 기대하는 것은 헛된 바람이 될 것이다.

국가교육과정에서 제시된 과목을 개설하는 것은 다 완성된 집에 가구나 가전제품을 채워 넣는 것이라면 새로운 과목을 설계하는 것은 뼈대만 남기고 벽을 뜯고 새로 공간을 분할해서 내부를 구성하는 과정과 마찬가지이다. 이미 국가교육과정에서 제시된 과목 중에 필요한 것을 골라서 개설하는 것도 쉽지 않은 일인데 하물며 새로운 과목체계와 교과목을 설계하는 것은 말할 것도 없는 일이다.

또한 학생 선택권을 충분히 보장하는 경우 선택가능성이 낮은 교과목이 발생할 수 있으므로 교사들의 복수전공과 부전공연수를 집중적으로 실시해야 한다. 선택의 빈도가 낮은 교과목들의 경우 한 교사가 두 과목

정도는 수업할 수 있도록 해야 주어진 교사 정원으로 학교에서 교육과정을 운영하는 데 여유가 생길 것이다. 궁극적으로는 교원양성 체제의 변화가 병행될 필요가 있다. 충분하고 다양한 학생 선택권을 보장하고 무학년제를 실시하는 경우까지 고려하면 교사 수급의 문제, 시설 확충 등의 문제로 인한 어려움이 예상된다. 이에 대한 대비로 교사의 복수전공 문제는 적극적인 검토와 합의가 필요하다.

학점제 도입의 또 다른 기준인 진로 연계성—그것이 코스형이 되었든 개방형이 되었든—을 높이기 위해서는 각 과목의 이수조건(선수 과목 등)에 대한 정보를 구체적으로 제공할 수 있어야 한다. 학습상담교사의 상담, 설명회 및 안내자료 등의 지원 체계를 충분히 갖추어서 과목 선택 시 자신의 진로와 학습의 위계에 따라 제대로 수강하도록 지원해야 한다. 이것은 학교의 노력뿐만 아니라 학생과 학부모가 관심을 가지고 제대로 이해하는 가운데 올바른 선택이 이루어질 수 있음을 명심해야 한다. 현재 시범학교들에서 과목 선택과 관련해서 적극적으로 정보를 제공하고 설명회를 여러 차례 개최하는 등의 노력을 하고 있어 다행스럽지만 반면에 학부모들의 관심은 그렇게 높지 않은 것으로 보여 우려된다.

요즘 우리 사회의 분위기는 학교가 모든 것을 다 제공하고 책임져야 하는 것처럼 인식되고 있어서 학생과 학부모의 책무성이 상대적으로 약화되어 있다. 그러나 학점제는 많은 학생들이 서로 다른 진로에 따라 과목을 선택해야 하므로 우선적으로 학생 스스로의 자기주도성과 책무성을 가져야 하지만 학부모도 관심과 책임감을 느끼고 학교와 적극적으로 소통하고 함께 결정해야 한다. 학점제가 도입되면 학부모들도 편안하지는 않을 것이라는 각오를 해야 한다.

그리고 학점제는 단순히 학생의 선택권으로만 보아서는 안 된다는 점은 누차 강조했다. 학생의 선택권과 더불어 수업이 달라지고 고등학교 교육의 질이 나아질 때 비로소 그 목적을 충분히 달성했다고 평가할 수 있을 것이다. 즉 학습의 질을 관리하는 것이 핵심적인 목표로 설정되어야 한다. 이를 위해서 먼저 최소한의 학력을 보장하기 위한 기초교과목에서부터 우수한 학생들을 위한 고급 과정을 개설 운영함으로써 학습결손을 방지하고 다양한 학습욕구를 수용할 수 있어야 한다.

이런 목표가 제대로 달성된다면 우리 교육은 획기적인 전환을 이루게 될 것이다. 이것은 두 가지 긍정적인 기대를 담고 있다. 먼저 학생이 선택한 과목을 제대로 이수하지 못하면 이전과는 다른 부담이 교사들에게 다가오게 될 것이다. 자신의 과목에서 과락을 한 학생은 같은 과목을 다시 이수해야 하므로 교사들은 더 책무성을 가지게 될 것이다. 담당 과목이 바뀌지 않는 한 과락을 한 학생은 다시 자신의 수업을 듣게 될 것이므로 교사는 학생들이 과목을 이수할 수 있도록 더 적극적으로 노력할 것이다. 최소한 학습부진이 누적되는 일은 지속되지 않을 것이다. 그 과목을 이수하지 못하면 다음 단계로 진행할 수 없거나 최소한 그 과목을 통과해야 하기 때문이다. 억지로 통과시켜도 졸업자격시험이라는 관문이 또 남아 있게 된다. 피할 길이 없는 것이다.

그리고 더 심화된 내용을 배우고 싶은 학생들을 위한 고급 과정은 학생들의 진로를 더 명확히 하는 효과를 기대할 수 있다. 경기도의 교육과정 클러스터에서 심화 과정을 수강하는 학생들의 다수가 보다 전문적인 내용을 수강함으로써 자신의 진로를 더 명확히 하게 되었다는 경험을 이야기하고 있다. 보다 전문적이고 고급 과정을 이수하는 것은 대학에서 배우게 될 내용을 미리 학습한다는 의미도 있지만 해당 전공의 세부적인 분야에 대한 이해는 자신의 선택을 보다 명확하게 할 수 있게 되는 긍정적인 측면이 있다. 이렇게 학생의 수준이나 진로에 따른 선택은 획일적으로 과목을 수강하는 기존의 학습에 비해서 낮은 수준이나 높은 수준의 성취를 보인 학생 모두에게 도움이 된다. 즉 학교에서 학생들의 배움과 성장이 제대로 이루어지게 될 것이다.

그러나 이런 과정이 제대로 작동하기 위해서는 이들 교과목에 대한 명확한 성취기준을 설정하고 이를 확인하여 이수여부를 결정하며 이것이 다음 단계로의 진행의 기준이 되어야 한다. 특히 위계형 과목에서도 수준별 선택이 가능도록 하며 전 단계 이수결과에 따라 수준 간 이동이 이루어지도록 함으로써 한번 낮은 수준에 배정되거나 높은 수준에 배정되더라도 학습 성취에 따라서 수준이동이 가능하도록 해야 한다.

선택교과라고 하더라도 단순하게 무학년으로 운영하는 것에 그치는 것은 학습의 질 관리에 문제를 발생시킬 수 있다. 필요한 경우 선수 과목을 지정하거나 필수과목 이수 여부 및 학생의 성취수준에 따라서 선택이 가능하도록 해서 무학년으로 운영되는 과목의 학습의 질을 균일하게 유지되도록 해야 한다. 선택과목에서도 다양한 단계 및 수준의 교과를 제공해야 해당 교과를 전문적으로 학습할 필요는 없지만 관심을 가진 학생들에게 수강 기회를 제공할 수 있다. 이런 교육과정을 제공하기 위해서는 나열식으로 교과목을 개설하는 것으로는 충분하지 않다. 각 과목 간의 연계와 위계를 고려한 학습 내용의 조절과 단계별 설계가 필요하다. 학점제에서 학생 선택권은 이렇게 과목의 다양성뿐만 아니라 수준의 다양성까지 제공할 수 있는 정교한 단위학교 교육과정의 설계가 요구된다. 이렇게 복잡한 교육과정은 학생들의 선택능력을 요구하게 된다. 자신의 진로에 대한 장기적이고 진지한 탐색을 통해 필요한 교과목을 선택할 수 있는 역량을 길러야 학점제의 긍정적인 측면을 최대한 활용할 수 있다. 초등학교와 중학교 과정에서 이런 선택을 할 수 있는 능력을 기르는 교육이 이루어져야 한다는 점에서 학점제가 교육전반의 변화를 추동할 수 있을 것이라는 전망이 설득력이 있다.

평가는 교육과정에 대한 지배력을 고려할 때 신중히 접근되어야 한다. 기존의 상대평가 방식을 절대평가 방식으로 전환할 것인지? 만약 절대평가로 전환할 때 학교 간 성적의 균일성을 어떻게 객관적으로 확보할지에 대한 대안이 필요하다. 또한, 보통교과의 예·체능 과목, '창의적 체험활동', 그리고 학교가 자체 개설한 과목 중 일부는 이수여부를 Pass/Fail로 판정할 수도 있을 것이다. 또, 다양한 교과목이 개설되고 학생들의 선택이 달라질 것이므로 최소한의 고교학력기준 설정과 이를 확인하는 졸업시험의 도입 등이 검토되어야 하는 것은 물론이다. 그리고 재이수, 유급학생 및 전학생이 단위학교의 사정으로 해당 학교에서 학점을 취득할 수 없는 경우에 대비한 방학 중 계절 학기를 교육지원청 차원에서 개설 운영하는 방안에 대한 준비도 필요하다.

이런 전제를 충분히 고려하는 것은 학점제가 본연의 목표에 충실하게 운영되고 고교 교육의 질을 높이기 위해서 필수적이다. 이런 과정이 충족된다고 가정하더라도 여전히 학점제의 도입에 대한 우려는 남는다. 우리 학교의 여건상 학교와 교사들이 얼마나 다양한 선택과목들을 제공할 준비가 되어 있으며 진심으로 동의할 수 있겠는가?, 설사 충분한 선택과목이 제공한다 하더라도 학생들이 실질적으로 자신의 진로와 수준에 적합한 과목을 선택할 준비가 되어 있는지?, 학생 스스로 선택한다고 수업이 달라지고 고교 교육의 질이 향상될 수 있을지?, 이런 질문들이 고교학점제 도입과 운영 과정에서 넘어야 할 과제들이 만만치 않음을 보여 주고 있다. 또, 학점제와 관련한 논의에서 학생선택권과 대학입시의 문제만 강조될 뿐 학점제로 확대되는 교과목의 구성이나 내용에 대한 논의는 관심을 받지 못하고 있다. 학점제의 큰 틀을 정하는 것보다 단위학교에서 학교의 특성에 맞게 세부적인 운영 방안을 만들어 가는 것이 더 어렵고 복잡한 과정이다. 하지만 이렇게 만들어진 교육과정에서 내용의 변화가 없다면 학점제의 의미는 퇴색할 수밖에 없다.

학점제는 제대로 정착되면 유초중등교육 전반을 획기적으로 변화시킬 수 있는 강력한 정책이다. 그런 반면, 극복해야 할 과제가 적지 않고 그 난이도도 매우 높은 편이다. 학점제가 불러올 우려와 논란이 큰 만큼 제대로 학점제를 실현하기 위해서는 우선 학점제 실시의 목적과 학점제 도입의 수준을 이해당사자(학생, 학부모, 교사, 교육행정당국)가 명확히 이해할 수 있도록 해야 한다. 정책의 목표와 방향에 대한 이해당사자의 합의와 참여에 기초할 때 정책은 추진동력을 얻게 되고 올바른 방향으로의 접근이 가능해진다.

학점제, 어떻게 할 것인가?

• 교육과정의 개편

학점제의 도입을 위해서는 교육과정 개편 논의를 시작해야 한다.

2015 개정 교육과정에서는

> 미래사회가 요구하는 창의융합형 인재 양성을 위해서 기초 소양
> 의 균형 있는 함양을 위한 교육과정을 목표로 제시하였다. 그러나
> 창의융합형 인재 양성을 위한 기초 소양 함양을 이유로 모든 학생
> 에게 획일적인 교육과정을 부과하는 것은 경계되어야 하며, 기초
> 소양을 바탕으로 학생 개개인의 꿈과 끼를 키워 주는 '맞춤형 선택
> 학습'이 가능한 교육과정을 개발하여야 한다는 점을 강조하고 있

*다. 맞춤형 선택 학습지원을 위해 고등학교 교과별 필수 이수 단위
는 최소 수준으로 설정하여 진로에 따른 학생의 과목 선택권과 단
위학교의 특성화된 교육과정 편성·운영 자율권을 제한하지 않도
록 하며 고등학교에서는 '일반 선택과목'과 함께 학생들의 진로에
따른 심화·보충학습 및 진로탐색체험을 지원하는 '진로선택과목'
을 개발하여 다양하고 풍부한 선택과목들이 개설될 수 있도록 하
여, 학생의 과목 선택권 강화 방안을 모색한다고 기술하고 있다.
그리고 학습 경험의 질이라는 개념을 도입하고 학습 경험의 질을
중시하는 교육은 학습의 양과 결과보다 학습의 질과 과정을 중시
하는 교육, 학습의 즐거움을 일깨워 주는 교육, 미래사회가 요구하
는 핵심 소양과 역량을 실질적으로 길러 주는 교육, 자기성장, 자
기발전의 경험에 기초한 행복감을 증진하는 교육 등으로 요약하
였다. 한마디로 학생들의 배움의 질에 초점을 맞춘 교육과정을 지
향하겠다는 선언이다.*

라는 방향을 명확히 하고 있다.

이런 방향은 학점제가 지향하는 학습의 다양화와 학습의 질 관리와 일
맥상통하고 있다. 그러나 이런 교육과정의 목표와 지향이 각론에서 제대
로 구현되지 못하여 학교 현장에서는 여전히 획일적인 교육과정을 답습
하고, 학습의 질보다는 지식 습득 중심의 교육에서 큰 변화를 보이지 못
하고 있다.

2015 개정 교육과정은 선택 교육과정의 취지를 살리고 학습의 다양화
를 위해서 모든 학생이 이수해야 하는 '공통과목'을 신설하고 선택과목을
'일반선택'과 '진로선택'으로 구분하였다.

일반 선택과목은 고등학교 단계에서 필요한 교과별 학문의 기본적 이해를 바탕으로 한 과목이며, 진로선택과목은 교과 융합학습, 진로 안내학습, 교과별 심화학습, 실생활 체험학습 등이 가능한 과목이다. 2015 개정 교육과정에서는 2009 개정 교육과정의 보통 교과 심화과목을 전문교과로 편성하였으며, 전문교과는 특수 목적 고등학교 학생을 대상으로 하는 전문교과 I 과 특성화 고등학교 및 산업수요 맞춤형 고등학교 학생을 대상으로 하는 전문교과 II 로 구분된다.

그런데 일반 선택과목과 진로선택과목을 구분하는 기준이 명확하지 않고 교육과정 편제상 일선 학교에서는 일반 선택과목의 경우 대부분 학생들이 수강하도록 운영하고 있다. 일반 선택과목의 경우 내용상 공통과목으로 편성할 것은 공통과목으로 흡수하고 선택과목을 하나로 통합하는 것이 바람직할 것이다. 이런 식으로 구분하고 단위 수까지 강제하는 방식은 교육과정 운영을 어렵게 할 뿐 별 의미가 없이 운영되고 있기 때문이다. 따라서 교육과정에서 공통과목 외에는 국가가 강제하는 단위 수나 이수 가능한 과목 제한을 과감하게 풀고 단위학교의 자율권을 폭넓게 부여하는 방향으로 교육과정의 개정이 필요하다.

특히 학습자의 학습형태에 중대한 영향을 미치는 평가와 관련해서

교육 내용, 교수·학습, 평가가 일관성 있게 이루어지는 것이 교육과정의 중요한 사항을 기술하고 있다. 또한 평가가 교수·학습의 일부분으로 이루어지도록 과정 중심의 평가를 강조하였으며 수행

평가를 포함한 다양한 평가 방법을 통해 교과 내 지식 간, 영역 간, 교과 간 학습 내용을 연결하여 융합적 사고를 기르도록 한다.

는 목표를 제시하였다.

이 역시 교육과정의 목표에서는 강조되고 있으나 실제로 평가의 변화를 이끌어 낼 제도적 뒷받침이나 교사의 평가권을 강화하기 위한 어떠한 방향제시나 행·재정적 지원이 수반되지 않아 단위학교에서 이를 실행할 동력을 상실하고 말았다. 오히려 최근 벌어진 일련의 성적부정 사건으로 인해 학교에서의 평가에 대한 불신이 높아져서 교사의 평가권 강화에 대해서는 부정적인 여론이 높아진 상황이다. 이것은 교사들을 더욱 위축시키며 교사별 평가에 대한 논의 확대는 고사하고, 수행평가나 정성평가에 대해서도 될 수 있으면 논란을 만들지 않으려는 수동적인 움직임이 늘어나고 있다.

이런 분위기에서 학점제를 도입하면서 평가의 변화를 추진하는 것은 단위학교 차원에서는 부담스러운 일이 될 것이다. 따라서 정책적으로 교사별 평가 및 과정중심 평가가 정착하도록 강력하게 지원하지 않으면 학교와 교사들의 적극적인 참여를 이끌어 내기 어려울 것이다. 이런 내용이 교육과정에서 명확하게 정의되고 단위학교와 교육청의 권한과 역할을 확실하게 구분하여 제시할 때 비로소 교사들이 적극적으로 평가의 혁신을 위한 변화에 나설 것이다. 앞에서도 언급한 것처럼 교사별 평가와 절대평가의 도입은 평가의 개관성과 신뢰성에 대한 논란을 낳을 것이 불을 보듯 뻔하다. 이런 논란을 완전히 봉쇄하기는 쉽지 않다. 교사의 평가권에 대해 구체화하고 평가에 대한 신뢰성을 객관적으로 검증하기 위한 제도의 뒷받침을 통해서 이런 논란을 최소화하거나 무력화해야 한다. IB(International Baccalaureate)의 공교육 도입과 관련한 논의가 뜨거운 관심을 받았던 데는 IB의 평가방식이 매우 중요한 이유가 되었다. 그 이유는 IB의 평가는 외부 기관에서 채점을 담당하는 방식이기 때문인 것으로 보인다. 논술식 시험이고 절대평가임에도 공정성이나 점수 부풀리기에 대한 우려가 제기되지 않은 점은 학점제에서 교사별 평가와 절대평가의 도입할 때 주목해야 할 부분이다. 참고로 영연방 국가인 캐나다, 호주, 뉴질랜드 등에서는 학교 내부 평가와 외부평가를 적절히 조합하고 외부의 검증 기능을 도입하는 제도를 운영하고 있기도 하다. 절대평가에 따른 학교 별 평가에 대한 신뢰성 확보와 학교 성적의 대입반영 시 논란을 줄이기 위한 일관성 유지의 방안으로 외부기관의 검증과 평가를 도입한 것으로 보인다.

또한, 당연한 사항으로 현재의 단위제를 학점 이수제로 변경할 때 학점 이수를 위한 성취기준과 학점 인정을 위한 학습내용과 양에 대한 기준이 설정되어야 한다. 일정한 기준에 미치지 못하는 학생의 경우 과락과 재이수를 위한 규정이 필요하고 정해진 학점을 모두 취득하는 경우 속진이나 조기 졸업을 허용해야 한다. 학생마다 서로 다른 코스를 거치므로 졸업자격시험의 도입을 검토해야 한다.

그리고 계열형(코스형)과 구성형(개방형) 중 어떤 형태로 학점제를 도입할 것인지? 아니면 단위학교에서 운영 형태를 선택하도록 할 것인지? 명확하게 방침을 정해야 한다. 이때 각각 형태 대한 운영 기준을 제시해야 하는 것은 물론이다.

특성화고와 일반고의 구분이 없거나 통합하는 추세에 있는 다른 나라의 흐름을 고려한 우리의 입장도 정리되어야 한다. 이것은 일반고에서 대학에 진학하지 않는 학생들과 특성화고에서 대학진학을 희망하는 학생들을 위한 효율적인 교육과정의 정립이 필요하기 때문이다. 이러한 내용들은 현행 교육과정에서 담고 있지 않으므로 학점제의 도입 과정에서는 반드시 교육과정의 개정이 전제되어야 할 것이다.

• 학점제 실시를 위한 인프라 확충

학점제는 지금까지 모든 학생이 거의 동일한 교과목을 수강하는 구조에서 학생이 스스로 자신이 희망하는 교과목을 선택하는 방식으로의 전환을 의미한다. 현재 교육과정에서도 계열이나 전공코스로 구분해서 서로 다른 교육과정을 운영한다. 하지만 한정된 계열이나 전공코스로 운영되고 같은 계열이나 전공코스에 속한 학생들은 동일한 교육과정을 이수하게 되는 한계가 있다. 그런데 학점제에서는 그 수준에 따라서 학생마다 서로 다른 교과목을 수강할 수 있어야 하고 학교에서는 학생들이 희망하는 교과목을 충분히 개설해야 한다.

학생들의 희망이나 진로를 반영한 교과목을 충분히 개설하기 위해서는 기존에 학교에서 개설하던 교과목의 최소한 1.5배에서 2배 정도의 교과목 개설은 필요할 것으로 예상된다.

학점제와 유사한 과목 선택제를 시범적으로 시행하는 학교들에서도 대부분 학생들을 3~4개의 전공영역으로 나누어서 교육과정을 운영(문과, 이과의 구분에서 인문사회, 자연과학, 예체능으로 나누는 추세임)하고 있음을 볼 수 있다. 아직까지 계열형인지 개방형인지에 대한 정의가 확립되지 않은 상태라 대대수가 현재의 계열형에 따라서 과목 선택제를 운영하고 있다. 이러한 일반 고등학교의 교육과정을 분석한 결과 현재 고등학교 시스템을 그대로 유지하면서 학점제를 제대로 시행하기 위해서는 최소한 개설 과목 수에서는 1.5배, 수업시수를 말하는 단위 수에서는 2배 이상 많아질 것으로 예상된다. 이것은 자유선택이 아닌 계열 선택을 도입하고 학생 수 감소를 고려하더라도 시설이나 교원의 수가 1.5배 이상 증가해야 함을 의미하는 것이다. 이 추산은 외국의 학점제를 운영하는 학교들과 학생 수와 개설 과목수를 단순 비교한 결과이므로 정확하다고 할 수는 없다. 핀란드의 경우는 우리나라의 학생 수와 비교해서 비슷한 수준의 교사로 훨씬 다양한 과목을 개설하고 있지만 미국의 경우는 개설 과목 수로 비교하면 현재 우리나라의 교사 수에 비해서 1.5배 이상의 교사를 고용하고 있다. 교사의 수가 늘어날 뿐만 아니라 교과교실제의 경험에서 알 수 있듯이 더 많은 교실이 소요될 것임에는 분명하다.

이렇게 개설하는 교과목 수를 늘이기 위해서는 교사와 교실의 수를 대폭적으로 늘여야 한다. 그러므로 학점제의 도입을 위해서 필요한 인프라 확충에 막대한 예산이 소요될 것으로 예상된다. 과도한 예산 소요가 정책 추진에 장애가 되는 것은 당연한 일이지만, 학생 수의 감소로 초등학교와 중학교의 교실은 남아도는데 고등학교의 시설을 확충하는 것은 부담스러운 부분이다.

이런 인프라 확충의 부담을 의식한 탓인지 고교학점제를 유형별, 단계별로 확대하는 방안이 시도되고 있다. 학점제의 도입을 단계별로 하되 1단계는 학교 내 개인맞춤형 선택교육과정을 운영하고, 2단계는 학교 간 연합교육과정 운영, 3단계는 지역사회 연계형 교육과정 운영, 4단계 온라인 기반형 교육과정 운영으로 확대하는 것이다. 그러나 이것은 내용을 완전히 잘못 이해하고 있는 것으로 보인다. 앞에서도 언급한 바와 같이 학점제 시행에 따른 시설이나 교원 등 인프라 확충의 문제는 단위학교 내에서 전적으로 선택교육과정을 시행할 때를 가정한 것이다. 그러나 현재의 학교 여건으로는 단위학교 내에서 전면적으로 학점제를 실시하기 어려우므로 경기도, 서울시, 세종시 등에서 학교 간 연합교육과정이나 지역사회 연계형 교육과정으로 보완하는 방안을 시도한 것이다. 학교 간 연합교육과정이나 지역사회 연계형 교육과정은 학점제의 발전형이 아니라 보완 방안이다.

경기도의 교육과정클러스터, 서울의 학교 간 공동교육과정, 세종시 교육청의 캠퍼스형 고등학교 등은 시설, 교원 등의 인프라 부족으로 단위학교 내에서 다양한 교육과정의 개설이 어려운 점을 학교 간 협력으로 해결하려는 과도기적 시도인 것이다. 즉, 단위학교에서 여건상 학생들에게 충분한 선택의 기회를 주기에는 역부족이므로 선택한 과도기적인 접근이므로 오히려 초기 단계에서 시도되어야 한다. 또 이 방안은 많은 과목으로 확대하기는 쉽지 않다는 한계가 분명하다.

그리고 온라인 기반형 교육과정은 시설 확충의 어려움을 보완할 수 있는 보완재일 뿐이다. 온라인 학습의 효과가 떨어진다는 것은 이미 많은 사례들이 증명하고 있다. 학습의 질을 높이겠다고 학점제를 실시하면서 학습의 효과가 떨어지는 온라인 기반 교육과정을 확대한다는 것은 모순이다. 어쩔 수 없는 제한된 경우에 적용하는 것 이상의 도입은 바람직하지 않다.

결론적으로 학점제의 시행을 위한 충분한 인프라 확충은 학점제의 성공적인 정착을 위한 기본 전제이므로 다른 보완적인 수단에 우선해서 고려되어야 한다. 이를 위해서는 막대한 예산이 필요하므로 체계적인 계획과 준비가 필요하다는 점을 직시해야 한다. 쉽게 볼 간단한 문제가 아니다.

• 대학입시로부터 벗어날 때 대학입시문제가 풀린다

대학입시의 문제에서 벗어나서 고교 교육 체제를 바라보는 것이 바람직하나 쉽지 않은 일이다. 그리고 대학입시와 관련된 정책의 변화는 여론의 관심이 집중되는 특성이 있으므로 당장 큰 반발을 불러올 정책을 성급하게 추진하는 것은 실패를 자초하는 일이 되기 십상이다.

그런데 학점제의 실시는 대학입시에서 큰 변화를 추동하는 기폭제로 작동할 수 있다. 그래서 오히려 대학입시의 문제와 의도적으로 분리해서 접근할 필요가 있다. 학점제를 실시하면 학생들은 자신의 진로나 희망에 따라서 서로 다른 과목을 수강하게 된다. 이런 학생들을 단선적으로 평가하는 것은 불가능한 일이다. 지금까지는 대학은 고등학교 내신이라는 일률적인 평가나 수능이라는 한 줄 세우기를 기준으로 쉽게 학생을 선발해 왔다. 그러나 학점제를 통해서 학생들이 서로 다른 교과목을 서로 다른 수준으로 배우게 되면 이런 단순한 평가로 학생을 선발할 수가 없다. 학생이 고등학교에서 어떻게 성장했으며 어떤 관심과 재능을 가지고 있는지, 대학에서 성장 가능성은 어떤지를 평가할 수 있는 시스템을 갖추어야 한다. 그것은 대학의 몫이다. 대학 스스로가 학생선발을 위한 책임 있는 노력을 해야 할 차례가 된 것이다. 고등학교에서는 학생들이 자신의 적성과 진로에 맞는 능력을 키울 수 있는 기회를 제공해야 할 책임만 있다. 대학입시로부터 벗어난 고등학교 교육의 정상화가 가능해질 수 있다는 말이다.

  그래서 이제 우리 대학의 선발시스템의 자연적인 전환을 기대해 보아
도 될 것 같다.

  미국의 경우 대학입시에서 SAT를 반영하지만 학교에서는 SAT 준비를
위한 교육을 하지 않는다. SAT는 학교의 교육과정을 충실히 잘 이수하면
크게 어렵지 않게 준비할 수 있다는 인식이 자리 잡고 있다. 대학에서는
입학사정관들이 학교생활을 중점적으로 보면서 학생이 대학에 진학한
후 성장가능성을 더 높게 평가한다. 고등학교의 내신성적인 GPA(Grade
Point Average)를 보긴 하지만 개개의 학생들이 이수한 과목이 다르기
때문에 이를 일률적으로 비교하는 것은 애초에 불가능한 일이다. 따라
서 이수한 과목의 구성이나 이것이 지원 학과와 얼마나 관련이 있는지
AP 과목의 이수 정도, 그리고 다양한 교내외 활동을 통해서 학생의 학문
적 · 직업적 관심과 도전 정신을 파악하려고 한다. 쉽고 단순한 방법보다
는 매우 복잡하고 정교한 시스템을 개발해서 운영하고 있는 것이다. 미
국의 대학은 이런 선발 시스템을 통해서 자신들에게 필요한 우수 학생을
선발하고 그것이 잘 작동한다는 믿음이 있다.

  우리도 대학이 스스로 필요한 학생을 잘 뽑을 수 있는 방법을 찾도록
해야 한다. 고등학교 내신이나 수능 성적으로 학생을 선발하는 것은 대
학으로 보면 가장 편한 방법이다. 자신들은 아무런 고민도 할 필요가 없
다. 그런데 이것은 가장 수준 낮고 단순한 선발 방식이다. 이런 단순한 선
발방식으로 인해서 학생들이 자신의 적성이나 진로희망이 아닌 성적에
맞춰서 대학을 진학하는 기형적인 일들이 벌어지는 것이다. 대학이 반성
해야 할 부분이며 변해야 할 이유이다.

이것은 단순히 대학입시로만 끝나지 않는다. 자신의 적성을 고려하지 않은 대학 선택은 입학 후에 중도에 학업을 포기하는 학생들을 양산하고 대학교육의 질 저하라는 막대한 사회적 손실을 가져온다. 그보다 더 심각한 것은 아이들이 자신의 성적에 따라서 꿈을 재단하고 일찌감치 포기하게 만드는 현상이다.

학점제의 도입으로 학교 현장의 모습도 큰 변화를 가져오게 될 것이다. 학생들의 진로에 맞춘 선택형 교육과정으로 자신의 관심 분야에서 흥미와 재능을 보이는 학생들이 늘어날 것이고, 학생들 각자의 서로 다른 재능을 존중하는 문화가 형성될 것이다. 모든 학생들의 꿈과 재능을 존중하겠다는 교육은 바로 이런 모습이어야 한다. 이렇게 학생들이 서로 다른 영역에서 강점을 보이고 이것을 대학입시에서 평가하는 것이 당연하게 받아들여지게 되면 대학입시 또한 변화지 않을 수 없다. 이것은 대학입시를 변화시켜서 학교 교육을 개혁하겠다는 접근이 아니라 학교 교육의 혁신을 통해서 자연스럽게 대학입시의 변화를 가져올 수 있게 하는 사고의 전환이다.

대학입시의 변화는 수많은 논란과 갈등을 초래한다. 그래서 대학입시의 변화가 쉽지 않다. 학점제의 도입은 대학입시의 변화를 논의하지 않고 인위적으로 추진하지 않아도 자연스럽게 대학입시에서의 변화를 이끌어 낼 수 있을 것으로 기대해 보아도 좋지 않을까?

• 학점제 실현 방안

학점제는 학생의 다양한 진로와 성장을 위한 자기선택권을 부여한다는 점에서 학생의 자기주도적 탐구와 진로를 위한 집중적인 배움이 가능한 제도이다. 교육선진국에서는 학생들에게 다양한 선택권을 부여하는 것이 너무 당연한 일로 여겨진다. 학교에 개설된 과목을 학년 구분 없이 학생의 능력, 수준, 흥미에 따라 선택하여 수강한다. 이렇게 각 과목별 학점이 누적되어 졸업학점에 도달하면 졸업장을 인정하는 방식으로 진정한 의미의 맞춤형 개별화 교육이라고 할 수 있다.

현재의 교육과정도 고등학교 과정이 선택중심으로 구성되어 있지만 실제 학생의 희망에 따른 선택이 불가능하다. 그것은 학교 운영의 편의주의도 있지만 현재의 교실 여건 및 교원 수급의 문제로 인해 현실적으로 불가능하기 때문이다. 과거에도 학점제를 시행하기 위해서 교과교실제를 도입하려고 했지만 막대한 소요 예산으로 확산되지 못하였다.

또한 학생에게 직접 선택권을 준다고 하더라도 현재의 입시제도 하에서는 대학입시에 필요한 과목 중심으로 선택이 이루어지고 내신에 불리한 소수 학생이 선택하는 과목은 기피할 수밖에 없다는 한계도 지적된다. 여기에 학생들이 자신의 진로에 대한 깊은 고민과 탐색을 할 기회가 없으므로 선택권을 준다고 해도 무엇을 선택해야 할지 결정할 역량을 갖추고 있는지에 대한 우려도 적지 않다.

따라서 학점제는 학생의 다양한 선택을 보장하는 교육과정 개편, 시설의 확충, 교원의 재교육, 전문진로상담교사 확충 등이 전제되어야 한다. 간단하게 접근할 수도 없으며 막대한 예산과 학교의 환경변화에 따른 현장의 갈등 등의 어려움이 수반되는 정책이다. 그럼 어떻게 학점제를 도입해야 할지 구체적으로 살펴보자.

학점제의 도입은 현재의 단위제 교육과정을 토대로 한 학생선택권 확대로만 이루어질 수 있는 단순한 문제가 아니다. 학점제는 학생의 적성과 진로에 따라서 개개인의 교과 선택기회를 확대하는 것임과 동시에 학습의 내용과 질을 강조하는 교육과정이다. 그리고 학년에 무관하게 자신의 학습 수준과 흥미에 따라서 교과목을 선택하는 시스템이다.

　학생이 기본적으로 갖추어야 할 소양과 균형 있는 학습이 이루어지도록 하기 위해서 반드시 이수해야 할 과목의 종류와 학점 기준 등은 정할 수 있다. 하지만 이것은 학교의 자율성이나 학생의 선택권을 과도하게 제한하지 않는 수준에서 이루어져야 한다. 그리고 같은 과목이라고 하더라도 학생의 수준에 따라서 다양한 학습이 가능하도록 해야 학점제가 추구하는 진로 맞춤형 선택교육과정이라는 취지를 유지할 수 있다.

　따라서 학점제를 도입하기 위해서는 제도적으로 학점제 시행의 기반을 뒷받침하기 위한 교육과정의 개편과 더불어 다양한 수준과 흥미에 따른 내용과 성취수준의 구분으로 교과목을 개설할 수 있는 단위학교의 역량 개발이 요구된다.

　학점제를 제대로 정착시키기 위해서는 단위학교의 자율성이 확대되어야 하는데 이는 거꾸로 단위학교의 교육과정 설계와 운영 능력의 향상이 매우 중요해질 것임을 말하는 것이다.

　지금까지 학교는 국가와 시도교육청에서 정한대로 또는 예시에 따라서 교육과정을 운영해 왔기 때문에 스스로 과목을 설계하거나 교육과정을 새롭게 운영해 본 경험이 많지 않다. 일부 학교에서 다양한 교육과정을 시도하기는 했지만 그것이 새로운 과목을 설계하는 수준까지는 아니었다. 새로운 과목이라는 것이 전혀 과거에 없던 과목을 새롭게 만들어 내는 것일 수도 있지만 현재 하고 있는 교육과정 재구성이 좀 더 발전한 형태라고 보아도 될 것이다.

국어 과목을 예를 들어보자. 국어 교과군에서 작문이라는 과목을 개설할 때 대상 학생은 누구여야 할까? 이 과목을 들을 수 있는 학생은 작가가 되거나 전문적으로 글을 쓰는 직업을 희망하는 학생들이 될 수 있을 것이다(고급 작문). 국어 교사가 되고 싶은 학생이나 더 깊은 학문을 하고자 하는 인문계열 전공 희망자도 가능한 범위에 있다. 그러나 전문적이고 수려한 글을 쓰지 않더라도 취미 수준에서 서투르지만 글을 쓰는 것을 즐기는 사람도 있다(기초 작문). 이런 교육이 꼭 나이 들어서 동네의 문화센터나 평생학습기관에서만 이루어져야 할 이유는 없다. 특히 자연계열을 전공하고자 하는 학생들에게도 작문 과목이 보고서를 작성하는 목적으로 중요한 학습이 될 수도 있다(실무 작문). 이렇게 학점제에서는 현재 대부분의 학교에서 개설되어 있는 작문 과목과는 다른 수준과 내용을 요구하는 학생들에 맞춘 과목을 설계하는 것이 필요해진다.

이것이 과목을 설계할 때 가장 우선되어야 할 기본적 고려이다. 누가 이 과목을 들을 것이며 그 학생들의 수준은? 그리고 그 학생들이 기대하는 것은? 교사로서 나의 역할(학생들을 어떤 성취수준까지 끌어올릴 것인지?)은 무엇인가? 이 모든 질문은 기본적으로 대상 학생이 누구인가로 향하는 것이다. 진정한 학생의 배움이 학교의 목표가 되는 변화이다. 따라서 이렇게 과목을 설계해 보는 것은 전혀 다른 세계로 나아가는 경험을 하는 것이다.

그런데 이렇게 학생들의 선택권을 확대하기 위해서는 단위학교에서 개설하는 과목의 종류가 지금보다는 대폭 늘어나야 한다. 필수적으로 이수해야 하는 과목을 현재의 공통교과와 일부 선택과목으로 한정해야 한다. 나머지 과목을 자유롭게 선택할 수 있도록 한다는 가정 하에서 현재의 단위학교에서 개설하고 있는 교과목에 비해서 적어도 두 배 이상은 개설해야 할 것으로 예상된다. 학생들이 얼마나 다양한 교과목을 희망하고 선택하는지 시범 운영 과정에서 살펴보아야 하겠지만 외국의 학점제 사례로 보면 최소한 그 이상의 수준으로 예상할 수 있다.

이렇게 개설하는 교과목이 늘어나게 되면 늘어난 만큼 교과목을 담당할 교사의 수가 늘어나거나 교사들의 수업 시수가 늘어나야 한다. 물론 과목수가 증가하는 것에 정비례해서 수업시간이 늘어나는 것은 아니다. 학생들의 선택권을 충분히 보장하게 되면 학생들의 분산으로 평균 20명 내외의 수업당 학생 수를 예상할 수 있고 대략 계산해서 교실이 1.5배 이상 필요하게 될 것이다. 학생들마다 공강 시간이 발생하는 것을 고려하면 지금처럼 100% 교실을 효율적으로 이용할 수 없으므로 필요한 교실 공간이 이렇게 늘어날 수밖에 없다. 학교 수업을 오후 늦은 시간이나 저녁시간까지 운영하는 방안을 포함해서 어떻게 최소한의 비용으로 필요한 공간을 충분히 확보할 수 있을지 묘안이 필요하다.

교사의 수가 늘어나야 하는 점도 학점제 시행에 큰 부담으로 작용할 것이다. 학점제의 시행으로 우선 교사 일인당 담당해야 할 과목의 수가 늘어날 수 있다. 이것은 학점제의 시행을 교사들에게 설득하는 데 어려움이 예상되는 이유인데 여기에 추가로 교사들에게 더 많은 수업시간을 요구하는 것은 엄청난 반발을 불러오게 될 것이다. 과목의 수가 늘어나는 것은 수업 준비의 부담이 늘어나게 되므로 자칫 학습의 질을 높이기 위해서 실시하는 학점제로 인해 수업의 질이 떨어지는 역설이 발생할 수 있다. 교사들이 수업 준비를 하는 것은 당연한 일로 생각될 수 있지만 학교에서 교사들이 처해있는 현실을 이해하면 손쉽게 할 수 없는 요구이다. 혁신학교 정책에서도 교사들이 학생을 가르치고 돌보는 일에만 집중할 수 있도록 하는 것을 최우선 과제로 설정했을 정도다. 우리나라 교사들은 가르치는 일보다는 부수적인 행정업무에 더 많은 시간과 정력을 허비해야 하는 비정상적인 구조에 시달리고 있다. 그리고 교사의 일 중에 가장 노력을 많이 들여야 하는 것은 수업이 아니라 그 수업을 준비하는 과정이다. 교육과정을 분석하고 수업 내용과 수준을 결정하고 평가를 어떻게 할 것인지 등등을 사전에 계획하는 것이 수업의 준비 과정이다. 그래서 수업시간이 많더라도 한 과목에 여러 개의 반을 가르치면 부담이 덜하지만 수업시간이 적더라도 여러 과목을 가르치는 것이 더 부담스러운 이유이다.

학점제를 도입하면 학생들이 선택하는 과목이 다양해지므로 지금처럼 많은 학생들이 수강하는 과목은 줄어들게 될 것이다. 교사 한사람이 한두 과목만 가르치던 구조에서 여러 과목을 담당해야 하는 구조로의 변하게 될 것이다. 수업 준비의 부담을 고려하면 교사가 담당하는 과목이 늘어나는 대신 교사의 담당 수업시간을 줄여야 수업의 질이 저하되는 것을 막고 교사들의 반발을 줄일 수 있을 것이다. 그러기 위해서는 교사의 수가 늘어나는 것을 감수해야 한다. 다양한 교과목의 개설로 인한 수업시간 증가와 교사 일인당 수업시수의 경감으로 인한 교사 수의 증가가 예상되기 때문이다. 전문분야의 과목에 한해서 각 분야의 전문가를 강사로 활용하는 방법도 고려할 수 있지만 이 경우도 적지 않은 예산이 필요하다.

또 다른 현상으로 교과목 선택권을 확대하기 위해서 다양한 교과목을 개설하게 되면 수강생이 없거나 적어서 폐강되는 과목도 생긴다. 이런 경우 예상한 수업시간을 충족하지 못하는 교사들이 나오게 되는데 이것도 또 다른 갈등의 요인이 될 것이다. 물론 사전에 학생들의 희망에 대한 가수요를 조사하기 때문에 큰 편차가 생기기 않을 수 있지만 경우에 따라서는 예상한 수업시간보다 크게 줄어드는 과목이나 폐강되는 과목이 발생할 수 있다. 이런 경우 수업시간을 충족하지 못하는 교사의 역할에 대한 대책이 요구된다. 이 과정은 폭넓은 의견수렴, 토론과 설득의 과정, 그리고 정교한 접근이 필요하다. 자칫 이 과정이 학교 내 구성원간의 갈등을 유발하여 반목으로 이어지면 학점제 운영에 커다란 부담을 작용하고 이로 인해 왜곡된 형태로 운영될 가능성이 높기 때문이다. 지금도 시범실시 학교들에서 학생들의 희망에 따라 신청을 받은 후에 일부 과목에 대한 조정을 하고 있다. 학생들의 신청이 저조해서 수업시수가 모자라는 교사의 과목으로 반강제적인(권고라고 하겠지만) 조정(사실은 몰아주기)을 하는 경우도 발생할 수 있다. 이런 문제는 사소하게 여겨질 수도 있지만 관행화되고 왜곡될 때는 학점제의 근본 취지를 뒤흔들 수 있는 문제이므로 신중하게 고민되어야 한다.

학점제의 도입은 이렇게 다양한 문제와 고려해야 할 요소들이 적지 않은 복잡한 과정이다. 그러나 복잡하다고 해서 초기에 문제를 단순화해서 접근하면 향후에 본격적인 도입을 위한 과정에서 큰 어려움을 겪게 될 수 있다. 반면에 모든 요소를 모두 충족하는 완벽한 제도로 접근하면 도입 자체조차 어려울 수 있다. 따라서 복잡한 요소들을 고려한 시스템을 설계하되 그 수준을 단계적으로 높여 가는 접근이 필요하다.

2부

해외사례와
우리의 현실

학점제도 종류가 다르다고?

　학점제는 많은 나라에서 오래전부터 중·고등학생을 대상으로 실시해 온 제도이다. 그러나 나라마다의 역사적 사회적 배경으로 인해 서로 다른 형태와 특성을 가지고 있다. 미국의 경우는 학생들이 정해진 틀이 없이 매우 자유로운 선택이 가능하며 영어, 사회, 수학이나 과학 같은 과목들은 위계를 두어서 단계적으로 이수하도록 하고 있다. 미국은 고등학교가 종합학교 형태로 우리나라의 특성화고와 같은 직업교육 학교가 없다는 특징 때문에 일반 고등학교에서 직업과 관련된 교과목도 다수 개설하고 있다. 스웨덴은 학교마다 몇 개의 전공코스에 따라서 학생마다 다른 과목을 선택할 수 있도록 다양한 교육과정을 제공하고 있다. 우리나라의 계열과 비슷한 형태이지만 더 세분화되어 학생들이 자신의 진로에 맞는 과목들을 중점적으로 수강할 수 있다. 핀란드는 무학년제로 운영되며 학교에서 다양한 코스를 제공하고 이 중에서 필수코스와 자신이 희망하는 코스를 수강해서 일정 코스를 채우면 졸업할 수 있는 시스템이다. 보통 학교는 학생이 필수적으로 이수해야 하는 코스의 4배 이상을 제공해서 다양한 선택이 가능하도록 하고 있다. 학생들은 학교에서 개설한 과목을 자유롭게 선택하여 수강할 수 있지만 일정한 학점을 이수하고 졸업시험에 통과해야 졸업의 자격을 얻는다.

외국의 학점제는 세부적인 운영에서는 차이를 보이지만 기본적인 원칙에서는 공통점을 보이고 있다. 먼저 필수적으로 이수해야 하는 교과 외에는 학년의 구분 없이 자신의 수준과 관심에 따라서 선택해서 수강한다. 무학년제를 도입하고 있는 것이다. 이렇게 학생마다 다른 과목들을 수강하거나 다른 코스를 이수하되 일정한 학점을 취득하면 졸업하게 되는 시스템이다. 그리고 학생들의 다양한 선택을 존중하기 위해서 최대한 다양한 수준과 주제에 따라서 교과목을 개설함으로써 학생들이 자신의 능력과 적성 및 진로에 따라서 단계적으로 과목을 수강할 수 있도록 한다. 또한 학생의 능력에 따라서 보다 깊고 폭넓은 학습을 선택할 수 있도록 기회를 제공함으로써 수준 높은 학습에 대한 욕구를 학교에서 수용하고 있다.

이들 사례에서 얻을 수 있는 시사점은 학점제를 도입할 때 학생선택권 측면에서 '학생의 교과목 선택권을 어느 정도까지 확대할 것인가?' 뿐만 아니라 학습의 질을 관리 측면에서 '학생의 진로에 따른 다양한 학습의 내용과 성취수준을 어떻게 충족할 것인지?'를 함께 고려해야 한다는 것이다.

먼저 학점제를 시행할 때, 학생의 교과목 선택권 측면에서는 학생들이 희망하는 교과목을 다양하게 개설하는 것을 핵심적인 내용으로 생각할 수 있다. 사실 이것만으로도 학생들의 만족도가 크게 높아지는 것을 확인할 수 있다. 지금까지 우리나라 학교에서는 학생들이 주체적으로 자신의 학습내용을 결정해 본 경험이 없었기 때문에 자신이 과목을 선택하고 다른 친구들과 다른 시간표를 갖게 되는 것이 무척 신선하게 느껴질 것이다. 그러나 학생들이 자신이 수강할 교과목을 직접 선택하고 자신의 시간표를 스스로 작성하는 것으로 학점제의 기능을 한정하는 것은 학점제의 의미를 너무 단순화하는 것이다.

학생들이 스스로 과목을 선택한다고 해서 학습에 몰입하거나 배움의 질이 높아지는 것이 아니라는 점은 이미 지적한 바 있다. 학교는 학생의 학업 성취에 대해서 책임을 져야 하는 것이 가장 기본적인 책무이다. 따라서 학점제가 단순히 학생의 선택권 확대만을 추구한다면 학점제로 인해 수반되어야 하는 여러 가지 학교 운영 방식의 변화, 추가되는 인프라 구축 등의 사회적 비용을 감당해야 할 만큼의 시급성이나 절박성을 설득할 수 없을 것이다.

학점제 도입의 효과를 극대화하기 위해서는 교과목의 수평적 다양성뿐만 아니라 수직적 다양성도 동시에 추구해야 한다. 학생들의 다양한 요구에 따른 다양한 분야의 과목을 개설하고 선택할 수 있도록 하는 것도 필요하지만, 동일한 과목이라고 하더라도 학생의 수준에 따라서 다양한 내용과 수준으로 개설해야 한다. 이것은 다양한 학습수준을 지닌 학생들을 어떻게 교육할 것인지에 대한 오랜 논쟁에 해답이 될 수도 있다. 특정 과목에 학습수준이나 관심이 낮은 학생들은 그 수준에 맞는 과목을 선택하고 보다 심화된 학습을 원하는 학생들은 그에 걸맞는 높은 수준의 과목을 수강하는 것이다. 이렇게 되면 여러 수준의 학생을 동일한 교실에 몰아넣고 어떻게 수업 수준을 맞추어야 할지 고민하는 교사들의 어려움과 학생들의 불만을 해소할 수 있게 할 것이다. 그럼 기존의 우열반과 같은 수준별 수업과는 어떻게 다른 것인지 궁금할 수도 있을 것이다. 우리나라에서의 우열반식 수준별 수업은 같은 내용을 서로 다른 수준으로 가르치고 같은 평가문제로 평가하는 방식이지만, 학점제에서는 학습의 내용과 성취수준을 완전히 다르게 설계해서 과목을 개설하는 것이 가능하다. 따라서 학점제에서 다양한 수준의 과목을 개설하는 것을 우리가 일반적으로 말하는 수준별 수업으로 이해하는 것은 곤란하다. 기존의 수준별 수업은 학생들을 학습 수준에 따라서 나누지만 내용과 수준, 그리고 평가가 동일한 과목을 운영한다. 학점제에서는 그 내용과 수준도 다르고 평가도 구별해서 실시하는 별도의 과목을 운영하는 것이다. 학습의 양과 내용의 수준에서 전혀 다른 접근인 것이다. 사실은 이것이 외국에서 수준별로 나누어서 수업을 한다고 할 때의 그 수준별 수업이다. 학생들에게 주는 열패감이나 위화감이 없이도 다양한 수준의 학습이 이루어질 수 있다는 장점이 있다. 무엇보다 학생들의 학습 선택권의 확대뿐만 아니라 학습의 질 관리라는 측면까지 동시에 고려한 접근이다.

예를 들어 국문학을 전공할 학생의 경우 고급문학과 같은 과목을 수강할 수 있도록 하는 것은 기본적으로 할 수 있는 접근이다. 그리고 디자인을 전공할 학생이 고급문학을 선택하는 경우가 거의 없을 것이라는 것도 당연한 예측일 것이다. 그러나 국문학을 전공할 학생과 디자인을 전공할 학생이 똑같은 국어공통과목을 수강하는 것은 언뜻 생각하기에 당연한 것으로 여겨질 수 있다. 사실 지금 우리나라 고등학교에서 일어나고 있는 일이기도 하다. 그러나 학습의 질이라는 측면에서 이 학생들은 서로 다른 수준의 국어공통과목을 수강하는 것이 바람직하다. 국문학을 전공할 학생과 디자인을 전공할 학생은 국어 과목을 이해하는 수준도 다를 것이며 그 과목에서 원하는 성취수준도 크게 차이가 난다.

　이런 사례를 잘 보여 주는 것이 캐나다 온타리오주의 교육과정인데, 학생의 진로-대학진학, 전문대진학, 취업준비-에 따라서 같은 과목도 내용과 성취수준을 달리해서 수강하도록 하고 있다. 이렇게 다른 학습수준과 다른 성취목표를 가진 학생들이 서로 다른 학습내용으로 배우도록 하는 것이 학점제가 가진 강점을 극대화하는 것이다. 같은 과목이라 할지라도 학생에 따라서 서로 다른 내용과 수준으로 학습하는 것은 학습의 몰입도와 질을 높이는 역할을 할 수 있으며 진정한 의미의 개인별 맞춤개별화 수업이라고 할 수 있기 때문이다.

　물론 이렇게 교육과정을 설계하는 것은 매우 복잡한 과정이며 단위학교의 자율성과 전문성이 크게 높아질 때 가능한 일이다. 그리고 매우 높은 수준의 학점제를 의미하는 것이어서 이것이 궁극적으로는 바람직한 형태이지만 불행히도 우리 학교에는 이런 경험의 역사가 없다는 것이 한계가 될 수 있다. 그래서 이런 수준까지 바로 도입하는 것은 어려울지 모르겠다. 게다가 단위학교의 준비와 교사들의 설득, 그리고 학생과 학부모들의 동의까지 쉽지 않은 난관들이 산재해 있으므로 단계적으로 접근하는 것이 현명한 방법일 수도 있다. 그러나 학점제에 대한 올바른 접근을 위해서는 처음부터 목표와 기본 틀을 이런 수준까지 전제하는 것이 필요하다. 학점제는 결코 단순하게 접근할 수 없는 복잡하고 다양한 과제임을 인지해야 하며 쉬운 방법을 찾기 위해서 목표 수준을 단순화하면 그것이 한국형 고교학점제의 한계를 고착화하는 결과를 초래할 수도 있다. 높은 목표수준을 설정하고 단계적으로 접근하는 것과 초기 도입의 용이함을 위해서 목표를 단순화하고 차례차례 목표의 수준을 높여 가면서 하나씩 요소를 추가해 나가는 것은 전혀 다른 결과를 낳게 된다.

외국의 고등학교 교육과정은 여러 가지 문화적 역사적 차이로 인해 서로 단순 비교하기에는 어려움이 있다. 학생선택권에서 가장 자유로운 미국, 핀란드 뉴질랜드, 호주의 경우는 특정한 계열이나 진로에 따라 수강할 수 있는 과목을 제한하지도, 필수과목 외에 특정 과목 군을 강제하지도 않는다. 학생이 스스로 과목을 선택하고 그것들이 모여서 자연스럽게 자신의 진로를 특정하게 되는 사례이다. 이와 달리 스웨덴, 캐나다처럼 특정한 전공 코스나 학생의 진학과 취업 여부에 따라서 특정한 과목 군이나 지정된 레벨의 과목을 수강하는 사례로 구분할 수 있다. 평가에 있어서도 학교와 교사의 평가권을 절대적으로 존중하는 미국, 핀란드, 스웨덴의 경우는 고등학교의 내신성적을 절대평가로 운영하지만 교사의 평가를 절대적으로 존중하고 신뢰하며 대학입시에도 높은 비중으로 반영한다.

이에 반해서 호주, 뉴질랜드, 캐나다 등은 단위학교와 교사의 평가를 존중하면서도 외부평가를 일부 혼합하여 학교들 간의 학습 격차에 대한 우려를 해소하고 평가의 일관성과 객관성을 높이고 있다. 최근 우리나라에서 IB도입에 대한 논의가 이루어지고 있는 것도 IB의 평가 시스템의 공정성에 대한 높은 기대가 일부 작용한 것으로 보인다. 그런 점에서는 이들 나라의 평가시스템에 대해 유심히 검토해 보는 것도 도움이 될 것이다.

대학입시 제도는 나라마다 많은 차이가 있다. 사례로 검토하는 나라들은 국가나 주에서 실시하는 졸업자격 표준시험이나 국가에서 실시하는 대학입시를 위한 표준시험이 있다. 미국의 경우는 주별 고등학교 졸업자격시험과 대입자료로 쓰이는 SAT, ACT가 서로 다른 성격을 갖는다. 주별 졸업자격시험은 대학입시에 반영되지 않는다. 핀란드는 대학입시가 국가시험에 의해서 전적으로 결정된다. 스웨덴은 우리나라 수능에 해당되는 호그스콜란 프루브(hogskolan prov) 만으로 학생을 선발하기도 하지만 이것이 전적으로 대학입시를 좌우하지 않고 내신과 고등학교에서의 다양한 활동을 고려해서 학생을 선발하게 된다. 핀란드, 호주, 뉴질랜드도 졸업자격시험에 해당하는 국가표준시험을 치르는 데 하루에 끝나는 것이 아니라 몇 주에 걸쳐서 시험을 치르게 된다.

외국의 학점제 운영 사례를 우리의 교육여건에 그대로 적용하기 어려운 부분도 적지 않다. 이들 나라들은 역사적으로, 사회 문화적 특성에서 그리고 교육환경에서 우리와 많은 차이를 보이고 있기 때문이다. 그리고 각 나라마다 고유한 제도를 운영하고 있어서 이들 나라들 간에도 서로 많은 차이가 있지만 그 가운데에서도 몇 가지 공통적인 특징은 발견할 수 있다. 이런 공통점들은 학점제가 갖추어야 할 기본 요소로 볼 수 있으므로 우리나라에서 학점제를 도입할 때 이런 공통점을 기초로 기본적인 방향을 잡아가면 큰 도움이 될 것이다.

이들 나라의 학점제에서 발견할 수 있는 공통점은 다음과 같다.

첫째, 학교에 개설된 과목을 학년 구분 없이 학생의 능력, 수준, 흥미에 따라 선택하여 수강하도록 하고 있다. 따라서 학년에 따라서 동일한 수준의 과목을 수강하는 것이 아니라 학생의 성취에 따라서 학년의 구분 없이 과목을 선택하는 무학년제를 도입하고 있는 것으로 보아야 한다.

둘째, 국가와 주정부에서는 교과목, 수업시수 등을 상세히 구분하지 않고 거시적인 틀만 제공한다. 그러면서 단위학교에 교육과정 편성·운영, 교과 선택 및 수업시수에 대한 재량권을 부여함으로써 지역적 특수성, 학교의 개별성 및 자율권을 보장하고 있다. 학교의 자율권과 재량권을 폭넓게 인정하는 것은 학점제의 내실 있는 운영을 위해서 매우 중요한 요소이다. 일부 국가에서는 국가가 과목조차 정하지 않고 학습할 내용과 성취 수준만 제시하고 이에 따라서 학교가 자유롭게 교과목을 설계하고 개설하기도 한다. 학생들의 다양하고 독특한 요구를 학교가 적극적으로 수용할 수 있는 기반이 제공된다는 것을 의미한다.

셋째, 다양한 학기의 운영, 시간표의 탄력적 운영, 학교 간 코스 및 수업 공유 등 유연한 교육과정을 운영하고 있다. 이 또한 학교의 자율성을 폭넓게 보장하는 것이 교육과정의 다양성과 운영의 탄력성을 위해서 필수적임을 보여 주는 사례이다. 학점제의 취지를 제대로 살리기 위해서는 고정적인 개념의 학기 운영이나 등하교 시간, 그리고 학교 간의 벽이라는 고정관념을 버려야 한다. 학교들 간에 학기 운영이나 수업시간 운영이 서로 달라지는 것을 자연스럽게 받아들여야 한다.

넷째, 교과 선택의 확대는 학생이 학년의 구분 없이 각 교과별 내용적 계열 또는 수준, 심화 단계에 따라 다양하게 선택하여 수강할 수 있도록 하는 것을 의미한다. 위계가 설정되어 있는 과목은 순차적으로 이수하도록 하지만, 다양한 분야의 선택과목 개설뿐만 아니라, 과목별로도 수준에 따라 레벨(예: 정규반/심화반 또는 우등반)을 구분하여 개설함으로써 학생들이 자신의 수준에 맞는 과목을 선택하도록 한다.

다섯째, 졸업을 위해서는 최소이수학점의 취득이 필요하며, 학점 이수 요건으로써 최소 성취기준이 설정되어 있다. 수강 과목의 성적이 최소 성취기준에 도달하지 못하면 과락(학점 미부여)이 적용되어 그 과목을 재이수 하도록 하며, 학생의 학습속도에 따라 조기졸업도 가능하다. 따라서 같은 시기에 학교에 입학하더라도 학생에 따라서는 학점을 빨리 이수해서 조기에 졸업하는 학생도 나올 수 있지만 학점을 제대로 이수하지 못하면 졸업을 늦게 하는 경우도 빈번히 발생하게 된다. 조기 졸업은 상관없겠지만 여러 차례 유급제도를 도입하려고 했지만 실패한 우리나라의 문화로 보아 유급제도를 받아들이는 데는 어려움이 예상된다. 특히 학생의 유급이 발생한 것을 학교의 책임으로 몰아가면 단위학교에서 엄정한 학사관리를 하기 어려워지고 학습의 질 관리라는 학점제의 중요한 축이 무너질 가능성도 배제할 수 없다.

이런 공통점들은 몇 줄로 단순하게 정리되어 쉽게 보일 수도 있지만 사실은 매우 복잡한 준비 과정이 필요하고 해결해야 할 수많은 난제들을 포함하고 있다. 따라서 충분한 요건을 갖춘 시스템이 하루아침에 이루어지기는 어렵다. 다른 해외의 사례도 수많은 시행착오와 경험을 통해서 현재의 모습을 갖추었을 것이다. 우리나라의 경우 학교나 교사가 자율적으로 교육과정을 운영해 온 경험이 적고 학생들도 주체적으로 자신이 수강할 교과목을 결정해 본 경험이 없다. 시행 과정에서 발생할 수많은 잘못된 사례나 부작용이 예견된다.

그러므로 학교나 교사가 제대로 된 학점제 시스템을 준비하기 위해서는 많은 노력과 시간을 투여해야 한다. 특히 교과목을 하나를 새롭게 개설하는 것만 해도 단순한 문제가 아니다. 교과의 내용과 수준, 그리고 평가 방법 등의 기준을 설정하는 것은 매우 복잡한 작업이다. 그러므로 학교와 교사들이 교과목을 설계하고 수업을 기획하기 위한 충분한 지원과 시간을 제공해야 한다.

그밖에도 학점제를 제대로 운영하기 위한 충분한 교원인력, 학교시설 등 선진화된 교육여건 마련, 학년 중심이 아닌 학과 중심의 교사 조직 구성, 학생의 과목 선택을 위한 상담과 조언을 해 줄 수 있는 전문적인 진로상담교사 배치 등의 준비를 갖추는 것이 중요한 요건이다. 그나마 이런 요건들은 지원 체제의 성격이어서 정책 추진의 의지만 확고하면 상대적으로 수월하게 만족시킬 수 있을 것이다. 문제는 교육과정을 설계하고 과목을 개설, 운영하는 문제는 단순하게 접근할 수 없는 복잡한 내용이다. 신중한 접근이 요구되며 체계적인 준비가 필요하므로 좀 더 구체적으로 각 나라의 학점제 운영 현황을 살펴보는 것이 도움이 될 것이다.

해외사례로 본 학점제

• 핀란드의 학점제

핀란드의 고등학생들은 3년(학생에 따라서는 2~4년) 과정 동안 75코스를 이수해야 고등학교 졸업자격을 얻게 된다. 고등학교의 교육과정은 필수, 고급, 응용 과정으로 이루어진다. 고급 과목은 필수 과정과 연계된 과목들로 학생들이 자유롭게 선택할 수 있으며 전국적으로 공통적인 교육과정이다. 고급 과정은 최소한 10개의 코스 이상을 이수해야 한다. 심화 및 응용 과목은 학교별로 개설한다. 응용 과정은 방법론적 과정, 동일한 또는 다른 훈련 공급자가 제공하는 직업 과목, 다른 과목을 포함하는 통합 과정 또는 고등학교 학위에 적합한 다른 학문으로 이루어진다. 1년은 6주 단위의 5학기로 구성되고, 과목당 학생수가 20명을 넘지 않도록 하고 있다. 1시간은 45분 이상으로 이루어지며 각 과목의 수업과 상담은

38시간 이상이어야 한다. 핀란드의 경우 학교의 자율성이 높고 학교마다 교육과정이 서로 다르므로 특정한 한 학교를 핀란드 고등학교의 대표적인 예로 볼 수는 없다. 개별학교 사례를 통해서 중요한 기본 원리를 파악하는 접근이 필요하다.

여기서 살펴보는 핀란드의 야르벤빠 고등학교는 우리나라에서 우수한 학교 사례로 많이 방문하고 있다. 다른 핀란드 고등학생들과 마찬가지로 이 학교 학생들도 필수과목은 47~51코스를, 고급 과목도 10코스 이상 이수하도록 하고 있다. 핀란드의 교육과정은 총 300개의 코스(과목) 중에서 75개 이상의 코스를 이수해야 졸업자격을 부여한다. 교육과정 문서에는 300개의 코스를 제공한다고 하고 있지만 이 학교에서 개설하는 코스는 300개가 훨씬 넘는다. 세부적으로 살펴보면 47~51개의 코스를 이수해야 하는 필수과목의 경우도 81~83개의 코스가 개설되어 선택이 가능하다. 고급 과정과 심화응용 과정은 더 선택의 폭이 넓다. 고급 과정은 총 137개의 코스, 심화응용 과정은 199개의 코스를 개설하고 있어서 이들을 모두 합하면 총 개설 코스는 400개가 넘는다. 이는 핀란드 교육과정이 학생들에게 2/3 정도의 코스를 필수과목으로 이수하도록 요구하지만 나머지 선택할 수 있는 과목을 매우 다양하게 보장함으로써 학생의 진로에 따른 다양한 교육이 가능함을 보여 준다.

이 학교의 교육과정 특징을 요약하면 학생들의 학년에 관계없이 자신의 수준과 능력, 흥미에 따라서 자유롭게 교과목을 선택할 수 있는 무학년으로 운영하고 있다. 전체 이수학점 중 필수적으로 이수해야 하는 학점의 비율이 높지만 단위학교에서 필수과목을 선택할 수 있도록 하고 고급 과정과 심화응용 과정에 다양한 과목을 개설함으로써 학생들이 다양한 과목을 선택할 수 있도록 하고 있다. 결과적으로 이런 과목 선택을 통해서 자신의 진로를 형성해 가는 구성형(개방형) 교육과정이다.

핀란드 야르벤빠 고등학교 교육과정 사례

항목	필수 과정 47~51	전국공통 고급 과정 (최소 10)	학교 개별 심화응용 과정
모국어 및 문학	12	6	10
언어와 문화	28	58	39
수학 및 과학	21	21	34
인문학 및 사회과학	6	24	261
공예 및 미디어 아트	4~6	7	52
연구-지침		2	2
주제연구		8	
응용코스		11	36
합계	81~83	137	199

핀란드 고등학교에서 평가는 학생의 지식과 기술에 중점을 두는데 학생의 성적은 코스가 끝난 후에 부여된다. 부여되는 학점은 과목 목표 달성의 다양한 증거에 근거해서 이루어진다. 다양한 결과물 외에도 학생의 학습에 대한 실제 관찰 결과가 사용되며, 교사와 학생 간의 토론뿐 아니라 학생 자체 평가 및 동료 평가를 포함하기도 한다.

성적은 지정된 등급이나 커리큘럼에서 정해진 다른 방법으로 주어지는데 등급은 4~10으로 나누어진다. 5는 통과(모면)를 나타내고, 6은 보통, 7은 만족, 8은 우수함, 9는 훌륭함, 10은 우수한 지식과 기술을 나타낸다. 낙제는 등급 4로 표시된다.

전국적으로 적용되는 응용 코스는 성과 표시(S = 완료, H = 실패)로 평가되며 학교에서 개설하는 학교개별 특정 고급 과정은 성과 표시(S = 완료, H = 실패) 또는 숫자로 평가할 수 있지만 실패는 항상 H로 표시한다. 코스의 중간성과는 문자 A와 K의 사잇값으로 평가된다.

각 과목 또는 과목 그룹에 대한 평가는 학생의 과목 교사나 여러 교사가 있을 경우는 교사들이 함께 평가한다. 그러나 최종 평가는 교장과 학생의 과목 교사에 의해서 결정된다.

학생은 개별적으로 학업 계획을 수립해야 하는데 새 학기가 시작되는 매년 9월에 학생과 교사, 학부모 3자가 협의를 통해 설정하고, 다음 1월에 설정된 목표의 문제점 및 이행 여부를 진단하고 보완해 주게 된다. 학생의 학습 계획은 학습 과정에서 재조정할 수 있다. 학습 계획을 수립하는 것은 학생들에게 목표 지향적인 과정 선택을 할 수 있도록 안내하는 역할에 의미가 있다.

학생이 필수 및 전국공통 고급 과정에서 1~2과목을 수강한 경우 한 과목의 과락도 허용되지 않는다. 이에 반해서 3~5과목을 수강한 경우는 1과목, 6~8과목을 수강한 경우는 2과목, 9과목 이상은 3과목까지는 과락이 허용된다. 과목의 학점은 학생이 수강한 필수 및 전국공통 고급 과정의 등급의 산술 평균값에 의해 결정된다.

학생들의 학사관리는 우리나라의 NEIS(교육행정정보시스템)와 비슷한 'Wilma(윌마)'라는 프로그램을 통해서 이루어진다. 윌마 시스템에는 학생, 학부모, 교사, 교감, 교장 등 모든 학교 구성원이 접속 가능하다. 윌마 시스템에는 학생들의 출결·지각 사항뿐만 아니라 수업 계획서, 가정통신문 등 각종 학습 정보가 게시된다. 교사가 학생에 대하여 기록할 내용도 이 시스템에 입력해 놓기 때문에 학생의 학습과 관련한 모든 정보를 확인하고 소통할 수 있다. 학부모에게 연락할 때도 윌마 시스템을 이용한다. 단, 학생이 18세 이상이 되면 학생 본인이 원하지 않으면 부모도 그 내용을 볼 수 없다.

• 스웨덴의 학점제

스웨덴의 고등학교에는 18개의 3년 교육과정인 국가 프로그램을 운영하고 있다. 이중 대학진학을 위한 프로그램은 6개이며 나머지 12개의 프로그램은 직업준비 프로그램이다. 여기에 6개의 국가 취업 고등학교 프로그램과 5개의 입문프로그램이 제공된다. 입문프로그램은 국가 프로그램을 이수할 자격을 얻지 못한 학생을 대상으로 하는 예비교육이다.

학생들은 이 프로그램 중 하나를 선택해서 100학점 이상을 이수하면 고등학교 졸업자격을 얻게 되며 이 과정은 대학입학이나 취업을 위한 자료가 된다. 대학 준비 프로그램의 경우 최소 2,180시간의 교육 시간을 이수해야 하며, 직업 프로그램의 경우 최소 2,420시간의 교육 시간을 이수해야 한다. 한 시간은 60분의 수업 시간에 해당한다. 이렇게 기본적인 틀만을 정하고 있지 고등학생들이 이수해야 할 특정 과목을 지정하지는 않는다. 그만큼 학교의 자율성이 높은 수준에서 보장되어 있다. 학교는 국가에서 제공하는 기본적인 틀을 바탕으로 몇 개의 프로그램을 운영할지를 결정하고 그 세부 과목의 내용은 학교가 스스로 판단해서 정할 수 있다. 우리가 학점제를 도입할 때 단위학교와 교사의 자율성을 어느 정도까지 확대할 것인지 고민해야 하는 이유이다.

스웨덴의 대학입시에서 대학의 전체 정원 중 우리나라 수능에 해당하는 호그스콜란 프루브(hogskolan prov)라는 국가시험으로 1/3을, 학교 내신성적으로 1/3, 그리고 대학자율로 1/3을 선발한다. 고등학교 내신성적이 대학입시에서 중요한 평가요소로 작용하지만 학생들을 평가하는 방식은 절대평가이다. 이 절대평가의 신뢰성을 높이기 위해서 평가에 책임을 지는 교사와 공동평가자를 교장이 임명한다. 학생들에게 평점을 주는 것은 책임 교사의 독립적인 작업이지만, 평점을 결정하기 전에 공동평가자의 검토가 선행되어야 한다. 공동 평가자는 중등 교육에 관한 지식 분야에 경험이 있어야 하는데 그것은 다른 교사일 수도 있고, 대학이나 직장의 대표일 수도 있다.

스웨덴의 고등학교 교육과정은 학생들의 진로에 따라서 지정된 코스를 이수하는 형태이므로 완성형(코스형)으로 보아야 할 것이다. 학생들은 자신이 선택한 코스에 관련된 과목을 이수하게 되는데 코스가 지정되지만 다양한 과목이 개설되므로 학생의 선택권은 폭넓게 보장되고 있다.

• 미국의 학점제(공립학교 사례)[6]

미국은 매우 다양한 학교 구조를 가지고 있다. 일반적으로는 5-3-4-4로 알려져 있지만 그렇지 않은 학교도 매우 많다. 기본적으로는 K-12 시스템이라고 이야기하는 것이 맞을 것이다. 즉 학교 급간 구분은 무의미하게 생각하고 학년제로 운영된다고 보면 될 것이다. 중학교가 우리의 6학년에서 시작되는 학교도 있고 유치원 과정인 K에서 중학교 과정인 8학년

---

6   미국 뉴저지 공립학교의 사례로 9학년에서 12학년까지 4개 학년으로 이루어진 학교이다. 정교사는 약 140명이고 스태프도 18명이 근무한다.

까지 한 학교에서 운영되는 경우도 많다. 주에 따라서는 6-2-4-4로 운영
되기도 하고 우리나라의 중·고등학교가 통합되어 운영되는 사례도 있어
서 어떤 것을 미국의 학교 시스템이라고 이야기하기는 어렵다. 우리나라
처럼 초중고가 전국적으로 완전히 똑같이 구분되어 있는 학교를 경험한
사람들로서는 이해하기 쉽지 않은 구조이다. 그리고 미국 학교의 또 다
른 특징은 고등학교가 직업계와 일반계로 구분되어 있지 않다는 점이다.
고등학교 하나 안에 대학입시를 준비하는 학생들과 직업전선으로 진출
할 학생들이 함께 섞여서 수업을 듣고 이들에 대한 특별한 제한도 없다.
자신이 희망하는 진로에 따라 과목을 선택해서 듣는 것이 일반적이지만
그렇지 않아도 상관없다. 그러나 학교는 학생들의 다양한 진로를 위해서
여러 가지 과목을 제공할 의무를 지닐 뿐이다.

　학생이 희망하는 진로분야에 따라서 교과목을 설계하는 대표적인 사
례가 미국 고등학교의 학점제이다. 직업교육을 전담으로 하는 고등학교
가 따로 없고 모든 고등학교가 종합학교인 미국의 고등학교는 각 지역의
특성에 따라서 고등학교별로 대학진학을 위한 과정과 직업교육을 위한
과정이 매우 다른 유형으로 운영되고 있다. 대도시 인근의 부유한 지역
에서는 대부분의 학생이 대학진학을 하기 때문에 학문 중심의 과정이 많
이 개설되고 직업교육은 제한적으로 운영된다. 이에 반해서 저소득층 지
역이나 시골지역에서는 직업교육이 더 강하게 운영되는 특징을 보인다.
예를 들어 중·남부의 평원지역 주의 시골학교들에서는 농사와 관련된
과목을 주로 개설하는데 학교에서 트랙터 교육이 이루어진다. 이런 다양
한 학교들의 특성을 한꺼번에 살펴보기는 어렵다.
　여기에서는 미국 동부의 도시지역에 소재하는 대학입시의 비율이 높

은 학교의 예를 소개한다. 사례로 살펴보는 학교는 미국 뉴저지주의 한 공립 고등학교이다. 이 학교는 학생의 다수가 대학진학을 하고 있으며 직업관련 과목도 다수 개설되어 있어 참고하기에 좋은 사례로 판단된다. 미국의 사례가 중요한 이유는 우리나라처럼 명문대학에 대한 열망이 높고 아이비리그 대학들을 비롯해서 우수한 주립대학에 대한 입학 경쟁이 우리만큼은 아니지만 다른 나라들에 비해 치열하기 때문이다. 그럼에도 불구하고 학점제를 통한 다양한 교육과정을 운영하고 있고, 대학입시에서 고등학교 내신과 면접과 같은 정성적 평가를 높게 반영하고 있다. 이런 점에서 대학입시의 경쟁이 심하지 않은 유럽의 나라들보다는 참고 모형으로 삼는 것에 대한 거부감이 덜할 것이다.

미국 고등학생이 졸업에 필요한 이수 학점(credit)은 10학년에서 12학년까지 4년 동안 총 120학점이며, 필수로 이수해야 할 교과와 선택교과로 구성된다. 다음 학년으로 진급하기 위해서는 최소 30학점 이상을 매 학년에서 이수해야 한다. 학생들은 특정한 경로에 따른 학점이수의 의무는 없다. 무학년으로 자신의 진로나 희망에 따라서 자유롭게 학점을 이수하며 그것이 대학입학 시 희망하는 학과에 따라 유리하게 반영되는 형태이다. 학교의 교육과정을 살펴보면 무학년을 기본으로 운영되지만 모든 과목이 무학년제로 이루어지는 것은 아니다. 교과별로 각 학년에서 이수해야 할 필수 교과목들이 정해져 있고 그 외의 선택과목은 무학년으로 운영된다는 것을 알 수 있다.

다음 표는 이 학교의 필수(Core) 이수 교과와 이수 학점이다. 대체로 한 학기를 이수하면 과목 당 2.5학점이 부여되고 1년 과정은 5학점에 해당된다. 이 표에 따르면 학생들이 필수로 이수해야 할 학점이 108.5학점으로 총 120학점의 대부분을 차지하는 것으로 보인다. 문서상으로만 보면 이 학교의 교육과정은 매우 경직되게 보인다. 그러나 실제로는 각 교과군 내에 다양한 과목을 개설함으로써 학생들의 다양한 선택을 보장하고 있다. 다시 말하면 학생들이 고등학교 교육과정을 통해서 반드시 획득해야 할 학습의 범위는 엄격하게 규정하고 있지만 그 안에서 다양한 수준이나 내용의 선택이 가능하도록 하고 있다. 학생들의 선택권을 최대한 보장하는 유연성을 보이고 있는 것이다.

미국 Tenafly highschool 교육과정

Course	Credits	Years
English(Grade 9~12)	20	4
World History(Grades 9~10)	10	2
US History(Grades 11~12)	10	2
Mathematics*	15	3
Science**	15	3
World Language	10	2
Visual and Performing Arts	5	1
21st Century Life and Careers, Or Career - Technical Education	5	1
Financial Economic Business and Entrepreneurial Literacy(2010)	2.5	0.5
Physical Education	12	4
Family Life, Driver Education	4	
Technological Literacy - Integrated throughout curriculum		

그리고 교육과정 운영도 대학을 진학할 학생이나 취업을 할 학생의 구분이 아니라 학생의 성취수준과 자신의 진로에 따라서 수강하는 과목의 수준과 종류를 결정하는 구조이다. 핵심 과정의 경우도 세 가지 수준으로 구분되지만 이것이 대학진학이나 취업준비 과정에 따라서 구분되는 것이 아니다. 학생의 수준에 따라서 적절히 선택하도록 한다. 이 학교에서는 교과목을 수준에 따라서 CPB(College Prep B), CPA(College Prep A), Adv(Advanced courses), H(Honors), AP(Advanced Placement)의 다섯 가지로 나누고 있다. 대학에 진학하는 학생이라고 하더라도 CPA 과목이나 CPB 과목을 수강할 수 있고, 높은 수준의 Honor 과목을 수강할 수도 있다(이 경우는 경쟁률이 높은 대학진학하는 학생이 대부분 수강하겠지만). Honor 과목과 AP 과목을 수강한 학생이 이른바 명문대학을 갈 확률이 높지만 단순히 그런 것만은 아니다. 학생이 희망하는 진로에 따라서 특정 교과에서 어떤 과목을 수강했는지는 중요하지 않을 수 있는 것이다. 자신의 진로와 관련된 교과에서 어떤 수준의 과목을 수강했는지가 중요하다. 이렇게 진로분야로 집중해 가는 교육과정에서는 각 교과에서 학생들의 학습 수준을 고려한 여러 수준의 세분화된 과목을 개설하고, 학생들은 자신의 수준에 따라서 적절한 과목을 선택하는 방식으로 운영된다. 이때 선택은 자신의 진로와 밀접한 관계를 갖는다. 극단적으로 인문사회 분야를 전공할 학생은 자신의 수준이 되더라도 물리 교과에서 AP 과목이나 Honor 과목을 이수해야 할 이유는 없는 것이다. 물론 자신이 관심이 있으면 이런 과목을 수강하는 경우도 있다.

좀 더 구체적으로 이해하기 위해서 이 학교의 영어(English) 교과를 예로 살펴보자. 우리로 보면 국어에 해당하는 교과이다. 학생들은 졸업을 위해서 4년간 총 20학점을 영어 교과에서 취득해야 한다. 그렇지만 이 학교의 영어 교과에서 개설하는 총 과목 수는 총 23과목(100 credits)이나 된다. 이것은 학생들이 졸업에 필요한 20학점(4과목)의 무려 다섯 배에 해당하는 과목과 학점이므로 학생들이 실질적으로 얼마나 다양한 선택권을 부여받고 있는지 미루어 짐작할 수 있다. 개설되는 과목은 필수과목이 중심으로 다수를 차지하고 있으며 선택과목도 포함된다. 선택과목은 주로 진로에 따른 심화과목으로 구성된다.

　세부적인 과목의 운영을 살펴보면 미국 고등학교 1학년(우리나라 중학교 3학년에 해당)에 해당하는 9학년 학생들은 World Literature를 반드시 이수해야 한다. 학생들은 학습수준에 따라서 World Literature I CPB, World Literature I CPA를 듣거나 8학년(중학교) 교사가 추천하는 경우 World Literature I Honors를 들을 수 있다. 여기서 Honor 과정은 독해와 작문에 능숙한 학생을 위한 고급 과정이다. 한마디로 영어 능력이 뛰어난 학생은 같은 교과목(World Literature)에서도 수준이 높은 과정을 듣게 되는 것이다. 이렇게 학생의 수준에 따라서 같은 필수과목이라고 할지라도 서로 다른 코스로 진행하게 된다. 선택과목과 달리 필수과목은 모든 학생이 반드시 이수해야 하므로 같은 과목에서도 여러 수준으로 나누어서 과목(또는 수업이라고 할 수도 있다)을 개설하는 것이다. 우리나라로 치면 국어 I을 듣기는 하지만 그 국어 I의 내용과 수준이 완전히 다르다.

　CPB는 CPA에 비해서 좀 낮은 수준으로 이해할 수 있다. CPB, CPA는 기본 과정이고 좀 더 능숙한 학생은 Honor 코스로 바로 건너뛸 수 있다. 그러나 한 번 낮은 수준에 배정되었다고 해서 이것이 계속 그 학생의 수준을 결정하는 것은 아니다. 9학년에 Honor를 듣지 못해도 추후에

Honor 코스에 진입할 수도 있다. 물론 고급 과정을 듣다가도 성적이 낮아지면 낮은 수준으로 하락하기도 한다.

10학년 학생들은 기본적으로 World Literature II CPB 또는 World Literature II CPA에 배정을 받는다. 그러나 9학년 영어와 사회 과목 교사의 추천을 동시에 받은 학생은 Humanities Honor 코스에 등록할 수 있다. 이렇게 단순히 영어 능력만으로 결정하는 것이 아니라 사회 교과와 영어 교과 두 부서의 9학년 교사가 함께 학생의 수준을 평가해서 이 프로그램에 배정할지를 결정하는 과목도 있다.

11학년 학생은 필수과목으로 American Literature CPB나 American Literature CPA를 수강하지만 추천을 받은 학생은 AP(Advanced Placement English Language and Composition)를 수강한다. 정규 영어 프로그램 외에도 공식적인 허가를 받아 1년 과정의 Junior(주니어, 고등학교 3학년, 11학년) 과정에 등록한 11학년 학생들은 1년 과정의 Senior(시니어, 고등학교 4학년, 12학년) 선택과목에서 추가로 과정을 선택할 수 있다.

12학년 학생들은 Senior English CPB, Senior English CPA, 또는 추천에 따라서 AP(Advanced Placement English Literature and Composition)를 수강한다. Advanced Placement English Literature and Composition을 수강하는 학생들은 4학년에 해당하는 학년도 5월에(미국은 8월 말이나 9월 초에 학기가 시작되고 5월 또는 6월에 학기를 마친다) AP 과목 시험을 치러야 한다.

12학년의 SENIOR ENGLISH CPA 과목은 특정 과목을 의미하는 것이 아니라 여러 가지 선택과목으로 구성되어 있어 학생들이 선택이 다양해진다. 그러나 이 과목은 선수 과목으로 American Literature CPA를 지정하고 있어서 12학년만 수강할 수 있도록 제한된다. 실제로 학생들이 선택하는 과목은 SENIOR ENGLISH CPA - PSYCH/WAR(5), SENIOR ENGLISH CPA - DYSTOPIAN/SHORT STORY(5), SENIOR ENGLISH CPA - DRAMA/SHAKESPEARE(5), SENIOR ENGLISH CPA - MODERN AMERICAN STUDIES: THOUGHT AND EXPRESSION IN MODERN AMERICA(5) 등의 과목 중에서 하나를 선택하게 된다. 이 과목들은 봄 학기와 가을 학기에 서로 다른 내용을 다룬다.

이들 필수(Core)과목 외에도 선택과목으로 9학년에서 12학년까지 누구나 수강할 수 있는 CREATIVE WRITING CPA(5), JOURNALISM I CPA(5), GRAPHIC NOVELS TO GRAFFITI CPA(2.5), CLOSE READINGS OF FILM CPA(2.5)가 있다.

선택과목도 무조건 선택할 수 있는 것이 아니라 선수 과목과 조건이 지정되어 있는 경우가 있다. 선수 과목이 지정된 선택과목으로는 Creative Writing CPA에서 'B'학점 이상을 받은 10~12학년 학생들이 수강할 수 있는 CREATIVE WRITING HONORS II/III/IV(5/5/5), HONORS: JOURNALISM CPA에서 'B'학점 이상을 받은 10~12학년이 수강할 수 있는 JOURNALISM HONORS II/III/IV(5/5/5) 등을 개설하고 있다.

이렇게 살펴본 바와 같이 영어교과만 해도 필수학점이 20학점으로 매년 5학점씩 지정된 과목을 수강하도록 정하고 있다. 하지만 100학점이나 되는 교과목을 개설하여 학생들이 자신의 수준과 능력에 따라서 적절한 과목을 선택할 수 있도록 하고 있다. 이것은 단순한 학생의 과목 선택권만을 염두에 둔 것이 아니라 학생의 진로와 능력에 따라서 필요한 학습 내용을 설계하고 다양한 접근이 가능하도록 하여 학습의 질까지 관리 하고 있음을 보여 준다. 더 깊고 높은 수준까지 배우고 싶은 학생에게는 그 요구를 만족할 수 있는 전문적인 내용의 교과목을 제공하여 학습욕구를 충족한다. 기초적인 지식만 습득해도 되는 학생들에게는 억지로 무리한 내용을 학습하도록 강요하지 않는다. 그 수준에 맞는 내용의 교과목을 수강하도록 하여 그 수준만이라도 제대로 학습할 수 있도록 함으로써 학습 성취에 중점을 두는 학습 질 관리 중심의 교육과정을 운영하는 것이다.

영어 교과뿐만 아니라 이 학교의 사회 교과의 교육과정도 다양한 선택을 할 수 있도록 구성되어 있다. 9학년에서 12학년의 사회 교육과정은 매우 복잡한 글로벌 체제와 연결된 민주사회에서 책임 있고 유능하게 살아가기 위해 필요한 정보, 식견, 이해에 초점을 둔다.

우리 사회가 보유한 엄청난 지식은 역사의 축적된 의식과 그 축적을 형성하는 일상적 관계의 산물이다. 그런 점에서 이 학교의 사회 과목은 그런 감각과 인간사회에 대해 역사적으로, 현재, 그리고 가능한 미래에 대해 의미 있게 사고할 수 있는 능력을 갖춘 학생을 길러 내기 위한 목적을 지향하고 있다.

좀 더 자세히 이 학교의 11학년의 사회 교과를 살펴보자. 사회 교과에서 미국역사 과목은 네 가지 수준으로 개설·운영되고 있다. 미국역사I CPB, 미국역사I CPA, 미국역사I Honor, 미국역사I AP 네 가지 과목이 개설되어 있다. 학생들은 자신이 원한다고 해서 아무 과목이나 선택할 수 있는 것이 아니다. 미국역사I Honor 과목을 듣기 위해서는 교사의 추천과 Western Civilization Humanities Honors 과목의 첫 학기에서 B 이상, European History Advanced 과목에서 B+ 이상이거나 European History CPA에서 A- 이상이어야 한다.

미국역사I AP 과목을 듣기 위해서는 교사의 추천이 있어야 하고, Western Civilization Humanities Honors 과목의 첫 학기에서 B 이상, European History Advanced 과목에서 B+ 이상이거나 European History CPA에서 A 이상이어야 한다.

11학년의 HONORS와 AP 과정은 학생들이 미국사회가 직면한 도전에 대응할 수 있는 능력과 헌신을 갖추도록 하기 위한 뚜렷한 목적과 내용으로 구성된다. 그 내용을 살펴보면 선택된 주제의 학습을 통해서 제기되는 주된 해석적 질문을 강조한다. 문제와 사실을 다루는 데 필요한 분석기술과 사실적 지식을 제공한다. 학생들은 역사학습을 통해 주어지는 증거와 해석을 평가하고 이런 자료들을 중시하도록 배운다. 그리고 research paper와 긴 에세이를 작성해야 한다. 또한, 학생들은 개별 학습을 통해서 상당한 양의 코스 내용에 대해서 설명할 수 있어야 한다. 이 코스를 통해서 다루어지는 대학 수준의 내용들은 대학입학시험위원회(College Entrance Examination Board)에서 치르는 AP 시험(Advanced Placement examination)을 대비할 수 있는 수준이다. 이 시험을 통과하면 대학에서 미국역사 과목을 면제받게 된다. 따라서 이런 AP 과목을 수강하기 위해서는 일정한 기준을 만족해야 한다.

예를 들어 CPA 코스의 학생이 11학년 미국사 AP 코스를 들으려면 A학점 이상을 취득해야 한다. 11학년 때 AP 미국사를 수강하려고 하는데 10학년에서 Western Civilization Humanities Honors를 듣지 못한 학생은 10학년에서 CPA 과정 대신 European History AP를 이수해야 한다. 이런 조건은 사전에 공개되어 있는데 이렇게 낮은 코스의 학생이 높은 코스로 이동할 수도 있고 높은 코스에서 성적이 좋지 않으면 낮은 코스로 떨어지기도 한다. 이것은 철저하게 학생의 수준에 따라서 과목이 설계되고 이수가 이루어짐을 의미한다.

필요한 성적등급 이외에도 그 코스를 성공적으로 이수하기에 적합한 역량을 갖추었는지를 증명해야 한다. 그 능력에는 자기주도성, 독립성, 성숙도, 뛰어난 작문, 언어와 분석능력, 좋은 작업태도 그리고 동료학생에 대한 존중 등이다. 이것은 그 수준의 코스를 설계할 때 교사가 사전에 고려한 내용들이다. 이를 통해 학생들이 선택하는 과목의 학습의 질을 철저하게 관리하게 되는 것이다.

다른 교과에서도 영어나 사회 교과와 비슷한 시스템으로 폭넓게 선택할 수 있는 과목을 개설·운영하고 있다. 미국은 고등학교에서 직업교육학교를 별도로 두고 있지 않기 때문에 종합학교로 볼 수 있는데 따라서 고등학교에서 직업에 관련된 교육도 이루어진다. 그런 이유이기도 하지만 이 학교에는 14개의 교과(학과)가 존재하고 이들 교과마다 특성에 따라 각각 다양한 교과목을 개설하게 된다. 우리나라의 고교학점제가 꼭 이 시스템을 따라야 하는 것은 아니지만 학생들의 수준과 관심을 충분히 수용하기 위해서는 어느 정도의 교과목을 개설해야 하는지 기준점으로 삼을 수 있을 것이다.

• 호주의 학점제(남호주주)[7]

호주에서 교육과정 이수기준은 대체로 주 수준에서 관장하고 있다. 유

7　조현영 외(2018), 〈호주의 고교학점제 운영 사례 연구: 남호주 Norwood High School 의 교과목 편성 및 운영을 중심으로 교육과정연구〉, 제36권 1호, pp. 197~220.

치원부터 10학년에 해당하는 F-10 과정은 호주교육과정평가원(Australian Curriculum Assessmentand Reporting Authority, ACARA)이 제시한 국가교육과정을 대체로 따른다. 그러나 대학입시에 반영되는 11, 12학년 과정은 주 자체의 교육과정을 운영하고 있다. 여기서 살펴볼 남호주(South Australia)주는 남호주 교육인증 체제인 SACE(South Australia Certificate of Education)에 따라 학점제 교육과정으로 운영한다.

SACE는 Stage 1과 Stage 2 두 단계로 구성되는데 이것이 학년 단계와 정확하게 일치하지는 않지만 대부분의 학생들은 각각 11, 12학년에 각각의 단계를 마치게 된다. 이때 취득한 학점이 대학입시에 반영된다. 그렇다고 Stage 1과 Stage 2가 각각 11학년과 12학년으로 정확하게 매칭되는 개념은 아니다. SACE를 획득하기 위해서는 총 200학점(credit)을 취득해야 하는데 공통필수과목은 50학점이며 나머지는 선택과목으로 채워진다. 단 선택과목 중 최소 60학점은 Stage 2의 20학점짜리 과목을 수강해야 한다는 제한은 있다. 이는 무학년제를 운영하되 너무 쉬운 과목만 선택하는 편법을 막고 최소한의 학습의 질을 관리하기 위한 조건으로 보인다.

공통필수과목은 개인학습 계획(Personal Learning Plan, PLP) 10학점(10학년 또는 11학년에 이수), 영어(문해 관련) 20학점(Stage 1 또는 2), 수학(수리 관련) 10학점(Stage 1 또는 2), 연구 프로젝트 10학점(11학년 또는 12학년에 이수)으로 구성된다. PLP는 10학년 학생들부터 시작하는 개인학습 계획으로 한 학기 10학점으로 운영된다. 이 과정은 이후 11학년과 12학년에서의 과목 선택에 도움을 주도록 설계되어 있다. 한 과목에서 한 학기를 이수하는 것은 10학점에, 1년을 이수하는 것은 20학점에 해당된다. 수업 시간에 따른 학점 이수의 제한은 엄격하지 않으며 학교의 재량에 따르는 것으로 보인다. 그렇지만 교과 간 대체, 교환, 과정 또는 수준 간 이동 등 교과 과정을 유연하게 이수하도록 하기 위해서 학교들은 대부분 모든 과목을 같은 단위의 학점으로 운영한다.

또한 SACE를 획득하기 위해서는 이수학점을 충족하는 것뿐만 아니라 성취수준도 만족해야 한다. 누차 강조하지만 학점제는 학생의 선택권뿐만 아니라 학습의 질 관리도 중요하게 다루어야 한다. 이것은 해외사례에서 공통적으로 보이는 특징이다. SACE 기준은 공통필수과목에서 C등급 이상을, Stage 1과목에서 C 이상 그리고 Stage 2에서 C- 이상의 등급을 요구한다. 참고로 Stage 1은 A에서 E등급, Stage 2는 A+에서 E-등급으로 이루어진다.

학생들은 Stage 1과 Stage 2 단계에서 제공되는 60개 이상의 과목과 40개 이상의 언어 가운데서 자유로운 선택이 가능하다. 선택과목은 일반 과목들과 직업 교육 및 훈련(VET) 과정 그리고 기타 선택과목으로 이루어진다. 교과목은 교육위원회에서 개발한 교과목(Board Developed Courses)과 학교와 TAFE,[8] 대학 등에서 필요에 의해서 개발하고 교육위원회가 인증하는 교과목(Board Endorsed Courses)들로 이루어져 있다. 학생들은 Stage 1 또는 2에서 90학점, Stage 2에서 60학점을 선택해서 이수해야 한다.

학생들에게 안내되는 SACE 과목 설계를 위한 가이드는 매우 흥미롭다. 과목을 선택할 때 학생들 스스로에게 질문을 하도록 권고하고 있는데 그 질문은 다음과 같다.

---

8   TAFE(Technicla and Futher Education): 호주의 주립기술전문대학.

나는 무엇에 관심이 있는가?

나는 무엇을 잘하는가?

어떤 종류의 직업이나 일이 나의 적성에 맞을까?

나의 진로를 향상시키기 위해서 어떤 과목을 학습해야 하는가?

해외사례로써 남호주주는 매우 흥미롭고 독특한 평가시스템을 운영하고 있다. 학생들이 이수하는 과목에 대한 평가는 성취기준에 따른 절대평가로 실시되고 있다. 호주에서도 이렇게 절대평가를 실시하는 경우에는 평가의 공정성 문제는 피해 갈 수 없는 모양이다. 남호주주의 평가시스템에서 교사와 학교, 그리고 교과마다 평가의 편차를 조정하여 일관성과 객관성을 꾀하려는 노력을 하고 있는 것을 발견할 수 있다. 평가 결과가 교과 이수의 기준, 즉 이수와 재이수 여부나 이후 심화 교과의 신청 여부 등을 결정하는 데 중요한 기준이 되므로 더욱 민감하게 다루어지고 있는 것으로 보인다.

평가는 기본적으로 단위학교와 그 학교의 해당 과목 교사들이 하는 것을 원칙으로 하고 있다. 따라서 Stage 1의 모든 과목에 대한 평가는 해당 학교의 교사들이 실시한다. 그러나 주 전체의 다른 학교들과 평가의 일관성을 유지하기 위해서 외부 SACE 조정자(external SACE moderator)의 확인을 거치게 된다. 일종의 사후 검증 시스템인데 학교에 높은 자율성을 부여하면서도 외부 검증을 통해 학교에서 평가의 엄정성을 유지하도록 하며 공정성에 대한 시비를 차단하기 위한 제도로 보인다.

Stage 2과목에 대한 평가는 학교평가와 외부평가의 두 단계로 이루어지는데 일부 과목에 대해서는 표준 시험이 포함되기도 한다. 70%가 반영되는 학교 평가는 해당학교의 교사가 평가하며 주 전체의 다른 학교와 일관성을 위해서 stage 1과 마찬가지로 외부 조정자의 확인 과정을 거친다. 나머지 30%가 반영되는 외부 평가는 시험, 성과물, 또는 주요 탐구 과제에 대한 평가를 외부의 SACE Marker가 실시한다. 일부 과목에서는 SACE에서 실시하는 시험을 포함하기도 한다. 이 외부시험에는 손으로 작성한 노트 및 종이사전을 지참할 수도 있으며 일부 언어 과목에는 구술시험도 있다.

정리하면 남호주주의 학점제는 무학년-진로선택형 교육과정에 기반하고 있다고 할 수 있다. 교육과정을 구성하는 공통필수과목과 선택과목은 '교과군'의 형태로 제시되어 자신의 수준과 진로에 따라서 다양한 선택과 심화학습이 가능하다. 선택과목의 구성이 곧 자신의 진로로 이어지게 되는 개방형 교육과정이다. 그리고 11~12학년에서 공통필수와 선택교과들을 대부분 학년에 무관하게 학생들이 자유롭게 선택 이수하고 필요한 학점만 획득하면 졸업자격이 주어지는 무학년제 교육과정이기도 하다. 남호주주의 무학년제 체제는 학기당 5~6과목 이하의 수강으로 진로에 집중한 심층학습이 가능하도록 구성된다. 만약 이수 요건을 충족하지 못할 경우도 재이수가 가능한 유연한 교육과정 운영이 무학년제 교육과정이 가능한 조건을 형성해 준다.

남호주주의 교육과정에서 공통필수 교과와 선택교과라는 것은 사실상 교과군의 형태로 제시되고 있다. 영어 교과의 경우, 학생들의 배경과 수준 등을 고려하여 5개의 과목으로 분리되어 운영되고 있다. 여기서 교과군의 의미는 한 과목에 대해서 동일한 교재로 학생들의 수준에 따라서 내용을 수준별로 진행하는 우리나라의 수준별 학습 운영 방식과는 다르다. 같은 교과군이지만 전혀 다른 내용을 가지고 진행하는 5개의 분반이라는 점에서 분명한 차이를 갖는다. 앞서 살펴본 미국의 사례와도 매우 유사한 형태이다. 11~12학년에서의 언어 영역과 수리 영역에서도 교과군 별 4~5개의 과목이 제시되고 있다. 경우에 따라 선이수 과목이 있을 수 있기 때문에 학생들에 따라서는 한 학기에 하나의 교과군에서 두 개의 과목을 듣기도 한다. 외국어의 경우 110개 이상의 외국어를 자유롭게 선택할 수 있다. 이런 운영 시스템은 '획일적인 공통성'보다는 공통성이 다양성을 통해 성취될 수 있다는 '유연한 공통성'의 논리에 근거를 두고 필수 교과군 안에서 다양한 선택이 가능할 수 있도록 하고 있다.

남호주 학점제에서 눈에 띄는 또 다른 특징은 개인학습 계획(Personal Learning Plan, PLP)과 연구프로젝트(Research Project)이다. PLP는 Stage 1에서 이수해야 하는 공통필수 교과로 대부분 10학년에서 시작하며 10학점을 취득해야 한다. 이 교과를 통해서 학생들이 미래의 학업과 개인적 목표를 계획하는데, 11학년과 12학년에 학습할 과목과 진로를 결정할 수 있는 능력을 획득하는 것을 목표로 한다. Research Project는 Stage 2에서 10학점을 필수적으로 이수해야 하는 공통필수과목이다. 이 과목은 학생들에게 연구의 목적을 살펴보고, 연구를 경험하며, 조사와 분석 기술을 발전시킬 수 있도록 한다. 이들 교과는 진로선택을 위한 도구적 교과로서 역할만이 아니라, 전체 교육과정을 설계하고 성찰하기 위한 메타교과적 특성을 보인다.

여기서 주목해야 할 것은 학생의 역량을 고려하지 않고 단순히 교과목 선택권을 주는 것으로 학교의 역할이 끝나지 않는다는 점을 분명히 인식하고 있다는 것이다. 학생들이 자신의 진로를 고민하고 체계적인 학습계획을 수립하며 이를 바탕으로 제대로 교과목을 선택할 수 있는 역량을 기르도록 지원하는 시스템이 갖추어질 때 학점제가 제대로 효과를 발휘할 수 있다는 것을 경험으로 터득한 결과로 보인다. 우리가 학점제를 도입하는 과정에서 반드시 참고해야 할 중요한 요소이다.

학점제에서 평가는 전반적인 교육과정 운영의 신뢰를 결정하는 중요한 요소이므로 성취기준에 따른 객관적이고 체계적인 평가방식의 수립이 전제되어야 한다. 이런 점에서 절대평가를 운영하면서도 학교의 평가권 존중과 다른 학교와의 일관성 유지라는 두 마리 토끼를 모두 잡기 위한 조정제도를 도입하고 있는 것이 남호주주의 중요한 특징이다. 평가의 신뢰도에 대한 논란이 격화되고 있는 우리의 입장에서는 특별히 관심을 기울여야 할 부분이다.

그 외에도 호주의 경우 중등학교 교사들이 복수전공으로 두 과목 이상 수업을 할 수 있어서 학교 내에서 다양한 교과를 개설하는 것이 비교적 쉽다는 점은 학점제 시행에 있어서 매우 유리한 조건이다. 그럼에도 해당 학교에 담당 과목의 교사가 없을 경우, 교육청에 소속된 교사가 있어서 필요한 학교들이 이들을 공동으로 활용한다. 또, 학교마다 중점 교과의 편성이 잘 발달되어 있어서 인근 학교와 연계한 공동교육과정 운영이 일반화되어 있다는 점도 다양한 교과 선택을 가능하게 하는 요인이다.

9학년, 11학년 학생들의 이수 과목 비교를 통해 남호주주 고등학교의 교육과정을 구체적으로 살펴보자.

9학년의 경우 국가수준 교육과정에서는 예술(Art)과 기술(Technologies) 과목이 선택교과로 지정되어 있는데 위 두 학생의 시간표상 교과목 명칭을 살펴보면 학교 재량에 따라 자유롭게 교과목을 만들어서 운영할 수 있음을 알 수 있다.

9학년 학생 A, B의 이수 과목 비교

학생 A	학생 B
ESL(English as Second Language)	ESL(Englishas Second Language)
Mathematics	Mathematics
Science	Science
Humanities and Social Science	Humanities and Social Science
German	Chinese
Computer Aided Design	Film & Special Effect
Wood Technology	Drama
PLP(Personal Learning Plan)	PLP(Personal Learning Plan)

한편 11학년이 되면 해당 학기에 두 학생이 수강하는 과목은 영어 과목과 PLG를 제외하고는 모두 다른 것을 알 수 있다. 그만큼 선택과목의 폭이 넓어지는 것이다. 그런데 재미있는 것은 두 학생의 이수 과목 구성을 보면 각 학생들이 어떤 진로를 희망하고 있는지도 쉽게 파악할 수 있다는 점이다. 선택과목 영역에서 A학생의 경우 직업과 관련한 선택과목이 많아 고등학교 졸업 후 취업을 희망하는 것으로 보인다. 반면에, B학생의 경우 과학교과 중심으로 선택과목이 이루어져 있어 이 학생은 대학진학, 특히 이공계열 진학을 목표로 하고 있음을 미루어 짐작할 수 있다.

11학년 학생 A, B의 이수 과목 비교

학생 A	학생 B
ESL(English as second language)	ESL(English as second language)
Business & Enterprise	Pure Mathematics 2
Psychology 2	Physics B
German continuers	Chemistry 2
Food & Hospitality	Biology B
PLG(Personal Learning Group)	PLG(Personal Learning Group)

• 캐나다의 학점제(온타리오주 사례)[9]

다음으로 살펴볼 캐나다의 온타리오주는 최근 교육개혁의 성공사례로 많은 관심을 받고 있다. 온타리오주의 고등학교 체제는 진로를 특정하지 않고 학생들이 수강하는 과목에 의해서 자연스럽게 진로가 형성되는 미국이나 호주와 달리 학생들이 진로를 미리 결정한 진로에 따라서 학점을 이수하는 형태이다. 이런 온타리오주의 학점제를 살펴보는 것은 학점제의 또 다른 운영형태에 대한 시사점을 얻을 수 있다는 점에서 매우 유용할 것이다. 캐나다 온타리오주 중등교육은 4년의 학점제로 운영되며, 이 기간 동안 학생들은 OSSD[10]를 취득하기 위하여 필수 18학점과 선택 12학점을 합한 총 30학점을 이수해야 한다. 한 과목당 1학점이 할당되며 1학점은 110시간이며, 50% 이상 수강해야 이수로 인정된다. 다음 표5는 온타리오주의 고등학교 졸업자격을 얻기 위해서 필수로 이수해야 하는 학점의 교과별 배당이다.

온타리오주의 학점제는 코스형(완성형) 교육과정으로 볼 수 있다. 9학년과 10학년에 제공되는 교육과정은 진로탐색을 위해 학문 과정(Academic Courses), 응용 과정(Applied Courses), 일반 과정(Open Courses)의 세 가지 영역으로 나누어진다. 이 과정은 코스형 교육과정인 11학년과 12학년의 목표관련 과정(Destination-Related Course)에서 제공되는 강좌 유형과 명확한 구분을 보인다.

---

9   한혜정(2011), 〈학생맞춤형 고등학교 교육과정 실현 방안 탐색 – 캐나다 온타리오주 중등 교육과정을 중심으로〉, 비교교육연구 제21권 제2호, pp. 90~91.

10   '온타리오 중등 교육 디플로마(Ontario Secondary School Diploma: OSSD)'는 중등교육 이수자격증에 해당한다.

필수학점 교과별 배당

교과		학점	요구사항
영어		4	- 온타리오 중등 문해 과정(OSSLC)은 11학년과 12학년의 영어 필수과목에 상응 - 영어 과목에서 ESL 또는 English Litearcy Development(ELD)는 최대 3학점까지 취득 가능. 단 4번째 학점은 12학년에서 취득해야 함
불어(제2언어)		1	
수학		3	11학년과 12학년에 최소 1학점 이수함
과학		2	
국사(캐나다 역사)		1	
국토지리(캐나다 지리)		1	
예술		1	
체육		1	
시민교육		0.5	
직업교육		0.5	
그룹 1	영어, 모국어, 고어/국제어, 사회과학/인문학, 국·내외 연구, 진로교육, 협력교육 중 택 1	1	- 불어는 최대 2학점까지만 추가적인 필수 학점으로 취득할 수 있음. 그룹1에서 1학점, 그룹2와 3 중 어느 하나에서 1학점 - 협력교육은 최대 2학점만 필수학점으로 계산
그룹 2	불어(제2언어), 체육, 예술, 경영, 협력교육 중 택1	1	
그룹 3	불어(제2언어), 과학(11학년이나 12학년), 컴퓨터, 테크놀로지(9~12학년), 협력교육 중 택 1	1	
총합		18	

9학년과 10학년 학생들은 자신의 지식과 기술을 확장하고, 관심 분야를 탐구하며 11학년에 가장 적합한 교육 프로그램 유형을 결정하기 위해 세 과정을 적절히 조합해서 과목을 선택한다. 9학년과 10학년에서 과목을 선택할 때 학생들은 특정 진로에 구속되는 것은 아니지만, 자신이 희망하는 진로에 따라 앞으로 선택할 과목들의 선수조건을 만족하도록 과목을 구성해야 한다.

9학년과 10학년 과목개설 과정 중 '학문 과정'은 주제의 핵심 개념에 중점을 두고 관련 개념을 탐구하는 데 초점을 맞추고 있다. '응용 과정'은 실용적인 응용과 구체적인 예를 통해 학생들의 지식과 기술을 개발하는 데 중점을 두고 있어서 취업을 희망하는 학생들에게 더 적합하다고 할 수 있다. '일반 과정'은 자신의 관심사를 반영하고 적극적이고 보람 있는 사회참여를 준비하기 위한 학생들의 지식과 기술을 넓히는 과정이다. 따라서 이 과정은 미술, 음악, 체육교과와 같은 교양 교과 영역에는 개설되어 있지만, 영어, 수학, 불어, 과학, 역사, 지리교과에서는 개설되어 있지 않다.

11학년과 12학년은 '대학준비 과정(University Preparation Courses)', '대학/전문대준비 과정(University/College Preparation Courses)', '전문대준비 과정(College Preparation Courses)', '취업준비 과정(Workplace Preparation Courses)', '일반 과정(Open Courses)' 등 다섯 가지 과정으로 구성되는데 자신의 진로에 따른 개인적 관심사에 더 집중하게 된다.

10학년에서 12학년까지 학생은 해당 과목의 선수 과정을 수강한 경우 자신이 이미 수강한 과정과 다른 유형의 과정의 과목으로 변경할 수 있다.

과목이 개설되는 과정 간 연계성을 보면, 9~10학년의 '학문 과정'은 11~12학년의 '대학준비 과정'과 '대학/전문대준비 과정'에, 9~10학년의 '응용 과정'은 11~12학년의 '전문대준비 과정'과 '직업준비 과정'에 연계된다. 이렇게 온타리오주 중등 교육과정은 학생의 진로에 따라 동일한 과목이라도 다양한 과정으로 개설되어 있어 학생들의 다양한 선택권을 보장하고 있다.

교과영역에 따라 개설된 과목의 수는 아래의 표와 같은데 이는 미국의 사례보다 더 세분화된 영역으로 구성되어 있음을 알 수 있다.

온타리오주 중등교육과정에서 교과영역별 개설 과목 수

교과영역	과목수	교과영역	과목수
예술 (the arts)	31	진로와 직업 (guidance and career education)	11
경제 (business studies)	20	건강과 체육 (health and physical education)	7
사회 및 국제관계 (Canadian and world studies)	32	ESL 및 영어문해발달 (English literacy development)	10
고대 및 국제어(classical studies and international languages)	10	초기국가 및 원주민(First Nations, Métis, and Inuit Studies)	10
컴퓨터(computer studies)	5	원주민 언어(Native languages)	5
영어(English)	20	수학(mathematics)	15
간학문적 연구 (interdisciplinary studies)	6	과학 (science)	18
제2언어 불어 (French as a second language)	22	사회과학/인문학 (social science and humanities)	32
기술교육 (technological education)	55	지역협력교육 (Cooperative Education)	1

이렇게 다양한 과목의 개설로 학생의 선택권을 확대함과 동시에 동일한 과목에 대해서 내용을 과정마다 달리하여 교육과정을 개발하고 있다. 더 자세히 설명하면 앞의 미국의 사례에서 CPB, CPA, Honors, AP 등의 과목으로 구분한 것처럼 동일한 과목에 대해서도 학문 과정과 응용 과정이 서로 다른 내용과 수준으로 구분해서 개발되는 것이다.

예를 들면 11학년과 12학년 영어 과목은 대학준비 과정, 전문대준비 과정, 취업준비 과정으로 구분되어 있다. 11학년 영어에서 이 세 가지 과정은 모두 공통적으로 말하기, 읽기와 문학, 쓰기, 매체연구라는 네 가지 내용영역으로 이루어져 있지만, 목표, 내용, 그리고 성취기준이 다르다. 그러나 12학년 문학과목 교육과정과 같이 세 가지 과정이 모두 성취 기준은 동일하지만 활동과 질문에서 차이를 보이기도 한다. 대학준비 과정에서 듣기 훈련은 논쟁에서 반론을 어떻게 할지, 반론의 근거가 무엇인지 등을 정리하는 과정을 통해서 이루어진다. 그에 비해 전문대준비 과정에서 듣기 훈련은 자신이 어떤 주장을 하고 그것의 근거를 마련하는 것이 아니라 여러 토의내용을 듣고 다양한 관점을 이해하고 요점을 파악하는 과정을 통하여 이루어진다. 대학준비 과정과 전문대준비 과정의 차이는 자신의 주장을 적극적으로 개진하고 그것의 근거를 댈 수 있는 능력과 다른 사람의 주장을 듣고 다양한 관점을 이해하고 요점을 이해하는 능력의 차이로 파악될 수 있다. 반면에 취업준비 과정은 노래나 뉴스, 내레이션 등 비논리적인 일상생활 자료를 통해서 학습이 이루어진다는 것을 알 수 있다.

이상에서 살펴본 캐나다 온타리오주 중등 교육과정은 진로탐색 과정(9학년과 10학년)과 진로 집중 과정(11학년과 12학년)이 면밀하게 연계되어 있다. 이를 통해서 학생들은 진로탐색 과정에서 자신의 능력과 적성에 맞는 과정을 찾아가며, 진로 집중 과정에서는 자신의 진로를 확실하게 정하고 이를 체계적으로 준비하게 된다.

또한, '진로유형별'로 구분되어지는 '코스형'으로 교육과정이 구성되어 있어서 학생들은 각자의 진로 과정에 따라서 특화된 맞춤형의 내용과 수준의 과목을 선택할 수 있다. 그리고 학생의 진로에 따라 구분된 각 과정의 차이가 '과목별로 각각 무엇을 어떻게 가르쳐야 할 것인지?'를 구성 체제 및 내용제시 방식에서 명확하게 구분되도록 하고 있다. 이 과정을 제대로 따라가면 학생들이 자신의 진로를 충실하게 준비할 수 있다는 것이 중요한 특징이다.

온타리오주의 교육과정이 지향하는 바를 좀 더 구체적으로 살펴보기 위해서 특정 과목을 분석해 보는 것이 도움이 될 것이다. 여기서는 11학년 생물과목의 구성의 영역별 차이를 비교해 보도록 하겠다. 11학년 생물과목도 대학준비 과정과 전문대준비 과정 두 가지로 개설되어 있다. 생물과목은 취업준비 과정이 없다. 내용영역과 성취기준에 있어서는 아무런 차이가 없었던 12학년 문학과목과 달리, 11학년 생물과목은 일단 내용영역에서 차이를 보인다. 문학의 경우 대학을 진학하는 학생이나 전문대학을 진학하는 학생이 배워야 할 내용이 다르지 않다고 보는 것이다. 반면 생물과목의 경우는 대학을 진학하는 학생과 전문대학을 진학하는 학생이 배워야 할 내용과 그 수준이 달라야 한다고 판단하는 것으로 보인다. 캐나다의 교육과정은 이렇게 진로유형에 따라서 내용과 성취수준에 차이를 두는 특성을 보인다. 우리나라의 교육과정과 어떤 점이 다르고 우리가 학점제를 도입할 때 어떤 부분을 보완해야 할지를 분명하게 보여 준다.

11학년 생물 대학준비 과정 과목과 전문대준비 과정 과목의 내용체계를 비교하여 표로 나타내면 다음과 같다.

11학년 생물 대학준비 과정 과목과 전문대준비 과정 과목의 내용체계 비교

과정	대학준비 과정	전문대준비 과정
	생물의 다양성	세포 생물학
	진화	미생물학
내용체계	**유전**	**유전**
	동물: 구조와 기능	포유동물 해부
	식물: 해부, 성장, 기능	식물과 자연환경

　11학년 생물 유전 항목에서 대학준비 과정 성취 기준은 유전학적 지식과 기술을 이해하는 데에 초점이 있다. 전문대준비 과정의 성취 기준은 유전학적 지식이나 기술 자체에 대한 이해보다는 그것이 환경에 미치는 영향에 초점을 두고 있다. 쟁점이나 질문도 대학준비 과정은 전문대준비 과정에 비하여 학문적 성격이 강하다. 전문대준비 과정은 실제 생활에서 유전학적 지식이나 기술이 인간의 생활 속에서 어떤 이점을 주고 어떤 위험이 있는가를 생각해 보도록 하는 데에 초점을 두고 있다. 같은 교과목이라 할지라도 이렇게 학생의 희망 진로에 따라서 과목의 명칭은 같지만 세부적으로 학습목표가 달라지고 이에 따른 내용과 성취기준이 달라진다. 이것은 그 학생의 진로에 최대한 적합하고 도움이 되는 방향으로 이루어진다.

11학년 생물 대학준비 과정과 전문대준비 과정의 '유전' 부분 비교

영역	항목	대학준비 과정	전문대준비 과정
1. 과학이 기술, 사회, 환경과 맺는 관계	성취 기준	유전학과 게놈학의 사회적·윤리적 의미를 분석할 수 있다(예: 유전학적 스크리닝, 유전자 치료, 시험관 아기 등).	유전학적 연구와 생명공학기술의 사회적·윤리적 의미를 평가할 수 있다(예: 태아 성별 감식, 제대혈 세포 배아 등).
	쟁점	유전자치료는 낭포성 섬유증과 같은 유전병을 치료하는 데에 효과가 있다. 그러나 그 기술의 안전성이 아직 입증되지 않았기 때문에 그 기술을 활용하거나 관련 연구를 하는 것은 윤리적인 문제가 있다.	과학자들은 인간의 발달, 노화, 질병에 있어서 유전자의 역할을 규명하기 위하여 배아줄기세포연구를 활용한다. 어떤 사람들은 이러한 배아줄기세포연구기술이 우수한 인자를 가진 아기를 만들어 특정 우수 집단을 형성함으로써 사회를 불평등하게 만들 것이라고 우려한다.
	질문	줄기세포연구를 사회적으로 유용하게 활용할 수 있는 방법은 무엇인가? 줄기세포연구는 어떤 윤리적 쟁점을 불러일으키는가? 유전자치료와 관련된 윤리적 쟁점은 무엇인가?	개인의 유전자 정보를 누가 소유하고 통제할 것인가? 누가 개인들의 유전자 정보를 가지고 그것을 어떻게 활용할 것인가를 결정할 것인가? 생명공학 기술 연구와 활용을 규제 하는 것이 왜 중요한가? 소외 계층의 유전적 구조를 파악하기 위하여 그들 몰래, 혹은 그들의 동의 없이 그들의 의료 자료를 활용하는 것은 윤리적으로 어떤 의미를 가지는가?

캐나다 온타리오주 중등교육과정을 통해서 학점제를 도입하는 과정에서 우리나라 고등학교의 교육과정 운영에서 참고해야 할 점을 다음과 같이 정리할 수 있을 것이다.

첫째, 학생들의 진로와 수준에 맞는 다양한 교육과정을 개설하는 것도 중요하지만 이런 다양한 교육과정의 개설을 요구하고 적절하게 선택할 수 있는 학생들의 역량 또한 중요한 요소다. 이런 역량을 기르기 위해서 온타리오주의 교육과정은 9학년과 10학년 과정에서 충분히 진로탐색이 이루어지도록 교육과정을 설계하고 있다. 이런 과정이 더욱 효과를 발휘하는 것은 10학년에서 11학년 사이에 전환 과정을 두어 학생들이 자신의 선택에 두려움을 가지지 않고 자유롭게 진로를 탐색할 수 있도록 하고 있는 점이다. 자신의 선택이 잘못되더라도 이를 바로잡을 기회가 주어지기 때문에 선택에 대한 부담이 상대적으로 완화되고 좀 더 자유롭게 선택할 수 있는 것이다. 그리고 특별히 주의 깊게 보아야 할 것은 이런 과정이 가능한 것도 학교 내에 대학진학, 전문대학진학, 취업준비 과정이 함께 운영되기 때문이다.

둘째로, 온타리오주의 교육과정의 핵심적인 부분으로 진로탐색 과정의 중요성을 인식해야 한다. 학생들이 자신에게 주어진 선택권을 최대한 활용할 수 있도록 교육과정으로 지원하고 있다. 우리의 경우 학생들이 이런 선택의 기회가 주어졌을 때 과연 자신의 진로를 고려한 과목을 제대로 선택할 수 있을지에 대한 우려를 하지 않을 수 없다. 학생들이 자신의 수준과 진로에 맞춰서 적절한 선택을 할 수 있도록 하기 위해서는 중학교 교육과정에서 충분한 진로탐색과 이를 고등학교 교육과정과 연계하는 교육과정의 재설정이 필요하다. 현재 우리의 교육과정은 중학교 교육과정이 진로탐색을 통해서 고등학교 교육과정과 어떻게 연결되는지에 대해 자세히 기술되어 있지 않아 학생들의 과목 선택을 충분히 지원할 수 있을지 우려하게 된다.

마지막으로 고등학교 교육과정과 대학 전공별 교육과정 및 직업세계와의 연계에 대한 고려가 필요하다. 온타리오주의 각 대학들은 전공별로 중등교육과정에서 이수해야 할 과목의 종류와 이수경로를 구체적으로 공개해놓고 있다. 대학이 자신들이 원하는 학생들이 어떤 과정을 거쳐야 하고 어떤 능력을 기대하는지에 대해서 자세히 안내하고 이에 따라서 학생을 선발하고 있다. 대학이 아무런 노력도 없이 성적이 좋은 학생만 골라서 뽑아 가는 것이 아니다. 자신들이 추구하는 가치와 목표를 분명하게 제시하고 이에 맞는 학생들을 선발하는 책임 있는 모습을 보이는 것이다.

대학입학 지원자들은 그러한 대학별 전공 필수과목의 종류와 이수경로를 확인하고 그것에 따라 고등학교 과정에서 과목을 선택하는 기준으로 삼고 있다. 우리나라도 전반적인 능력을 요구하는 현재의 대학입시에서 벗어나서 각 전공별로 대학이 필요한 이수 과목과 요구 수준을 제시해야 한다. 이에 따라서 학생들이 자신의 진로에 따른 과목 선택이 가능하도록 해야 한다. 이를 위해서는 중학교 교육과정, 고등학교 교육과정, 대학교 교육과정 사이의 긴밀한 연계가 이루어지도록 교육과정의 재설계가 이루어져야 할 것이다.

교육과정에서 알 수 있듯이 취업준비 과정은 학생이 직업세계로 진출하기 위해서 필요한 기능이나 지식의 종류만 고려한 것이 아니다. 직업세계에서 필요로 하는 구체적인 소양 및 태도를 고려한 내용으로 구성되어 있다.

〈워털루대학 사례〉

워털루대학 공학부 입학전형 내용을 통해서 캐나다 대학들의 신입생 선발 과정을 간접적으로 살펴보자.

워털루대학의 공과대학은 캐나다에서 토론토대학 다음으로 평가되며 2017 세계 공과대학 평가에서 우리나라 카이스트(41위)보다 약간 낮은 47위권의 대학으로 상당히 높은 평가를 받는 대학이다.

워털루공과대학은 학생선발에서 고등학교의 상대 순위를 사용하지 않지만 지난 6년 이상 특정 학교의 실적(1년차 대학 평균-최종 고등학교 평균)을 기준으로 조정 요인을 적용하고 있다. 즉 각 고등학교 출신별로 고등학교 성적과 대학에서의 성적을 비교함으로써 절대평가로 이루어지는 학교의 성적 산출이 얼마나 객관적인지를 파악하고 이를 학생의 평가에 반영하는 것이다. 이런 방법은 세계의 많은 대학에서 사용하고 있는 방법으로 미국의 경우도 신입생 선발에서 졸업생들의 대학에서의 성취를 중요한 요소로 반영한다.

대학은 이를 통해 성공 가능성이 가장 높은 지원자를 선택할 수 있다. 워털루대학에서 밝히고 있는 바에 따르면 이 조정은 소수의 학교에만 영향을 미치며 고등학교의 90% 이상은 조정되지 않는다고 한다. 이것은 절대평가를 시행하지만 우려하는 것처럼 성적 부풀리기 등이 심각하게 문제가 되지 않는다는 것을 보여 준다. 따라서 출신 고등학교보다는 학업 성과와 신청자가 입학신청양식에 따라 작성한 내용이 입학 제안을 받을 확률에 훨씬 더 많은 영향을 미친다.

워털루대학에서 밝히고 있는 학생선발의 목적은 매우 인상적이다. "우리의 목표는 단순히 최고의 성적을 가진 학생들이 아닌, 정규 풀타임 프로그램을 성공적으로 마칠 수 있는 올바른 준비를 갖춘 학생들을 선발하는 것입니다. 정규 수업을 통해 모든 과정을 수강한 것은 대학에서 성공할 준비가 되었음을 보여 주는 것입니다."

이외에도 대학에서는 정규 과정 이외의 코스를 수강했거나 수강하는 경우, 전체 입학 점수가 조정될 수 있으며, 입학 정보 양식에 정규코스 외의 코스를 왜 수강 했는지 설명해야 한다고 명시하고 있다.

특별히 워털루공대에서 소프트웨어 엔지니어링 지원자는 다음 중 적어도 하나를 만족해야 한다.

- 11학년 또는 12학년 컴퓨터 및 정보 과학과 같은 프로그래밍 코스에서 우수한 성과
- 프로그래밍 콘테스트에서 우수한 성적
- 프로그래밍과 관련된 중요한 업무 경험
- 기타(입학 정보 양식에 설명되어 있어야 함)

프로그래밍 경험은 모든 엔지니어링 지원자에게 준비 과정으로 권장된다. 모든 엔지니어링 학생들은 적어도 하나의 대학 프로그래밍 과정을 수강하게 된다.

대학들은 입학 성적의 예상치를 공개하는데 각 단과대학별로 입학허가를 받을 수 있는 평균을 제시한다. 워털루공과대학도 입학허가의 기준을 제시하고 있는데 입학허가는 요구되는 과정과 12학년에서 6개 이내

의 최고 성적을 보인 과목에 기반해서 이루어진다. 제출된 입학평균은 검토 시점에서의 확인할 수 있는 성적을 기반으로 계산되며 최근 성적을 확인할 수 없을 경우 11학년의 성적을 포함할 수 있다.

• 뉴질랜드의 학점제

뉴질랜드는 국가교육과정이 단위학교의 자율성을 매우 폭넓게 보장하고 있는 체제이다. 학생의 과목 선택의 자율권이 가장 많은 국가에 속하는 뉴질랜드는 국가가 필수 교과나 교과별 단위를 전혀 규정하고 있지 않다. 국가교육과정 문서에 국가교육과정은 구조(framework)이지 세부사항을 규정하지 않는다고 명시하고 있다.

뉴질랜드 교육과정은 영어, 예술, 건강 및 체육, 학습 언어, 수학 및 통계, 과학, 사회과학 및 기술 등 8가지 학습 영역(learning area)을 규정하고 있다. 그리고 모든 학습은 학습 영역 간에 존재하고 학습영역을 가치와 핵심 역량에 연계시키는 자연적 연결을 활용해야 한다고 정의하고 있다. 각 학습영역은 8개 수준(level)으로 단계가 나누어져 있으며 각 단계는 특정학년이 아니라 3~4개 학년 군에 걸쳐서 적용된다. 이것은 학생들의 학습속도에 따라서 개인별 맞춤 교육을 할 수 있도록 교육과정의 유연성을 보장하는 것이다.

뉴질랜드의 고등학생들은 11학년부터 13학년에서 과목별로 NCEA(The National Certificate of Education Achievement) Level 1, 2 또는 3에 해당하는 표준에 도달하면 이에 해당하는 학점을 취득한다. 이 표준에는 학생이 알아야 할 내용(학습내용)과 할 수 있는 일(성취 기준)을 제시하고 있다. NCEA에서도 구체적인 교과의 단위나 시수를 규정하지는 않는다. 학교의 자율에 맡기고 있는 것이다. 다만 학생들은 NCEA 인증을 위해서 레벨 1은 문해력 및 수리력을 포함한 모든 레벨(레벨 1, 2 또는 3)에서 80학점을 이수해야 한다. 레벨 2는 레벨 2 이상에서 60학점 또는 모든 레벨에서 20학점을 이수해야 하며 레벨 1의 문해력 및 수리력 요건을 충족해야 한다. 레벨 3은 레벨 3에서 60학점, 그리고 레벨 2 이상에서 20학점 이상을 이수해야 하며 레벨 1의 문해력 및 수리력 요건을 충족해야 한다. 학교에서는 학생들이 이 표준들에 얼마나 도달했는지 측정하기 위해서 내/외부 평가를 다양하게 사용한다.

많은 학교에서는 학생들이 능력에 따라 여러 수준의 표준을 혼합하여 학습할 수 있도록 하고 있다. 예를 들어, 12학년 학생은 레벨 2에서 대부분의 과목을 공부할 수 있지만 레벨 1에서는 새로운 과목을 추가하고 레벨 3에서는 또 다른 고급 과목을 추가 할 수 있다. 또한 학생들은 다단계 과정을 공부할 수 있다. 예를 들어 11학년 영어코스에서 레벨 1 및 레벨 2 표준을 모두 포함할 수 있다. 한마디로 무학년제로 운영되는 시스템이다.

뉴질랜드는 영연방 소속국가라는 점 때문인지 영국의 교육과정과 유사한 점을 보이고 있다. 뉴질랜드의 학교들은 학교 규모와 상관없이 고등학교 졸업을 위한 총 이수 과목 가운데 60% 이상의 과목을 학생들이 자유롭게 선택할 수 있는 것으로 나타났다.

구체적인 단위학교의 교육과정 운영을 알아보기 위해서 세 개의 고등학교의 교육과정을 살펴보았다.

먼저 Roncalli College에서는 NCEA를 충족하기 위해서 11학년과 12학년의 모든 학생들은 5과목과 종교교육을 모두 이수해야 한다. 13학년 학생들은 RE/신학과 5과목 또는 RE/신학 + 4과목 + gateway; 또는 RE/신학 + 4과목 + 개인 학습 프로그램(ILP) 1과목 중 선택해서 이수할 수 있다. 모든 과목은 NCEA 인증의 레벨 1, 레벨 2 또는 레벨 3에 해당하는 학점을 얻을 수 있는 많은 표준을 제공한다. 이 표준 중 일부는 학급 교사가 내부적으로 평가하고 일부는 11월과 12월에 치르는 NZQA 시험에 응시하는 외부 평가로 이루어진다.

Carmel College에서는 11~13학년의 핵심 과목이 필수 교과이며 선택은 레벨 1, 2 그리고 3 중에서 11학년은 3과목, 12학년은 5과목, 그리고 13학년에서도 5과목을 선택할 수 있다. 선택과목은 학년의 구분 없는 무학년으로 운영되며 각 레벨에서 학생들이 자유롭게 선택할 수 있다. 필요한 경우에는 학교에서 과목 선택에 개입하기도 한다.

John Paul 고등학교 학생들은 매 학년 7개 과목을 이수해야 하는데, 11학년에서는 이 중 3개 과목을, 그리고 12학년과 13학년에서는 5~6개 과목을 선택하여 이수할 수 있다. 그리하여 고등학교 총 3년간 이수해야 할 21개 과목 중 14개를 학생들이 선택한 과목으로 이수할 수 있게 되어 있다.[11]

뉴질랜드의 고등학교 교육과정의 특징은 NCEA 인증을 위한 표준에 초점을 맞추고, 같은 교과목에서도 레벨 1, 2 그리고 3에 해당하는 여러 수준의 과목을 개설하는 것이다. 뿐만 아니라 학생들이 자신들의 관심과 흥미에 따라 다양한 선택을 할 수 있도록 하고 있다. 예를 들어 '예술' 교과의 경우에 '시각예술', '회화', '사진', '드라마', '음악', '댄스' 등의 다양한 과목을 개설하는 것처럼 폭넓은 선택이 가능하도록 교육과정을 운영한다.

---

11 허예지 외(2014), 〈한국, 영국, 뉴질랜드, 일본 고등학교 학생들의 과목 선택권 비교〉, 비교교육연구 제24권 제1호, p. 191.

뉴질랜드도 별도의 직업계 고등학교(우리나라의 특성화고에 해당)가 없고 종합학교 형태인 일반 고등학교 내에 대학진학과 취업을 위한 과목이 동시에 개설되어 운영된다. 이로 인해 동일 교과 내에서도 대학진학과 관련된 학문적 성격의 과목뿐만 아니라 직업·실생활·여가·예술 분야 성격의 과목을 동시에 개설하여 학생들이 자신의 진로와 학습 수준에 따라서 다양하게 선택할 수 있도록 하고 있다. 이는 미국이나 캐나다 온타리오주의 교육과정과도 유사한 점이다. 그리고 뉴질랜드 교육과정은 미국과 유사한 개방형으로 구분할 수 있다. 미리 특정 과정을 선택하고 그 과정에 따른 지정된 교과목 중에서 선택을 하는 것이 아니라 제한 없이 자신의 희망에 따라서 다양한 과목을 선택함으로써 이것이 모아져서 자신의 진로를 만들어 가는 형태이다. 이러한 교육과정 운영은 학생들에게 폭넓은 교과목 선택의 기회를 제공할 뿐만 아니라 학습 도중에 자신의 진로 변경이 자유롭다는 장점이 있다. 그러나 교육과정을 운영하는 입장에서는 더 많은 자원이 필요하고 복잡한 운영 시스템으로 인한 부담이 증가한다는 어려움이 발생할 수 있다.

뉴질랜드의 경우 고등학교 교육과정에서 학생들이 선택하는 과목은 국가 인증과 연계되어 일정 수준의 지식과 역량을 획득하였음을 인증하므로 대학입시나 취업 시에 적절하고 중요한 자료로 활용된다.

• 영국의 학점제

영국은 대학입학을 위한 특별한 과정으로 A-level 시험을 준비하는 Six-Form School이 있으며 이는 12~13학년에 해당되는 후기중등 과정으로 부른다. GCSE(General Certificate of Secondary Education)를 획득하면 이어지는 과정으로 보통 3~5개의 과목을 수강하며 대학입시에 전적으로 집중된 교육과정이다. 다른 나라에 비해서 중등 과정을 마치는 시기가 1년 더 걸리는 대신 영국의 대학은 3년제이다. 통상적으로 A-level을 준비하는 교육과정은 대학 과정에 버금가는 매우 높은 수준으로 알려져 있다.

10~11학년에 해당하는 전기중등학교는 2년 과정으로 이루어지며 이 과정을 마치면 GCSE 시험을 통과해야 한다. 전기중등 과정에 해당하는 영국의 대부분의 학교들이 9~13개의 교과 범주를 나열하고 있었으나, 한국과 달리 많은 교과에서 학생들의 선택이 가능한 과목들을 풍부하게 개설하고 있었다. 모두 대부분의 교과에서 학생들의 선택이 가능한 과목들을 개설하고 있었다. 더군다나 교과별로 개설된 선택과목도 대부분의 학교에서 한국보다 더 많고 다양한 과목으로 구성되어 있다.

예컨대 영국의 Northfield 고등학교에서는 '기술' 교과에서 '디자인과 기술', '엔지니어링', '음식과 서비스업', '정보통신기술'을 개설하고 있다. 다시 '디자인과 기술'에 '그래픽 제품', '제품 디자인', '내구성 원료', 'BTEC 건축', '텍스타일' 등의 다양한 하위 과목을 개설함으로써 학생들의 선택의 폭을 확대하고 있다.

영국의 학교들에서 이처럼 한 교과 내의 과목 종류가 다양한 것은 고등학교 학력을 인증하는 다양한 자격증 체계를 갖고 있기 때문인 것으로 볼수 있다. 영국의 경우는 일반적인 중등교육 졸업자격을 인증하는 GCSE 경로의 과목 이외에도 직업 관련 자격을 인증하는 BTEC 경로의 과목들이 한 학교 내에 설치됨으로써 이에 따른 다양한 과목들이 개설되고 있다. 요컨대 교과별로 다양한 과목들을 개설하고 있을 뿐만 아니라, 동일 교과 내에서도 학문적인 성격의 과목과 직업적인 성격의 과목을 동시에 개설함으로써 학생들의 관심이나 진로에 따른 과목 선택권을 실질적으로 보장하고 있는 것이다.

영국은 개별 과목별로 해당 과목을 이수함으로써 열릴 수 있는 학업 및 직업 기회들에 대해 비교적 상세히 안내함으로써 학생들의 진로에 따른 과목 선택을 돕고 있다. 영국 Broadwater 학교의 '미술과 디자인' 과목에서는 수업 계획서를 통해 "이 수업이 GCE-A 레벨, GCE-AS 레벨, BTEC 코스 등의 상급 교육으로 안내할 것이고, 이 자격증의 취득을 통해 광고, 패션디자인, 마케팅, 건축, 웹디자인, 출판과 미디어 등의 분야로 진출할 수 있게 될 것."이라고 설명하고 있다. 이렇게 학교에서는 과목을 설계하고 개설하면서 학교에서 특정 과목을 이수할 경우 어떤 대학에 입학할 수 있다거나, 좀 더 쉽게 입학할 수 있는 학과와 대학, 그리고 진출할 수 있는 직업세계에 대한 상세한 정보를 제공한다. 이로써 학생들이 과목을 선택하는 데 참고할 수 있도록 도움을 주고 학생들은 자신의 선택에 자신감을 갖게 되고 체계적인 학습 계획을 수립할 수 있게 된다.

영국의 선택과목 이수 체계는 당장의 대학입시를 염두에 둔 것이라기보다는 학생들이 장차 종사하게 될 직업과 연계되어 설정되고 안내되는 경향이 있었다. 이것은 대학진학을 염두에 둔 학생들이건, 아니면 고등학교 졸업 후 곧장 취업하게 될 학생들이건 간에 상관없다. 선택과목이 그들이 향후 갖게 될 직업과 어떻게 관련될 수 있는지를 염두에 둔 이수 체계로 이해하게 된다. 특히 고등학교는 국가에서 인증하는 자격증과 관련된 다양한 과목을 개설하고, 각 과목이 국가자격증 획득과 어떻게 연계되는지를 안내함으로써 학생들의 과목 선택을 돕고 있었다. 학교가 과정별로 상세한 이수 체계를 규정함으로써 학생들이 특정 과정을 선택하면 자연스럽게 이수할 과목들이 모두 결정되는 한국과 다른 형태이다.

즉, 학교가 아닌 학생들 스스로가 자신이 선택한 과목을 모아 각자의 이수 체계를 구성하는 방식이라고 할 수 있다. 개별 학생들이 자신의 향후 진로 목적에 따라 과목들을 선택하여 이수함으로써, 자신의 교육과정이나 교과 이수 경로를 구축한다. 따라서 개별 학생들의 선택과목 이수 체계는 서로 다른 목적과 관심, 판단에 따라 학생별로 매우 다양하게 될 수 있다. 학교는 학생들의 이러한 이수 체계를 존중하며, 그러한 이수 체계가 궁극적으로 학생들의 향후 진로 방향과 부합할 수 있도록 적극적으로 돕고 있다.

영국의 경우는 일부 교과를 필수로 규정하고 있으나 교과별 단위 지정은 하고 있지 않다. 한국과 비슷한 문화적 배경을 가진 일본조차도 국가는 필수 교과와 교과별 단위를 최소한으로 지정하고 있다. 그러나 필수 교과의 지정이 바람직한지 아닌지의 논쟁은 불필요해 보인다. 필수 교과의 비율이 높은 미국과 캐나다는 교과별로 여러 과목을 개설하도록 하여 학생들의 수준과 진로에 따른 다양한 선택이 가능하도록 하고 있어서 학생들이 경직된 교육과정으로 느끼지 않는다. 필수 교과의 지정여부가 아니라 어떤 틀 속에서도 학생들의 진로와 능력에 따라서 자유로운 선택이 가능한지 여부가 판단의 기준이 되어야 한다는 것이다.

앞에서도 살펴본 외국의 학점제 사례들은 세부적인 운영에서는 차이를 보이지만 기본적인 원칙에서는 큰 차이가 없다는 것을 알 수 있다.

먼저 대원칙으로 학생의 선택권을 확대하기 위해서 필수적으로 이수해야 하는 교과 외에는 학년의 구분 없이 자신의 수준과 관심에 따라서 자유롭게 선택해서 수강할 수 있도록 하고 있다. 기본적으로 선택과목은 무학년제를 대원칙으로 하고 있는 것이다. 이렇게 학생마다 다른 과목들을 수강하거나 다른 코스를 이수하되 일정한 학점을 취득하면 졸업하게 되는 시스템이다.

그리고 고등학교 선택 교육과정은 학생선택의 자율성, 다양성, 목적성 측면에서 구현되어야 그 본래의 의미와 교육적 취지를 살린다고 할 수 있다. 따라서 단위학교에서의 선택 교육과정은 학생들이 과목을 자유롭게, 다양한 선택지 가운데서, 자신들의 향후 진로 목적과 연계하여 선택할 수 있도록 편성되고 운영될 필요가 있다.

학생들의 다양한 선택을 존중하기 위해서 최대한 다양한 수준과 주제에 따라서 교과목을 개설함으로써 학생들이 자신의 능력과 적성 및 진로에 따라서 단계적으로 과목을 수강할 수 있도록 한다. 또한 학생의 능력에 따라서 보다 깊고 폭넓은 학습의 기회를 제공하고 있어 수준 높은 학습에 대한 욕구를 학교에서 수용하고 있다.

학점제는 학생 개개인에 맞춘 학습설계가 필요하므로 교과 교사뿐만 아니라 학생의 진로에 맞는 과목 선택을 지원할 수 있는 전문적인 인력 및 시스템이 확충되어 있다.

이런 외국의 학점제 운영 사례는 우리의 교육여건에 적용하기 어려운 부분도 적지 않지만 학점제의 안정적인 정착을 위해서는 우리의 학교문화와 인프라를 고려해서 적절하게 도입할 수 있는 방안을 찾아야 할 것이다.

우리의 고교학점제는 어디로 가고 있나?

앞서 살펴본 외국의 학점제 사례에 비추어 우리나라 학점제 도입과 관련한 현실을 평가하고 시사점을 찾아보는 것은 학점제를 제대로 실현하기 위해서 의미 있는 일이 될 것이다. 우리나라는 2025년 전면적인 학점제 도입을 목표로 연구시범학교를 운영하고 있다. 이미 시도교육청 차원에서 학생선택권을 확대하기 위한 시도를 하고 있었기 때문에 학점제와 유사한 형태의 교육과정을 운영한 경험이 있는 학교들도 있고 새롭게 학점제를 시범 도입하는 학교들도 있다. 여기에서는 학교 설립유형별로 몇 개의 고등학교에서 이루어지고 있는 학생선택권 확대(솔직히 학점제라고 하기에는 좀 미흡하므로 이렇게 기술한다) 사례를 분석함으로써 학점제의 전망과 나아갈 방향을 살펴볼 수 있을 것이다.

• H고 사례

 자율형사립고등학교인 이 학교는 학생선택 교과목 운영의 모범 사례로 꼽힌다. 사립학교라는 특성 때문에 교사의 변동이 많지 않아서 어떤 제도를 도입하고 정착하는 데 유리한 점으로 작용한 것일 수도 있다. 이 학교는 학생들에게 다양한 교과목을 선택할 수 있는 기회를 확대하기 위한 학사 운영에 많은 노력을 기울이고 있는데 학생들이 희망하는 경우 소인수 학급도 최대한 개설하려고 하고 있다.

 이에 따라 학생들은 여러 다양한 형태의 과목을 선택하고 있는데 2학년에 비해서 3학년이 더 다양한 과목 선택이 이루어지고 있음을 알 수 있다.

 실제로 2019년 2학년 학생들의 과목 선택 현황은

 기하(105), 생활과 윤리(147), 동아시아사(12), 한국지리(28), 사회
 문화(152), 경제(43), 물리학I(59), 화학I(126), 생명과학 I(151), 지
 구과학 I(131), 영화제작실습(58), 연극제작실습(46), 제과(179),
 일본어I(163), 중국어I(102), 한문1(18)

 으로 총 16개 과목,
 3학년 학생들의 과목 선택 현황은

 심화영어독해(14), 고급수학I(18), 고급수학II(10), 윤리와 사상
 (77), 세계사(31), 세계지리(55), 법 과정치(15), 경제(16), 국제경
 제(18), 사회과제연구(11), 물리II(13), 화학II(12), 생명과학II(12),

지구과학II(11), 고급물리(11), 고급화학(15), 고급생명과학(36), 환경과학(27), 표현창작운동(10), 스포츠경기실습(274), 개인대인운동(43), 체력운동(241), 음악과 매체(159), 영상미술(173), 영화창작표현(216), 정보과학(코딩)(33), 애니메이션제작(165), 음악교양실기(139), 미술창작(168), 영화감상과 비평(255), 디지털사진촬영(245)

으로 총 31개 과목을 선택하고 있다.

학생들의 과목 선택 현황을 자세히 살펴보면 학생의 선택권을 확대한다고 하여서 자신의 진로와 관심과 관련된 과목 선택이 충실히 이루어지고 있다고 보기 어렵다. 그것은 고급수학 I, II, 물리 II, 고급물리, 화학 II, 고급화학, 지구과학 II 등과 같이 진로와 관련된 심화과목은 매우 소수가 선택했다. 반면, 교양적 성격의 디지털사진촬영(245명), 영화감상과 비평(255명), 스포츠경기실습(274명) 등은 많은 수의 학생들이 선택하고 있는 것으로 보아 짐작할 수 있다.

이 학교의 개설 과목 수는 2014년 총 92과목에서 2016년 95과목으로 증가했다가 2017년 91과목, 2018년 81과목으로 감소하는 추세를 보인다. 이중 심화 및 전문 과목 수는 24에서 27과목 정도로 크게 차이가 없었다. 초기에 학생들의 요구에 따라 많은 과목을 개설했지만 시간이 지나면서 개설 과목들에 대한 평가가 이루어지고 일부 과목들이 정리된 결과로 보인다. 그럼에도 학생들의 과목 선택조합 수는 2011년 100가지(2학년 기준)에서 2018년 197가지로 크게 증가하여 학생의 선택이 다양해지고 확대되었음을 보여 준다. 학생들에게 선택권을 줄 경우 지나치게 쏠림 현상이 발생할 것이라는 우려를 어느 정도 불식시켜 주는 증거로 볼 수 있어 희망적이기는 하다.

학생선택교과목 제도의 모범 사례로 꼽히는 이 학교는 학점제도입이 구체적으로 논의되기 전, 이미 다양한 교과목을 개설하고 학생들이 선택할 수 있도록 한 점에서 높은 평가를 받았다. 그러나 이것을 학점제의 형태로 보기는 어렵다. 여러 다양한 과목을 개설하고 있지만 외국의 사례에서 볼 수 있는 교과목 내에서의 수업 수준의 다양성은 고민하지 않고 있으며 개설 교과목도 충분하지 않기 때문이다. 교육당국뿐만 아니라 많은 학교에서 학점제의 모범사례로 참고하고 있으나 이를 학점제의 전형으로 보고 접근하는 것은 바람직해 보이지 않는다. 단지 제한된 여건에서 학생선택권을 확대하는 방안으로 받아들일 필요가 있다.

• V고 사례

공립일반 고등학교인 이 학교는 학점제 연구학교로 현재는 1, 2학년만 재학 중이며 학생 수가 약 600명, 학급 수 23학급에 교사 50명 중반인 소규모 학교이다. 학점제 연구학교 성과 발표 자료에서 제공된 내용을 바탕으로 이 학교의 교육과정을 학점제 운영의 측면에서 분석하였다.

이 학교에서는 학생선택 교육과정 운영을 위해서 학교 지정 과목과 학생 선택과목으로 분리하여 편성하고 모든 선택과목은 3단위로 통일하여 편성하였다. 과목의 단위를 3단위로 편성하는 방법은 학생선택권을 보장하되 한정된 교실과 교사 등의 제한된 인프라 내에서 수업시간 운영의 편의를 위해서 대부분의 학교들이 선택하고 있다.

교육과정 편성은 학생들의 흥미, 적성, 진로에 따른 학생의 선택권 보장을 위해 2~3학년에는 선택교과(일반 선택, 진로선택, 전문교과Ⅰ 등) 중심으로 다양한 교과목을 개방형 교육과정 형태로 편성하고 있다. 2학년은 '교과영역 내 개방 모형'[12]으로 기초교과([택1]), 탐구교과([택3]), 생활·교양교과(제2외국어 [택1])의 3영역으로 구분하여 교과 내에서 제한적으로 선택하도록 편성하였다. 3학년은 2학년에 비해 보다 많은 선택권을 부여하는 '교과영역 간 전면 개방 모형'[13]으로 학교 지정 과목을 최소화하여 기초교과, 탐구교과, 체육예술교과, 생활교양교과 중 8과목을 선택할 수 있도록 편성하였다. 고등학교 총 이수 단위가 교과영역만 180단위이므로 이것을 1단위와 1학점을 등치시켜서 계산하면 2학년에서는 총 30학점, 3학년에서는 총 48학점을 선택할 수 있는 것이다. 계산상으로는 43%의 과목을 선택할 수 있으므로 외국의 사례와 비교할 때도 결코 낮은 수준은 아니다. 그러나 선택의 양과 달리 선택의 질을 고려할 때는 단순히 수평적 확대에 그치고 있어서 여전히 갈 길이 멀다는 사실을 확인하게 된다.

　이 학교는 교육과정 편성에 있어서 두 가지 큰 기준을 설정하고 있다. 진로(진학)에 실제적이고 필수적인 교과를 학교 지정으로 편성하고 학생

12　'교과영역 내 개방형'은 학생들에게 일정한 학점을 선택할 수 있도록 하는 경우, 특정 교과영역에서 몇 학점, 다른 영역에서 몇 학점 이내로 제한하여 선택할 수 있도록 하는 것이다. 예를 들어 전체 15학점을 선택할 수 있다고 하더라도 기초교과영역은 6학점 이내로만 선택할 수 있도록 제한하는 형태이다. 이 경우 6학점 내에서는 기초교과영역의 어떤 과목을 선택해도 상관없지만 그 이상은 선택할 수 없다.

13　'교과영역 간 전면 개방 모형'은 특정교과영역에 구분 없이 주어진 선택 학점에 해당되는 학점 모두를 자유롭게 선택하는 것이다. 즉 15학점을 선택할 수 있다고 하면 15학점을 모두 생활·교양영역에서 선택해도 되는 것이다.

의 능력, 적성, 진로에 따른 학생 선택권을 보장한다는 것이다.

진로(진학)에 실제적이고 필수적인 교과로 학교가 선정한 과목은 생활·교양군에 논술 교과를 1학년과 3학년 1학기에 편성하여 자기소개서 작성, R&E 소논문 작성, 쓰기 능력을 강화하도록 하고 있다. 또한, 1학년에서 정보과목 편성 및 단위수를 확대하여 사회적으로 강조되고 있는 소프트웨어 교육을 강화하고 신정보화 시대를 대비한 정보 활용 능력을 제고하는 것을 학교의 목표로 설정하고 있다. 계열 구분 없이 경제 소양을 함양하기 위해서 생활·교양군에 실용경제 교과를 3학년 2학기에 편성하여 모든 학생이 이수하도록 하였다.

이와 병행하여 학생의 능력, 적성, 진로에 따른 선택권을 보장하기 위해서 2~3학년에 일반 선택, 진로선택, 전문교과 I 등으로 구성된 선택 교과를 중심으로 한 다양한 교과목을 편성하여 운영하고 있다. 2학년에서는 기초교과 중 한 과목을 선택하고, 탐구교과 중에서 세 과목을, 생활·교양교과 중 한 과목을 선택하도록 교육과정을 편성하였다. 3학년은 학교 지정 과목을 최소화하고 학생 선택권을 대폭 확대하였다. 진로선택 심화를 위한 개방형 교육과정을 지향하는데 기초교과 중에서 두 과목, 탐구교과 중에서 세 과목, 기초교과/체육·예술교과/생활·교양교과/탐구교과 중 두 과목을 선택할 수 있다. 학생들이 자신의 진로나 흥미에 따라서 집중적이고 깊이 있는 학습을 추구하도록 하고 있다.

그럼에도 현행 교육과정에서 지정하는 필수 교과를 수강해야 하는 한계로 인해 1학년에서의 선택은 불가능하도록 교육과정이 편성되었고 2학년과 3학년만 선택이 가능하도록 하고 있다. 특히 3학년 과정에서는 60단위 중 48단위를 학생선택과목으로 지정하고 있어 학생의 선택권을 폭넓게 보장하려는 시도로 평가할 수 있다. 그러나 총 개설 과목이 71과목에 불과하며 진로과목을 일반학교에 비해서 많이 개설하였지만, 실제로 학생들이 선택할 수 있는 폭은 넓지 않다는 한계를 보이고 있다. 여기에 학점제가 추구하는 학습의 질 관리를 위한 다양한 수준의 수업에 대한 고민은 보이지 않고 있는 점이 아쉽다.

• B고 사례

또 다른 공립일반 고등학교인 이 학교는 학생의 선택권을 확대하기 위한 다양한 과목 개설뿐만 아니라 같은 교과목에서도 학생의 진로와 수준에 따라서 과목 선택의 기준을 제시하고 있다. 이런 점에서 학점제의 조건에 충실하려고 노력하는 것으로 평가된다. 그러나 이것이 과목별로 여러 수준의 다른 과정을 포함하고 있다는 의미는 아니다.

이 학교의 교육과정에서도 학생 선택은 2, 3학년에서 가능하다. 거의 모든 학점제 시범학교가 이런 형태를 보이고 있다. 이것은 국가교육과정이 요구하는 공통교과를 대부분 1학년에서 충족하도록 하기 위해서 불가피한 선택으로 보인다. 2학년 교육과정은 5개 과목 선택을 전면 개방형으로 편성하였으며 1주일에 교과 수업 총 30단위 중 15단위를 선택과목에 따른 이동 수업을 하도록 편성·운영하고 있다. 3학년의 교육과정은 9개 과목 선택을 전면 개방형으로 편성·운영한다. 이것은 3학년 총 교과 이수단위 30단위(학기당) 중 27단위를 선택교과로 운영하므로 대부분의 과목을 선택과목으로 운영하는 것이다. 그리고 1주일에 27단위를 선택과목에 따른 이동 수업을 하는 것은 3학년 과정에서는 거의 완전한 학점제 방식을 체험하게 될 것이다.

그러나 전면 개방형으로 학생 선택권을 보장한다 하더라도 현행 국가

교육과정에 따른 이수조건을 만족하기 위해서 학생들의 과목 선택을 몇 가지 조건으로 제한하고 있다. 이것은 학교의 문제가 아니라 현행 교육과정의 제약으로 인한 한계이다. 학생들은 2, 3학년 전체기간(2년) 동안 기초교과영역을 6과목 이하로 선택해야 하며 2, 3학년 전체기간(2년) 동안 과목유형이 진로과목인 교과목을 3과목 이상 선택해야 한다. 또한 2, 3학년 전체기간(2년) 동안 사회/과학/예술 교과군, 생활·교양 교과영역에서 각각 최소 1과목 이상을 선택해야 한다. 그리고 위계성이 있는 과목은 선수 과목을 이수했을 경우만 수강하도록 하고 있는데 물리Ⅱ, 화학Ⅱ, 생명과학Ⅱ, 지구과학Ⅱ, 중국어Ⅱ, 일본어Ⅱ는 각각 Ⅰ 과목 이수 후 수강이 가능하다. 학교 지정 과목은 모든 학생이 수강해야 하는데 2학년 [확률과 통계]와 [실용 수학] 중 1과목은 필수적으로 선택해야 한다. 이런 제한 조건은 단위학교의 선택이라기보다 현재 국가교육과정을 준수하기 위해서 어쩔 수 없는 선택이다.

이 학교의 사례는 학점제를 통한 학생 선택권이 서로 다른 다양한 과목 선택만이 아니라 자신의 진로에 따라서 여러 형태의 수업 구성 예시를 하여 학생들의 선택에 도움을 주고 있어 좀 더 발전시키면 좋은 사례가 될 것이다.

수학과목을 예를 들면 A, B, C 형의 코스를 제시하면서 수학에 자신이 없는 학생들이 이 코스를 따르도록 하고 있다.

이 코스들은 공통적으로 3학년에서는 수학과목을 수강하지 않도록 하고 있다. 수능을 보지 않거나(A, B형), 인문계열로 수능수학 나형 응시자(C형)에게 권장되는 코스이다. A형은 수학에 아주 자신이 없는 학생이, B형은 간단한 통계 정도는 필요하다고 생각하는 학생이 수강하도록 하고 있다. 그래서 꼭 수학을 수강하지 않아도 되는 학생들이 억지로 학교에서 지정한 수학과목을 듣는 고통에서 벗어날 수 있다는 장점이 있다.

수학과목의 수준별 선택코스 예시

	학년별 선택			비고
	1학년	2학년	3학년	
A형	수학	수학 I (4) / 실용수학 (4)	×	수능 안 보는 학생, 수학에 자신이 매우 없는 학생
B형	수학	수학 I (4) / 확률과 통계(4)	×	수능 안 보는 학생, 간단한 통계정도는 필요하다는 학생
C형	수학	수학 I (4) / 확률과 통계(4) 수학 II (3)	×	인문계열 기본선택 (나형 수능 과목)
D형	수학	수학 I (4) / 확률과 통계(4) 수학 II (3)	미적분(3)	자연계열 기본선택 (가형 수능 과목)
E형	수학	수학 I (4) / 확률과 통계(4) 수학 II (3)	심화수학 (3)	인문 수능 막강 준비용
F형	수학	수학 I (4) / 확률과 통계(4) 수학 II (3)	미적분(3) 기하(3)	자연 계열 전공 관련자(수학 관련성 낮은 공대 등등), 인문 상경계열(경제수학 추가 가능)
G형	수학	수학 I (4) / 확률과 통계(4) 수학 II (3)	미적분(3) 기하(3) 고급수학(3)	자연계열 전공 관련자(수학 관련성 높은 자연대, 공대, 의대)

D형에서 G형까지는 본격적인 수학과목을 수강하는 코스이다. D형은 진로가 자연계열인 학생들이 기본으로 선택한다. E형은 인문계열을 선택한 학생들 중에서 높은 수준의 수학을 희망하는 학생이 F형은 자연계열 중 수학과의 관련성이 낮은 학과를 희망하는 학생과 인문계열 중 수학과 관련성이 높은 학과를 희망하는 학생에게 권장한다. 그리고 자연계열 중 수학 관련성이 높은 학과를 희망하는 학생(G형)이 각각 선택할 수 있는 코스를 구분하여 다양한 수준의 수업을 선택할 수 있도록 하고 있다.

이렇게 학생들의 진로나 수준에 따라서 과목 선택의 예시를 안내하는 것은 학점제에서 학생들이 올바른 과목 선택을 돕는 효과적인 방법이다. 그러나 여전히 우리나라의 평가제도의 한계로 인해서 이것이 선택유형을 정하는 방법으로 활용될 뿐 학생의 수준이나 진로에 따라서 다른 내용이나 수준의 수업을 개설하는 데에는 이르지 못하고 있다. 선택과목의 수나 종류에 대한 분류일 뿐 배우는 내용이나 평가가 동일하게 이루어지므로 진정한 개별 맞춤형 교육이나 학습의 질 관리라는 학점제의 특성을 실현하지 못하고 있는 것이다.

그렇지만 학교에서 학생들의 과목 선택을 위해서 적극적으로 안내하는 것은 학점제가 확대되었을 때 학교가 학생의 선택에 관심을 가지고 지원하는 전형이 될 수 있다는 점에서 의미가 있다. 그리고 이렇게 다양한 교과목을 선택할 수 있도록 하면서 이 학교에서도 획일적이던 학생 수강 유형이 선택과목의 수가 5개 교과인 2학년에서는 183가지의 유형이 나타났다. 이에 비해 3학년은 선택과목의 수가 9개 교과로 늘어남에 따라 수강 유형도 264가지로 더 늘어났다.

그룹	인원	과목수	선택 과목				
001	8	5	수학II	생활과윤리	물리학I	화학I	생명과학I
002	8	5	수학II	생활과윤리	화학I	생명과학I	일본어I
003	7	5	수학II	생활과윤리	생명과학I	미술창작	일본어I
004	6	5	수학II	생활과윤리	생명과학I	생활과과학	일본어I
005	6	5	수학II	정치와법	생활과윤리	생명과학I	일본어I
179	1	5	수학II	경제	생활과과학	문학과매체	정보
180	1	5	수학II	세계사	지구과학I	음악감상과비평	일본어I
181	1	5	수학II	생활과윤리	생활과과학	정보	일본어I
182	1	5	정치와법	생활과윤리	생활과과학	정보	일본어I
183	1	5	수학II	세계사	생활과윤리	지구과학I	일본어I

2학년의 과목별 배정인원은 다음 표와 같다. 이는 각 과목의 수강인원을 최대 인원 31명으로 제한하여 운영한 결과이다. 이 과정에서 학교가 개입하여 일부 과목의 수강을 조정할 수밖에 없었다.

2학년의 과목별 배정인원(최대 인원 31명으로 제한)

학급수 49	타임	고전읽기	수학II	세계사	세계지리	정치와법	경제	생활과윤리	물리학I	화학I	생명과학I	지구과학I	생활과과학	음악감상과비평	미술창작	평면조형	입체조형	문학과매체	정보	중국어I	일본어I
10	A		55	18		25		28		29	27		28		28				20		28
9	B		56	19	15			60	21		29		29	28							29
9	C		54			24		47		29	27	31		25			23				26
10	D		56				19	29	23		28		27			24		27		25	28
11	E	30	26			21		27		27	26		26		30			24		25	24
합계	286	30	247	37	15	70	19	191	44	85	137	31	110	53	58	24	23	51	20	50	135

이렇게 함으로써 선택과목을 5개 타임에 배치하고 타임별로 각각 11학급, 총 55학급을 운영할 수 있게 되었다. 이에 따라서 학생들은 A, B, C,

D, E 타임 중 각각 하나의 과목을 선택하여 5개 과목이 되도록 수강하여야 한다. 이 경우는 선택과목 운영에 따른 공강 시간이 발생하지 않는 장점은 있으나 5개 타임으로 조정하는 과정에서 과목 선택의 다양성은 떨어질 수 있다는 단점을 감수해야 한다. 학교는 선택교과를 위한 시간표를 A, B, C, D, E 형태로 구성해서 해당 타임에 각 교과를 배치하면 되기 때문에 시간표를 작성하는 데 어려움이 줄어들고 중간에 공간시간이 발생하는 것을 방지할 수 있다.

2학년 시간표 운영 사례

요일	월	화	수	목	금
1교시					
2교시					
3교시	A타임	B타임	C타임	D타임	E타임
4교시	A타임	B타임	C타임	D타임	E타임
점심시간					
5교시	D타임	E타임	A타임	B타임	C타임
6교시					
7교시					

  학생들은 월요일 3, 4교시에는 모두 자신이 선택한 A타임 수업을 듣게 된다. 모든 학생이 한 타임에서는 한 과목만 선택할 수 있으므로 학교는 A타임에 모든 선택과목을 개설하기만 하면 학생들의 수업이 겹치는 일이 발생하지 않는다. 이런 방식은 학생들이 자신의 선택과목을 찾아서 이동수업을 하기에 용이하고 학교에서도 수업시간을 운영하기 편리하다

는 장점이 있지만, 이로 인해 더 다양한 선택과목 운영이 어렵다는 단점도 있다.

아무튼 이렇게라도 학생선택권이 확대되면서 소수의 수업만 개설되는 과목이 늘어나게 되는 것은 어쩔 수 없는 일이다. 이 학교에서도 2019학년도에 1개 반만 개설된 교과가 7개, 2개 반만 개설된 교과가 6개가 발생하였다. 이것은 교사 1인이 담당해야 할 과목 수가 증가하는 문제뿐만 아니라 특정 교과의 수업시수가 너무 많아지는 결과를 낳게 된다. 현재의 학급 수 기준 교사배치에 따른 기존 교사로 모두 수용하기 어려운 경우도 발생하여 교사들 간의 갈등을 유발할 수 있다. 학생들의 교과 선택 희망을 충분히 반영하기 위해서는 기존의 교사들로는 담당하기 어려운 교과도 개설해야 하는데 이 경우 양질의 강사를 지원하기 위한 대책도 필요하다는 지적이 나오고 있다.

3학년은 거의 대부분의 교과목을 선택과목으로 편성하였으므로 일주일 내내 이동수업을 하게 되어 학급에 대한 소속감이 떨어지므로 학급과 담임제도의 변화의 필요성이 제기되고 있다. 이렇게 담임교사가 학생을 만나는 시간이 줄어듦에 따라서 생활기록부 양식을 변경시켜 담임교사가 기록해야 할 칸을 줄이고 교과 당당 교사가 기록하는 칸을 증가시키는 등의 제도 개선이 필요하다. 이는 학점제 도입 과정에서 단위학교에서 할 수 있는 일이 아니므로 정책적 대응이 요구된다.

국내의 학점제 도입 현황을 살펴보면 외국의 학점제에 비해서 상당히 보완해야 할 점도 많으나 무엇보다 학점제 도입의 목적과 기준에 대한 재점검이 필요해 보인다. 그것이 현재 교육과정의 한계이든 교육청이나 단위학교의 여건의 문제이든 상관없다. 학점제로서 갖추어야 할 기본 방향과 내용을 충실하게 채워나가지 못하고 있는 점은 향후 학점제가 본격적으로 도입되는 단계에서는 큰 문제가 될 수 있다. 학점제 도입의 수준에 따라서는 기존에 운영해 왔던 경험이 전혀 쓸모없는 것이 될 수도 있다는 점에서 우려된다.

대부분의 학교에서 다양한 과목을 개설하고 이를 선택할 수 있도록 하고 있다. 하지만 여전히 학생들의 선택이 자신의 진로와 흥미를 온전히 반영한 선택으로 보기에는 부족해 보인다. 이것이 학교의 교육과정 자체에서 선택의 폭에 제한을 두고 있는 제약 때문일 수도 있지만 학생들이 자신의 진로나 희망 과목에 대한 충분한 고민이 부족하기 때문일 수도 있다. 짧은 운영기간이기는 하지만 기대한 만큼의 다양한 선택이 이루어지지 않고 있는 문제는 학점제의 올바른 정착에 걸림돌이 될 가능성이 높다. 그리고 학생의 다양한 선택뿐만 아니라 학습의 질을 보장하기 위한 다양한 수준의 과목 개설에 대한 노력과 이를 확대하기 위한 제도 개선의 필요성도 제기되고 있음에 주목할 필요가 있다.

우리의 학점제는 시범도입 단계이고 아직 시작한지 얼마 되지 않았으므로 이를 일반화하여 외국사례와 비교하는 것은 무리가 있다. 그러나 도입 단계에서부터 기본적인 방향과 원칙을 제대로 수립하는 것이 향후 학점제 확대 과정에서 오류와 혼란을 줄이기 위해서 꼭 필요하다.

특히 현재 연구시범학교를 비롯해서 학점제를 시범적으로 도입하고 있는 학교들의 사례는 교육과정의 제약이나 평가제도 및 단위학교 인프라 부족 등의 한계로 인해 학점제의 올바른 모델로 보기 어렵다. 그럼에도 이런 사례가 향후 학점제 운영의 전형으로 인식되고 다른 학교들의 운영에 큰 영향을 미칠 수 있다는 점을 간과해서는 안 된다. 초기 단계에서부터 올바른 방향과 기준 설정을 위한 적극적인 지원이 요구된다. 특히 평가방식은 다양한 교과목 개설과 학생의 선택에 결정적인 영향을 미치므로 이에 대한 명확한 방향을 제시하는 것이 시급한 과제이다.

학점제 실현 방안: 교육과정

학점제를 제대로 실현하기 위해서는 또 다른 중요한 요소를 고려해야 한다. 고등학교를 진로와 관계없이 통합적으로 운영(개방형)할지 진로에 따른 코스형으로 운영할지를 결정해야 한다. 동시에 코스형으로 운영하더라도 진로유형으로 교육과정을 설계할 것인지 진로분야별로 교육과정을 설계할 것인지도 결정해야 한다. 아니면 모두 수용하고 단위학교에서 선택할 수 있도록 할 것인지를 분명히 해야 한다. 진로분야별 교육과정을 운영하는 것은 현재 고등학교 시스템의 안정성을 위해서 선택할 수 있는 방안이다. 이는 스웨덴 방식의 다양한 코스를 일반고와 특성화고에 나누어서 운영하면 쉽게 적용할 수 있으며 외형적으로는 큰 변화가 필요하지 않다. 고등학교 교육과정을 '진로유형별'로 설계할 경우도 캐나다의 경우와 유사하게 대학진학과 전문대진학, 취업준비 과정으로 구분하는 것에 대한 거부감은 만만치 않을 것이다. 어쨌든 코스형의 경우는 학생들을 진로유형이나 분야별로 나누고 이에 따라서 교육과정을 운영하므로 교육과정을 설계하고 학교에서 운영하는 것은 좀 더 수월할 수 있을 것이다. 일단 학생들의 진로분야와 유형이 결정되면 어떤 과목을 얼마나 개설해야 할지에 대한 예측이 가능해지므로 필요한 교사의 수나 과목 등에 대한 준비를 미리 할 수 있기 때문이다.

그리고 이렇게 진로분야와 유형으로 접근하는 것은 기존의 교육과정 운영에서 크게 차이가 나지 않는 익숙한 교육과정 운영이라는 점도 긍정적인 측면이다. 우리나라 교육과정이 크게 구분한 코스형 선택교육과정이라는 점은 진로에 따라서 다른 교과를 이수하는 방식에 가장 유사한 형태이므로 현장에 적용하기에도 유리한 방식이다.

이에 반해서 개방형으로 교육과정을 설계하는 것은 좀 복잡한 과정이 될 것이다. 진로분야뿐만 아니라 학생의 수준을 고려한 다양한 과목을 개설하는 개방형 교육과정은 학생의 진로와 수준에 따라서 여러 수준의 과목을 개설하는 방식을 의미한다. 이 방식이 코스형 교육과정과 다른 점은 학생들이 과목을 선택하는 데 더 자유롭다는 점이다. 진로에 따라서 정해진 과목을 듣는 진로분야 및 유형에 따른 교육과정은 코스형이라고 정의할 수 있다. 이에 반해서 개방형 교육과정은 학생이 자신의 수준에 맞는 다양한 과목을 선택하고 이것이 모아져서 진로를 특정하게 된다. 자신의 학습수준이나 선수 과목 이외에는 어떤 제약도 없으므로 학생이 자유롭게 중도에 진로를 변경할 수도 있으며 학생의 요구에 따른 과목 개설에 더 유연할 수 있다는 점이 장점이다.

그러나 학생들의 선택이 예측 가능하지 않으므로 학교에서 교육과정 운영에 어려움이 예상된다. 그리고 지금까지의 교육과정 운영과는 큰 차이가 있어서 학교뿐만 아니라 학생들도 적응이 쉽지 않을 것이다. 그럼에도 학생들의 수준과 요구에 따라서 더 다양한 과목 선택이 가능하다는 점은 이런 단점을 감수할 만한 강력한 장점이다.

어떤 형태를 선택하더라도 교육과정에서는 교과별로 어떤 내용과 성취수준을 목표로 해야 하는지 명확하게 제시해야 한다. 진로분야 및 유형별 접근을 하는 경우에는 해당 진로에 따라서 내용과 성취수준에 차별을 두어야 할 과목과 그렇지 않은 과목이 있을 수 있다. 온타리오주 12학년 문학과목 교육과정에서는 세 가지 과정은 모두 성취 기준은 동일하고 활동과 질문에서 차이를 보인다. 반면에 11학년 생물의 경우 대학준비 과정과 전문대학준비 과정이 서로 다른 내용과 성취기준을 제시하고 있다. 이렇게 진로유형으로 교육과정을 운영하는 경우는 동일한 과목이라고 하더라도 어떤 진로를 선택하는가에 따라서 서로 다른 내용과 성취수준으로 구성해야 할 필요가 있다.

개방형으로 접근하는 교육과정에서는 학생의 진로희망과 수준에 따라서 내용과 성취수준을 다르게 구성해야 한다. 4년제 대학에서 생물을 전공할 학생의 경우와 대학진학을 하더라도 생물학을 전공하지 않을 학생, 그리고 기초적인 수준에서 생물과목을 이해할 필요가 있는 경우로 나누어서 교육과정을 개발해야 한다. 이 경우 각각에 해당하는 학생들이 서로 다른 과목(생물을 전공할 학생은 좀 더 심화된 과목을 수강하게 될 것이다)을 수강하기도 하지만 같은 과목이라도 내용과 성취수준이 다르게 구성되어야 한다.

마지막으로, 우리나라 고등학교 교육과정의 문서 체제와 내용제시 방식의 교과별 다양화에 대해서도 고려해볼 필요가 있다. 캐나다 온타리오

주 11학년 영어, 12학년 문학, 11학년 생물 교육과정에 대한 앞의 고찰에서도 드러나는 바와 같이, 캐나다 온타리오주 중등교육과정은 그 구성 체제 및 내용제시 방식이 교과별로 다양하다. 교과별로 가르치고자 하는 기준이 다르다면 그것을 담는 형식도 그 특성에 맞게 교과별로 마련하는 것도 고려해볼 필요가 있다.

또한 학점제가 추구하는 교육적 가치를 공유하고 이해당사자들의 참여를 통해서 학점제의 틀을 만들어 가는 과정이 필요하다. 학점제를 운영하기 위해서 필요한 교실 확충, 교원 확보 및 지원시스템 구축 등을 위한 장기적 전략이 수반되어야 한다.

이러한 과정은 학생과 학부모의 요구를 수용하고 반영하는 절차, 교사의 역량 강화, 유연한 교사 재배치, 새로운 교사 근무 체제 구축, 그리고 대학입시와 관련된 논란을 해결해야 하므로 정교한 추진전략이 필요하다.

학점제의 도입은 교사들에게 큰 부담이 될 것이다. 학생의 선택권을 확대하기 위해서는 다양한 과목을 개설해야 하고 이것은 교사들이 담당해야 할 과목의 수가 늘어남을 의미한다. 과목이 늘어나는 것은 수업을 준비하고 학생들의 학습 과정을 이끌고 기록하고 평가해야 하는 부담이 그만큼 늘어난다. 교사들의 수업시수를 줄이지 않으면 수업이 부실해질 수 있으므로 학점제를 도입하는 취지를 역행하게 된다.

무엇보다 교사들이 적극적이고 자발적으로 참여해야 학생들에게 도움이 되는 다양하고 실질적인 과목의 개설이 가능하다. 즉, 교사들이 주도적으로 나설 수 있는 분위기의 조성이 결정적인 요소라는 말이다. 이를 위해서는 교사들의 전문성을 높이고 수업에 몰입할 수 있는 여건을 우선적으로 마련해야 한다. 현재와 같이 수업 외의 다른 업무에 시달리고 수업연구를 할 수 있는 시간적 여유가 없는 상태에서는 좋은 과목의 기획이나 내실 있는 수업을 기대하기 어렵다.

먼저 더 과감하게 교사의 행정업무를 줄이는 강제적인 조치가 선행되어야 한다. 여러 과목을 담당해야 하는 교사들의 수업부담을 줄여야 한다. 교사의 담당 과목 수에 따른 수업 시수의 차등화를 고려해 볼 필요도 있다. 더불어 교사의 전문성을 높이기 위해서 과목 기획이나 운영에 관한 연수의 기회를 확대하되 이런 연수에 참여하는 교사들의 동기 부여를 위한 지원이 필요하다.

특히 교사의 전문성을 높이기 위해서는 교사연구년과 같이 교사들이 자신의 교직생활을 돌아보고 다양한 경험을 통해서 스스로의 전문성을 높이고 이를 학생들의 교육에 재투입할 수 있도록 기회를 확대해야 한다. 어떤 교육정책이든 최일선에서 이를 실천하는 것은 교사들이다. 교사들이 제대로 정책을 이해하고 스스로 동기가 부여된 상태에서 주체적으로 참여하는 것이 정책의 성공 가능성을 높이는 최선의 길이다. 학점제 역시도 교사들의 참신한 아이디어와 전문성에 기대어 갈 수밖에 없으며 이것이 제대로 된 학점제의 실현을 좌우하게 될 것이다.

진로맞춤형 학생선택 교육과정을 제대로 운영하기 위해서는 현재의 고등학교 체제에 대한 근본적인 재검토가 필요하다. 현재 대학준비 과정과 취업준비 과정으로 크게 나누어져 있는(그럼에도 제대로 확실한 구분조차 이루어지지 않고 있는) 고등학교 체제를 대학준비교육(혹은 전문대준비교육)과 취업준비교육을 통합적으로 추진할 수 있는 체제로 전환이 필요하다.

이것은 우리나라 고등학교를 대학준비를 하는 일반고와 취업준비교육을 하는 특성화고로 분리하여 사고함으로 인해서 발생하는 차별과 소외가 교실의 붕괴와 학교 이탈을 부추겨 온 측면이 있다. 일반고의 30% 이상의 학생이 대학진학을 포기하고 특성화 고등학교의 70% 가까운 학생이 대학진학을 하고 있는 상황은 학교의 구분을 무색하게 하고 있다. 그리고 학생들의 고등학교 선택도 자신의 진로보다는 대학입시에서의 유불리에 좌우되고 있어 제대로 된 학문교육은 물론 직업교육도 이루어지기 어려운 상황을 보여 주고 있다. 즉, 다수의 학생들에게 제대로 된 교육을 하지 않고 있다는 것을 잘 말해 주는 것이다.

우리나라 고등학교 시스템에서는 한번 진로를 정하면 이것을 중간에 변경할 수 있는 기회가 주어지지 않는다. 한번 일반고를 선택하면 대학에 진학할 생각이 없어도 어쩔 수 없이 대학진학을 위해 고정된 학교의 교육과정을 따라야 한다. 간혹 직업교육을 받기도 하지만 이것은 학교로부터 방치되어 외부기관으로 보내지는 것을 의미한다. 학생들이 자유롭게 자신의 진로를 탐색하고 고등학교 과정 중간에라도 큰 제약 없이 자신의 진로를 변경할 수 있도록 유연한 교육과정을 운영해야 한다. 이것이 학생의 선택권을 폭넓게 확대하는 것이며 학생의 진로 추구를 지원하는 길이다.

일반고에서 취업을 희망하는 학생들에게 적절한 직업교육이 이루어져야 한다. 특성화고에 진학했다가 대학진학의 꿈이 생긴 학생들(사실 애초에 대학입시에 유리한 점을 생각하고 특성화고에 진학하는 학생이 적지 않다)에게도 학생이 희망하는 교육을 받을 수 있도록 해야 한다. 지금처럼 일반 고등학교와 특성화 고등학교를 분리해서 서로 간에 교류가 거의 불가능한 구조를 그대로 유지할 것인지에 대한 근본적인 검토가 필요하다.

학점제는 학생의 진로에 따른 다양한 과목 선택권을 보장하고 자신의 수준에 따른 과목수강으로 학습의 질을 관리하는 것이 대전제이다. 학생이 대학진학을 희망하거나 취업준비를 하거나 간에 그 선택이 자유롭고 충분히 진로와 수준에 맞춘 학습이 가능해야 한다. 이를 위해서 일반 고등학교나 특성화고의 구분과 위계화를 해체하고 종합학교로서 고등학교의 위상을 재설정하는 것이 필요하다.

학점제가 학생의 다양한 선택권을 확대하는 취지를 충실히 반영하기 위해서는 진로와 관련된 다양한 선택이 이루어지도록 해야 한다. 이때 모든 학교에서 대학입학이나 취업으로의 진로와 관련된 선택이 가능해야 한다. 현재도 일반 고등학교에서 직업반을 운영하고 있지만 대부분 학교 외부의 기관에 위탁하는 경우가 많다. 이것은 일반고에서 직업관련 교육을 할 수 있는 인프라가 갖추어져 있지 않기 때문이다. 일반 고등학교와 특성화 고등학교로 구분되어 운영되어 온 현재의 구조에서 학교의 시설과 설비 등을 고려하면 당연한 일이다.

그럼 이 문제를 해결하기 위해서 선택 가능한 방안은 무엇일까? 가장 실현 가능한 현실적 방안으로 현재와 같이 일반고와 특성화고의 학교 구분을 그대로 두고 학생들의 진로선택이 충분한 고민과 탐색 속에서 이루어지도록 교육과정을 운영하는 것이다. 학생들이 충분히 자신의 진로에 대한 고민을 하고 이를 바탕으로 고등학교를 선택하도록 해서 중간에 진로를 변경하는 일을 줄이는 것이다. 이를 위해서 중학교 과정에서 좀 더 여유 있고 깊이 있는 진로탐색이 이루어지도록 그 기간을 늘리는 것이다. 이것은 현재의 고등학교 1학년(10학년) 과정을 중학교로 포함시키는 방안인데 이 시기는 공통과목 위주로 이루어져 있으므로 이를 중학교 과정과 통합해도 큰 문제가 없다. 이 과정을 중학교 과정과 통합해서 진로 탐색의 과정이라는 특성을 강화해서 학생들의 진로선택이 제대로 이루어질 수 있도록 운영하는 방안이다. 이렇게 되려면 당연히 학제 개편을 전제로 해야 한다.

이 방안에 따르면 고등학교의 선택이 이루어지는 것은 현재의 고등학교 2학년 시기가 되고 고등학교는 현재의 2, 3학년(11학년, 12학년) 과정으로 줄어든다. 이렇게 하면 현재의 3년제 고등학교를 실질적으로 학생들이 자신의 진로에 따라 학습하는 2년 과정으로 운영하게 된다. 이렇게 되면 현재의 고등학교 인프라(교실, 교사 등)로 학점제를 운영하게 되어 학점제를 더 알차게 운영할 수 있게 될 것이다. 이 방안은 학점제를 운영하기 위해서 막대한 인프라 비용이 소요되는 것을 고려하면 더 현실적인 안이 될 수 있다.

출산율 감소로 학생 수는 지속적으로 줄어들고 있다. 이것은 초중고 모두에 영향을 미치고 있는데 학점제를 도입하려면 학생 수 감소를 고려하더라도 고등학교의 인프라 확충이 불가피하다. 이에 반해서 중학교의 인프라는 남아도는 현상이 발생하게 되므로 한쪽에서는 유휴시설이 남아도는데 다른 쪽에서는 시설을 늘리는 낭비가 발생하는 것이다. 고등학교의 현재 인프라를 그대로 유지하고 2개 학년의 학점제를 실시하면 인프라 투자 없이도 학점제의 운영이 가능해질 것이다. 고등학교의 1개 학년을 중학교에서 흡수하게 되면 인프라의 적절한 재배치라는 장점뿐만 아니라 진로탐색 과정을 긴 호흡으로 여유 있고 진지하게 운영할 수 있어서 학생들의 진로탐색의 질을 제고할 수 있게 된다. 이런 과정을 거쳐서 자신의 진로를 결정하고 11학년과 12학년의 과정에서 진로에 집중하도록 하는 것은 학점제의 취지에 더 효과적일 수 있다. 여기에 학생들의 성장을 고려해서 초등학교 고학년을 중학교 과정으로 포함시키는 문제까지 함께 검토하는 학제 개편의 논의가 병행되는 것도 조심스럽게 검토해야 할 것이다. 사실 초중고등학교로 학교를 나누는 것은 학교 운영의 편의상 구분을 두고 있는 것이지 실제 교육과정 운영은 유치원에서 12학년까지의 연속적인 체제로 이루어진다. 교육선진국으로 불리는 북유럽의 경우 1학년에서 9학년을 통합해서 운영하는 경우가 더 많다. 미국의 경우는 우리의 초등학교와 중학교를 통합해서 운영하는 K-8 학교나 우리의 중학교와 고등학교 과정을 통합해서 운영하는 학교도 다수이다. 그리고 미국과 캐나다의 경우는 고등학교가 4년 과정이다. 그런 점에서 현재의 초등학교, 중학교, 고등학교로 구분하는 학교 급은 절대불변의 원칙도 큰 의미를 가지고 있는 것도 아니다. 우리는 학제 개편 이야기가 나오면 학교 급에 대한 고정된 시각으로 무조건 반대하는 주장들이 있는데 좀 더 열린 사고로 접근할 필요가 있을 것이다. 미래의 학교는 학년의 구분조차 무의미해지는 추세이므로 학교 급을 고정해 두고 사고하는 것은 고정관념일 뿐이다. 물론 대학입시를 준비하는 기간이 2년으로 줄어든다는 학부모와 학생들의 우려를 불식시켜야 하는 과제와 학교 시스템을 재편하는 데 따르는 비용을 감안해야 하는 과제가 결코 간단하지는 않다.

다른 방안으로는 현재 특성화고의 인프라를 그대로 활용하도록 하기 위해서 특성화고에는 진학을 위한 교육과정을 보강하고 일반고에서는 소프트한 직업관련 교육과정을 보강하는 방법으로 종합학교로 전환하는 방안을 일차적으로 검토해 볼 필요가 있다. 이 방안에서는 학생들이 고등학교를 선택하는 과정에서 고등학교의 특성을 고려해서 희망학교를 선택하도록 해야 하므로 본인의 희망과 다른 학교에 배정되었을 때의 문제를 해결하는 것이 과제이다.

좀 더 과감한 접근으로는 특성화고 하나당 일반고를 4개 정도 묶어서 (이것이 충족되지 않을 경우 일반고 5개를 묶어서 일반고 중 하나를 직업교육으로 특화된 학교로 전환하거나 일반고 모두에 직업교육을 강화해서) 통합학교를 신설하는 방안을 상상할 수 있을 것이다. 이때 입학은 개별학교가 아니라 통합학교로 하며, 통합학교 산하의 개별학교는 캠퍼스 개념으로 재조직해서 학점제에서 직업교육을 포함한 다양한 진로에 따른 과목 선택이 가능하도록 한다.

두 가지 방안 역시 모두 우리나라 고교 체제의 개편을 염두에 두고 접근해야 한다는 점에서는 쉽지 않은 도전이기는 하지만 학점제의 취지를 제대로 살리기 위해서는 적극적으로 검토해야 할 필요가 있다. 만약 특성화고와 일반고를 구분한 고교 체제를 그대로 두고 학점제를 도입한다면 도입자체로는 쉬운 방법이지만 학점제의 취지가 제한적으로 적용됨으로 인한 한계를 피하기 어려울 것이기 때문이다.

3부

우리의 삶과 미래를 위한 준비

교육은 현재의 삶이자 미래를 위한 준비

존재에 대한 존중, 다양한 가치의 인정으로부터

지속가능한 삶을 위한 교육

미래교육, 어디로 가나?

진정한 배움이 일어나는 맞춤형 수업

대학입시에 대한 새로운 시각과 과제

평가의 공정성과 객관성을 위한 대안

학종이 문제가 아니다, 우리 사회가 문제다

학교 교육을 믿어야 하나? 절망과 희망의 교차

새로운 교육 체제를 준비해야 한다

미래교육의 흐름: 핀란드의 새로운 실험

미래교육의 흐름: 미국 교육개혁의 교훈

미래교육의 흐름: 일본의 교육개혁방향

학점제와 학제 개편

교육은 현재의 삶이자 미래를 위한 준비

교육은 현재의 학생들의 삶이자 미래를 위한 준비이다. 어느 한쪽만을 강조하는 경우에는 반드시 문제가 발생한다. 미래에 대한 준비를 너무 강조하는 것은 학생들의 현재의 삶에 대한 외면으로 이어지고 종국에는 학생 자체에 대한 관심을 놓치는 결과를 초래하는 것을 보아 왔다. 그러나 학생의 현재 삶만이 중요하다고 하는 것은 학생의 성장에 대한 관심을 소홀히 하게 되어 학생과 학부모의 불안을 야기한다. 이것이 학교 교육에 대한 불신으로 이어지면 사교육을 포함한 각자도생의 길을 선택하게 만드는 것이다.

지금까지 많은 교육적 접근이 원래의 좋은 취지와 내용에도 불구하고 성공적으로 정착하지 못한 것은 어느 한쪽으로 과도하게 편향되는 경향을 보인 탓이 크다. 학생의 현재의 삶과 미래를 위한 준비를 모두 만족하는 접근 무엇일까? 그것은 의외로 간단하며 우리 모두가 잘 아는 방법이다. 학생이 가진 각자의 재능과 흥미를 존중하고 이를 바탕으로 자신의 진로를 탐색하고 준비하도록 하는 교육이다.

학생 각자의 재능과 흥미를 존중하는 교육은 바로 학생의 현재의 삶의 문제이다. 자신이 좋아하고 행복해지는 것에 집중할 수 있도록 하는 것은 학생이 현재의 삶에 충실하고 그 가운데 자신의 삶에 만족하고 스스로의 가치를 깨닫게 되는 과정이다.

스스로의 삶의 가치를 깨닫는 것은 자신의 가치를 깨닫는 것은 모두가 중요하고 가치 있는 존재라는 의식을 키우게 된다. 이것이 따로 가르치지 않아도 나 아닌 다른 존재에 대한 배려를 가능하게 하며 협력을 이끌어 내는 동력이 된다. 여기서 소통과 협력이라는 미래의 가치도 길러지게 되는 것이다. 그러나 이것만으로 교육이 제 역할을 다했다고 할 수는 없다.

우리는 교육을 통해서 건강한 시민을 길러내기를 희망한다. 건강한 시민이란 스스로의 삶을 책임지고 공동체의 삶을 위해 유익하게 기여할 수 있는 사람을 의미한다. 스스로의 삶에 책임지는 강한 인간은 사회의 변화에 적응하고 능동적으로 자신의 삶의 모습을 결정할 수 있어야 한다. 이를 위해서는 미래사회에서 필요한 역량을 갖추는 것이 중요하다.

미래사회에서 필요한 중요한 역량은 소통, 협력, 그리고 통섭과 창의력이라고 한다. 미래 사회의 특징은 복잡성과 초연결 사회라는 것이다. 사회가 복잡하고 발전의 속도가 빨라짐에 따라 혼자만의 힘으로 해결할 수 있는 문제의 종류는 점점 줄어들 것이다. 서로 다른 사회 간의 교류에 장애로 작용했던 지리적 거리라는 물리적 장벽은 교통수단의 발달과 정보통신의 혁명으로 더 이상 제약이 되지 않는다. '언제, 어디서나'라는 의미의 전문용어인 유비쿼터스는 이미 익숙함을 넘어서 당연함이 되었다. 누구나 원하면 지구 반대편에서 트럼프가 방금 날린 가짜뉴스로 가득 찬 트위터의 내용을 실시간으로 확인한다. 수만 킬로미터 떨어진 곳의 사람과 얼굴을 맞대고 수비수의 머리에 맞고 튄 야구공이 다른 수비수의 글러브 속으로 들어간 이야기를 하며 시시덕거리기도 한다. 단순히 수동적으로 정보를 전달받거나 오락으로만이 아니라 필요하면 그 사람들의 지식을 빌릴 수도 있고 함께 협업을 할 수도 있다. 그래서 협력이 더 중요해지고 소통의 능력은 더 높은 수준의 협력을 이끌어 내는 강력한 힘이다. 그리고 복잡한 사회는 단편적인 지식으로 이해하기 어렵다. 전체를 바라보고 유기적으로 사고하는 통섭의 능력이 필요하다. 새로운 세상에 도전하기 위해서는 기존의 지식을 이해하는 것으로는 부족하다. 물론 인류가 축적해 온 위대한 지적 유산은 새로운 사고의 기반이다. 그래서 과거의 지식을 배우고 이해하는 것은 필수적이지만 이것을 넘어서는 창의력이 필요하다. 이런 역량들이 미래를 살아가기 위해서 필요한 이유를 들자면 차고도 넘친다. 빠르게 변하는 기술과 사회의 흐름을 따라잡아야 하는 한편 인간과 사회의 본질이 무엇인지에 대한 깊은 침잠도 많은 사람들에게 공감을 일으킨다. 한편에서는 디지털 기술, 로봇, 그리고 트럭운송 체제로 무장한 '줌 피자'와 같이 빠르고 편리함의 극단을 추구하는 비즈니스에 환호한다. 다른 한편에서는 '블루보틀'과 같은 원칙과 본질을 고수하는 아날로그적인 느림의 가치가 사람들을 끌어들이기도 한다. 이것은 선택의 문제이다. 세상의 흐름을 읽고 자신만의 고유한 정체성과 가치를 추구할 준비가 된 사람만이 할 수 있는 선택. 무엇이 교육의 역할이며 미래를 위한 준비인지는 명확하다. 그 준비된 개개인을 길러내야 하는 무거운 책임이 우리 앞에 놓여 있다. 대학입시를 위해 앞만 보고 달리게 만드는 교육이 아니라 자신의 흥미와 재능을 찾고 실현하는 행복한 배움을

통해서 자신만의 정체성을 기르고 고유한 가치를 추구하는 인간을 길러
내는 교육이 되어야 한다. 학점제는 학생들이 다양한 배움을 추구하도록
지원함으로써 이런 힘을 길러 나갈 수 있도록 하는 최적의 시스템이다.

존재에 대한 존중,
다양한 가치의 인정으로부터

　환경문제는 인류의 생존과 우리 삶의 지속가능성에 대한 의문을 제기하고 있다. 멀리는 바다 한가운데 떠 있는 쓰레기섬으로부터 가까이는 매일 매일의 삶에 큰 영향을 미치는 미세먼지까지. 이 모든 것은 그 누구도 아닌 우리 스스로가 만들어 낸 문제이며 재앙이다. 자신의 편리와 이익을 우선시하는 존재들은 다른 존재에게 미치는 영향이나 문제에 언제나 무관심하다. 이런 무관심이 계속된다면 그것은 돌이킬 수 없는 위력으로 모든 존재들의 삶을 위협하게 될 것이다. 코로나 19로 엄청나게 늘어난 플라스틱 용기와 마스크의 잔해 또한 우리에게 무시무시한 청구서를 내밀게 될 것이다. 그래서 모든 존재는 큰 생명망과 깊게 그리고 하나로 연결되어 있다는 새로운 인식이 요구된다. 다른 존재가 괴로워할 때, 그 고통은 언젠가는 우리 모두에게 더 큰 아픔으로 되돌아오는 경험을 통해 모든 존재가 깊은 곳에서 서로 연결되어 있다는 인식의 전환이 필요한 것이다. 노르웨이 생태철학자 '아르네 내스'는 인간의 정체성을 인간을 비롯한 지구의 모든 생명을 포함하는 생태적 자아로 인식하면 세상을 위해 행동에 나서는 것은 전혀 희생으로 보이지 않게 된다고 했다.

공동체를 위해서 유익하게 기여하는 것은 집단을 위한 개별 존재의 희생을 요구하는 것이 아니다. 오히려 개개의 존재에 대한 존중을 중요한 가치로 두어야 한다. 그렇다고 개별 존재의 이익을 우선하는 것을 의미하지도 않는다. 개인의 이익만을 추구하는 사람들은 사회적 합의나 규율보다 자신에게 유익한 것이 최우선적 가치가 되고, 다른 사람의 이익이 침해당한다고 하더라도 아무런 거리낌이 없게 된다.

개별 존재에 대한 존중은 공동체를 구성하는 모든 존재들에 대한 이해와 배려를 의미하는 것이다. 그들의 존재에 대한 자연스러운 인정이자 그들이 존재로서의 가치를 추구할 수 있는 여건을 만들고 지원하는 것을 의미한다. 내가 다른 사람에게 도움을 준 것을 되돌려 받으려 하지 않아도 그 사람이 다른 이에게 도움을 주면 결국에는 모두에게 이로운 결과를 낳는다. 반대로 내가 다른 사람에게 나쁜 영향을 끼친 결과는 응당의 대가를 요구하게 될 것이다.

여기에서 말하는 존재란 인간뿐만 아니라 모든 생명체와 우리가 살아가는 우주를 구성하는 모든 개체를 포함하는 것이다. 오늘날 벌어지고 있는 생태계의 급격한 변화는 우리가 왜 존재를 존중해야 하는지를 일깨워 주고 있다. 이런 의식의 형성은 우리의 삶의 태도를 바꾸게 될 것이고 공동체의 유익을 위한 행동을 자연스러운 것으로 만들어 갈 것이다. 이것이 공동체의 유익을 위한 기여이며 이런 의식과 행동의 변화는 오랜 기간의 교육을 통해서만 가능하다.

이런 개별 존재에 대한 존중은 개별 존재의 고유한 본질, 특성과 존재

방식에 대한 인정으로부터 출발한다. 개별화와 다양화의 정신이 기초가 된다. 표준화는 이런 개별 존재들의 특성을 구분하고 배제하며 억압하는 기제가 된다. 표준화된 획일적 교육이 그래서 위험하다는 것이다. 학점제는 일부의 능력만을 강조하는 획일적이고 표준화된 교육을 거부하고 다양한 능력과 관심을 키워 갈 수 있도록 지원하는 존재의 가치를 존중하는 교육이다. 이렇게 다양한 재능과 특성을 존중하는 교육을 통해서 학생들은 다양성의 가치를 자연스럽게 존중하는 의식을 형성하게 된다. 도덕, 윤리, 사회 시간을 통해서 다양성의 중요함을 이론적으로 배우는 것의 수십, 수백 배의 강력한 힘으로 우리의 의식 깊숙이 자리 잡게 되고 무의식적으로 모든 존재를 존중하는 태도를 갖게 될 것이다. 이것이 교육의 힘이자 교육의 역할이다.

지속가능한 삶을 위한 교육

긴 겨울이 지나고 봄날이 오면 산의 나무들은 모든 에너지와 영양분을 나무의 가장 끝인 잎과 꽃에 몰아준다고 한다. 이것은 어떤 행위일까? 자연스럽게 미래를 위해 투자를 하는 것이다. 잎과 꽃이 생동해야 생존과 번식이 가능하다는 학습을 통해 다른 부분이 자연스럽게 희생을 감수하는 것이다. 동물들도 자신이 고픈 배를 채울 만큼만 사냥을 한다. 이렇게 아무 생각이 없어 보이는 동물과 식물들도 본능적으로 자연의 이치를 따르며 미래에 투자한다. 유일하게 이런 자연의 이치를 거스르는 것이 인간이다.

사실은 원래 우리 인간도 그런 존재가 아니었다. 아메리카의 인디언들은 자연과 동물을 형제·자매처럼 지구 위의 영험한 신(神)들과 똑같이 생각하였다고 한다. 자신들의 생존을 위해서 사냥을 하지만 사냥을 할 때도 동물들이 자신들에게 맛있는 고기와 여러 부산물을 주었다는 사실에 진심으로 감사한 마음을 바쳤다. 그들은 인간이 포함된 대 자연의 생태계를 경외하고 자신들의 삶이 그곳에 바탕하고 있음을 명확히 인식하는 지혜가 있었다. 자연의 이치를 거스르지 않고 자연의 질서에 어긋나지 않는 삶을 영위하였다. 현대의 우리들과 달리 필요한 것 외에는 절대로 욕심을 부리지 않고 더 이상을 취하는 것을 경계했다.

우리 조상들도 예로부터 상생의 조화를 추구하였다. 우리나라 풍습에 까치밥이라는 것이 있다. 집집마다 울타리 곁에 심어 둔 감나무에서 감을 딸 때 가지 끝에 있는 감은 따지 않는 풍습을 말한다. 새들이 먹을 수 있는 먹이는 남겨둔 것이다. 감나무의 가지 끝에 달려 있는 감들까지 모조리 따지 않는 것은 따기가 힘들어서가 아니다. 누가 시켜서 그렇게 하는 것도 아니었다. 자연스럽게 이어져 온 마음에서 우러나오는 행위이다. 먹이가 없는 겨울에 동물들이 살아남을 수 있도록 하는 배려와 공존의 지혜이다. 오늘날 사라진 까치밥은 오늘날 우리 삶의 자세와 인류가 직면한 문제의 근원의 한 단면을 잘 보여 준다.

18세기 산업혁명으로 인한 산업화 사회는 지금까지의 인간의 삶을 지배하던 물질적 토대와 생활방식에 혁명적인 변화를 불러왔다. 산업구조의 변화로 농업에 종사하던 수백만 명의 사람들이 도시로 이주해서 공장의 노동자로 살게 되면서 그들의 삶의 근본이 바뀌기 시작했다. 기계의 발명과 기술의 발달은 대규모 생산 체제로의 전환과 분업화체계를 이끌었다. 대량생산으로 인해 생활의 편리함과 물질적 풍요로움을 가져다주었지만 도시 노동자들의 빈곤은 오히려 심화되었다. 도시화로 인해 사회가 획일화되고 구조화되는 과정에서 개인의 개성과 주관적인 가치는 소외되는 결과를 낳았다. 특히 산업사회의 자유경쟁의 경제논리는 물질위주의 사고방식과 경쟁심을 증대시켜서 인간의 이기심이 고조되고 인간의 이성적 판단을 약화시키는 결과를 가져왔다. 경제적 논리가 지배하는 사회에서는 개인의 이익이 최고의 가치가 되고 이익의 추구를 위해서 무분별한 자연의 파괴나 타인에 대한 착취에도 무감각하게 된다. 이것은 개인에 국한된 문제만이 아니라 지역이나 국가의 행동양식에도 동일하게 나타나고 자신들의 행동이 주변의 개인이나 국가, 심지어 자신들의 미래에 미칠 영향에 대해서조차 외면하게 만들었다. 개인의 이익을 우선하는 문화가 공동체의 유익을 외면하게 하고 미래를 위한 행동을 하지 않게 된 것이다.

수백 년간 이어 온 이런 인간의 행동이 오늘날 수많은 문제를 양산하고 있다. 지구 온난화는 과거와 양상이 다른 자연재해의 직접적인 원인이 되어 인간들의 삶을 송두리째 흔들고 있다. 인간들이 무분별하게 버린 플라스틱 쓰레기가 우리 식탁으로 되돌아오고 그것이 우리 인체에 쌓여 가는 재앙을 무기력하게 감수해야 하는 것이 현실이다. 제품의 제조원가를 절감해서 이윤을 극대화하려는 기업들의 욕심은 기후변화에 대한 전 인류의 협력을 무산시키기 위해 갖은 수단을 동원하고 있다. 그로 인한 기온 변화는 구체적인 우리 삶에 영향을 미치고 있다.

최근에 우리나라 국민들의 최대 관심사가 되어 버린 미세먼지도 우리 힘만으로 해결 불가능하다. 매일 아침 기온보다 미세먼지 상황을 먼저 확인하고 새파란 하늘을 본 날이 언젠지 기억해야 하는 우울한 삶이 계속되지만, 더 우울한 것은 우리만의 노력으로 이 문제가 해결될 수 없다는 사실에 대한 자각이다. 인간은 자신의 삶의 영역을 중심으로 생활을 영위한다. 그러나 그 행위는 자신의 삶의 터전으로만 국한되지 않고 내 삶의 터전 또한 내 행위에만 영향을 받지 않는다. 이런 현상은 더 광범위해지고 더 심화되고 있다. 이제 인간은 지역의 삶에 충실하면서도 우리의 삶이 세상에 미치는 영향을 고려해야 할 책임이 있다.

중국이 고도의 산업화를 추구하는 과정에서 그것이 우리의 경제적 이익과 어떤 득실이 있을 것인지만 계산할 것이 아니라 중국의 산업화가 우리 삶에 미칠 영향을 고려했어야 했다. 이렇게 인간은 단순한 존재이다. 예전에 중국의 황무지에 나무를 심는 프로그램을 본 기억이 떠오른다. 거기에 나무를 심는 것이 큰 변화를 가져오지는 않을 것이다. 그러나 우리의 사고의 전환을 촉구하는 데는 의미가 있었다고 생각된다. 우리의 미세먼지 문제를 해결하기 위해서는 중국의 미세먼지 해결을 위해서 중국 사회에 환경 문제에 대한 인식과 노력을 촉구하고 함께 문제 해결을 위해 협력해야 한다.

미국은 국경에 장벽을 세우겠다는 독특한 대통령으로 인해 다른 나라와의 관계에서만 아니라 내부에서도 갈등을 빚고 있다. 카라반의 행진이라고 불리는, 수많은 사람들의 미국 국경을 향한 전진에 신경질적이고 천박하기까지 한 대통령의 대응은 그러나 반대만 있는 것은 아니다. 유럽에서는 몰려드는 난민문제가 사회적 갈등으로 치닫고 민족주의 극우 정당이 세력을 급속히 확장하는 연쇄현상에 지대한 공헌을 하였다.

그러나 미국과 유럽 사회가 불만을 터뜨리고 심지어 증오를 표출하는 난민의 문제는 역사적으로 서구사회가 저질러 온 착취에서 출발하는 것이다. 오랜 기간의 식민지 착취도 모자라서 자국의 이해를 위해서 끊임없이 다른 나라의 문제에 개입해 온 소위 강대국들의 욕심이 부메랑이 되어서 돌아오고 있는 것이다.

그리고 최근의 코로나19 사태는 인류에게 전혀 새로운 삶에 대한 과제를 던져주고 있다. 혹자는 코로나19가 자연에게는 백신이라고까지 이야기한다. 전 세계를 마비시키고 수많은 생명을 앗아가는 무서운 질병이 자연을 거스른 인간에 대한 자연의 경고라는 것이다. 새겨들을 가치가 있는 지적이다. 코로나19로 하늘길이 막히면서 우주에서 파란 지구를 볼 수 있게 되었고 미세먼지의 걱정도 한동안 사라졌음을 감안하면 단순한 우스갯소리로 치부하기는 어렵다. 아무튼 코로나19가 급속도로 확산될 수 있었던 것은 역설적으로 글로벌화된 인간 사회의 발달이 강력한 매개가 되었기 때문이다. 인간에게 발전이라는 것이 어떤 의미인지를 되새기게 하는 시간이다.

다르게 행동하지 않으면 이런 현상은 더 심각해지면 심각해졌지 완화되지 않을 것이다. 우리가 경험하고서야 깨닫고 있듯이 다른 나라의 빈곤의 문제는 그들만의 문제로 그치는 것이 아니라 우리 삶에 실제적이고 심각하게 영향을 미친다는 사실 인식할 수 있어야 한다. 그것을 이해하도록 하는 것이 시민교육이고 국제교육의 목표가 되어야 한다.

그리고 인간의 생존과 번영을 위해서는 인간만 잘 먹고 잘 살면 되는 것이 아니라는 사실을 이제 절박하게 깨닫고 있다. 함께 공존하는 가치를 배우지 못하면 인류의 삶도 지속되지 못한다는 교훈은 이 세상의 모든 존재에 대한 존중으로 이어지게 된다. 존재에 대한 존중은 생태계에 대한 새로운 관점을 가지게 할 것이다. 이것은 미래 사회의 기술의 변화에 대한 이해보다 더 중요한 교육이다.

미래교육, 어디로 가나?

유엔은 교육의 목적을 인간이 살아가면서 맞닥뜨리게 될 도전을 극복할 수 있는 능력을 기르는 것으로 정의하고 있다. 이런 정의는 시대가 달라져도 변하지 않고 유지되어 온 교육의 핵심적인 사명이다. 그러나 이런 목적을 달성하기 위해서 선택되는 내용과 방향은 시대와 이념의 변화에 따라서 달라져 왔다.

수렵시대에는 생존을 위해서 동물을 사냥하고 그 부산물을 처리하는 것이 필수적인 지식이었으므로 이것을 전하고 습득하는 것이 교육의 모습이었을 것이다. 그러나 농사를 짓고 정착하게 되면서 더 이상 사냥하는 기술은 중요하지 않게 되었다. 농업문명의 시대에는 사육기술과 재배기술의 발달로 인류는 수백만 년 이상의 유랑생활에서 정착생활로 전환하게 된다. 이는 공동체의 규모를 팽창시키고 사회적 분업의 발달이라는 변화를 가져오게 된다. 잉여생산물의 축적과 사회적 분업 활동의 증가로 여러 가지 새로운 사회문제들도 생겨나게 되었다. 그것을 해결하는 과정에서 탄생한 규범과 제도들은 사회적 변화와 새로운 문명의 출현을 이끌어 냈다. 인간에게 던져지는 문제는 이를 극복하기 위한 도전을 이끌어내고 이런 과정은 교육을 통해서 인류의 역사에 축적되는 것이다.

이와 더불어 교육은 이제 식물의 성장에 미치는 여러 가지 자연 현상과 계절의 관계, 농사기술, 그리고 영구적으로 거주하기 위한 건축물을 짓는 기술 등으로 관심을 옮겨가게 된다. 이것은 지극히 당연한 현상이다. 그럼에도 농업문명의 시대에는 생산 활동에서 두뇌노동이 차지하는 비중이 여전히 매우 작아서 교육에 대한 필요성이 크게 대두되지는 않았다.

기계의 발명으로 또다시 인류의 문명에 큰 변화가 일어나게 된다. 산업혁명은 기계화된 수많은 공장들의 출현을 촉발하고 이들 공장을 돌리기 위한 노동력을 필요로 하게 된다. 농촌의 농업인구가 공장을 중심으로 몰려들어 도시가 형성되고 이들의 값싼 노동력을 활용한 산업이 발전하기 시작한 것이다. 생산 체제가 가내수공업에서 공장제 기계공업으로 전환되면서 사회구조에도 큰 변화가 일어났다. 여러 사람이 하던 일을 기계가 대신하면서 대량 실업이 일어나고 노동자의 임금은 점점 낮아지게 되어 도시 빈민의 문제를 가져오게 된다. 이로 인해 1811~1817년 영국 중북부의 직물 공업 지대에서 노동자들이 기계를 파괴하는 '러다이트 운동'이 일어나고 이것이 노동운동의 시발점이 된다.

기계의 발명이 촉발한 여러 가지 사회문제는 노동자 계급의 저항으로 이어지고 이로 인한 사회적 갈등은 기존 규범과 제도를 대체하는 새로운 문명의 탄생으로 이어지게 된다. 또한 산업혁명 시대의 생산 활동은 서서히 육체노동에서 두뇌의 활용이 확대되는 방향으로 전환되기 시작한다. 기계화된 공장은 점차 숙련된 두뇌 노동자를 필요하게 되었다. 이로 인해 국가와 사회가 일반 국민을 대상으로 하는 보통교육을 제공하게 되는데 이는 교육의 내용과 대상에서 일대 혁신을 촉발하게 된다. 산업혁명 시대는 교육혁명의 시대이기도 하다. 그러나 이 시기의 교육은 인간의 성장보다 도구로서 숙련된 노동력을 길러내는 것이 목적이었다. 따라서 잘 정리된 지식과 경험을 체계적으로 전달하고 이를 습득하는 것이 교육의 최고 목표였다. 경제공동체로서 사회적 목적과 개인의 욕망이 결합되어 공고하게 자리 잡은 이 시기의 교육은 많은 긍정적인 역할을 했지만 문제점도 적지 않았다. 부정적 요인들은 오랜 기간 그 영향력을 발휘하고 현재에도 그 그늘이 짙게 드리워 있다.

정보화시대의 교육은 또 다른 변화를 요구받게 된다. 컴퓨터 보급의 확대와 인터넷 기술의 발달은 인류의 생산 활동에 커다란 변화를 촉발하였을 뿐만 아니라 지식의 질적 변화를 요구하였다. 이런 시대의 변화에 대응하는 우리 학교 교육은 방향과 내용에 대한 심각한 고민과 변화 없이 표피적이고 기술적인 변화에 그치고 있다. 그로 인해 교육은 사회적 비판과 불신에 직면하고 있다. 여전히 우리의 학교는 산업화 시대의 지식·경험의 전달과 습득이라는 고전적 교육 방법에서 크게 벗어나지 못한 한계를 보이고 있기 때문이다.

이제 우리는 전혀 다른 세상을 맞이하고 있다. 산업혁명 이후 정보화시대까지는 우리 삶의 구조에 점진적인 변화가 일어나는 것에 그쳤다며 이제 인류는 완전히 다른 삶의 구조 속에 내던져지게 된 것이다. 거대한 쇳덩어리가 스스로 움직이는 모습에서 받았던 충격 이상의 놀라운 경험을 하게 되면서 과거의 지식과 경험은 더 이상 우리 삶에 중요한 영향력을 발휘하지 못한다는 것을 깨닫게 되었다. 인류의 역사에서 새로운 기술의 등장은 늘 그래 왔듯이 우리에게 이제껏 경험하지 못한 새로운 문제를 던져 왔다. 이런 문제들은 인간 사회에 새로운 도전을 요구하고 사회 제도와 문화의 획기적인 변화를 일으키게 된다.

새로운 세상은 사고의 전환을 요구한다. 기계를 거부하고 파괴하는 것이 아니라 기계를 활용하는 방법을 고민하는 것이 현명한 자세였듯이 과거의 방식을 버리고 새로운 삶에 도전하는 자세는 선택이 아닌 필수이다. 따라서 미래를 위한 교육은 상식을 습득하는 교육에서 상식에 도전하는 교육으로 전환해야 한다. 정보의 습득이 아니라 정보의 선별이 중요한 목표가 되어야 한다.

상식이란 어떻게 정의할 수 있을까? 상식이란 사회 구성원 다수가 인정하고 동의하며 공유하는 가치관, 지식, 판단력으로 정의할 수 있을 것이다. 그리고 교육은 대체로 이런 상식을 전달하고 습득하도록 하는 역할에 복무해 왔다. 교육과정에 나타난 화려하고 아름다운 글들과 달리 교육은 그 사회의 유형을 유지하고 사회 속에 개인을 잘 통합시키는 역할을 담당해 온 것이 사실이다. 그런데 우리가 상식적으로 알고 있는 지식(대부분 학교에서 배우는 것들)은 시대와 지역, 역사적 배경이나 문화에 제한된 사실이라는 점을 제대로 인식해야 한다. 즉, 그때는 옳았으나 지금은 옳지 않은 것이 적지 않다. 그리고 우리가 당연하다고 생각하는 것이 그래서 옳은 것(선)이라고 믿는 것이 다른 사회에서는 상상할 수 없는 그래서 나쁜 것(악)이라 믿어질 수도 있다는 것이다. 또, 잘못된 정보나 사실이 아무런 의심 없이 너무 널리 전파되어서 진리인 것처럼 받아들여지는 것도 상식의 특성이다.

동성애나 양심적 병역거부에 대한 인식이 바뀌어 가는 것을 보면서 우리가 학교에서 그리고 사회에서 암묵적으로 배워온 가치판단의 기반이 여지없이 흔들리는 것을 보게 된다. 이것은 인문사회분야의 지식이나 상식에만 국한되지 않는다. 천동설을 말할 것도 없고 물이 100도에서 끓지 않는다는 사실, 만리장성은 우주에서 보이지 않는다는 것은 진실이지만 우리는 전혀 다르게 알고 있고 많은 경우 과학적 사실로 확신되고 있기도 하다.

이렇게 우리의 지식과 상식은 매우 취약한 속성을 가지고 있다. 대다수의 사람들이 사실로 인정하고 옳다고 굳어진 내용이라고 할지라도 그것을 받아들이는 과정에서 스스로의 판단하고 검증하는 태도는 지식을 추구하는 데 반드시 갖추어야 할 필수 요소이다. 이것은 비판적 사고의 기본이며 이 비판적 사고를 기르는 것이 교육의 목표가 되어야 한다. 사실 많은 국가나 학교의 교육목표에 비판적 사고가 중요한 요소로 포함되어 있지만 거꾸로 이를 억누르는 구조가 뿌리 깊게 자리 잡고 있다.

즉 우리 모두에게는 내가 알고 있는 것이 진실이 아닐 수도 있다는 것을 대전제로 수용할 의무가 있다. '다른 사람이 저걸 믿는 데에는 나름 이유가 있지 않을까?'라는 태도가 필요하다는 말이다. 그리고 나와 다른 의견이나 미적 취향에 열려 있어야 한다. 그것이 다양성을 존중하는 태도이다. 내가 알고 있는 것에 대한 확신을 재고하고 늘 회의하고 의심해 보는 사람, 그래서 결국 자기 객관화를 할 수 있는 사람이 더 나은 의사결정을 할 수 있기 때문이다.

우리가 스스로를 상식적이라고 말할 때는 그것이 장점이라고 생각하기 때문일 것이다. 그리고 주변에서 자신이 상식적임을 자랑스럽게 이야기하는 사람들을 자주 보게 된다. 스스로가 매우 합리적이고 객관적이라는 의미로 하는 이야기일 것이다. 그러나 자신이 상식적인 인간이라고 생각하는 사람은 스스로가 꼰대가 될 위험이 매우 크다는 것을 인정해야 한다. 상식적이라는 사람들의 일반적인 경향은 상식을 거부하는 태도를 몰상식한 것으로 여기고 몰상식을 매우 부정적이거나 심지어 적대적인 대상으로 몰아간다. 상식이란 이미 굳어진 생각이기 때문에 다른 것을 받아들이지 못한다. 이렇게 굳어진 생각은 시대와 사회의 변화를 수용하지 못하는 순간 편견이나 고정관념으로 전락한다. 그것을 상식이라는 이유로 고집하는 순간 시대의 정신에 저항하고 있는 자신의 위치를 확인할 뿐이다. 나와 다른 생각들을 끊임없이 포용하고 들어보려는 태도가 필요하다. 어떤 사회나 조직도 끊임없이 서로 다른 생각을 가진 사람들이 모이고 그 다양한 생각들을 존중할 때 건강하게 성장해 나간다. 어린 아이들이 하루가 다르게 빠른 성장을 보이고 성인들이 생각하지 못한 창의적인 생각을 하는 것은 굳어진 생각이 없기 때문이다. 마시멜로 게임의 사례처럼 유치원생들이 끊임없는 시도와 실행을 통해 배우는 것처럼 다양한 시도를 통해 세상을 배우는 사람이 되어야 한다. 늘 자신의 생각에 대해 회의하고 의심하는 태도가 요구되는 이유이다.

그러나 자신의 생각을 의심하고 회의하는 것을 결정을 내리지 못하거나 우유부단한 것과는 동일시하는 것은 큰 착각이다. 이런 사람일수록 필요한 순간에는 적절한 판단과 결단으로 과감하게 실행에 옮기는 사람인 경우가 많다. 오히려 다르게 바라보는 것은 쉬운 일이 아니다. 주류에서 벗어나면 차별과 불이익을 각오해야 하는 일이기도 하다. 더욱이 편견과 억압적인 체제에 맞서 싸우려면 큰 용기가 필요하다. 자신의 무지를 인정하고 미지의 세계를 모험하는 데는 훨씬 큰 의지가 필요하다. 무엇이든 모르는 것이 있으면 우리의 무지를 인정하고 새로운 증거를 찾는 것을 두려워하지 말아야 한다. 심지어 우리가 무엇을 안다고 생각하더라도 우리의 의견을 의심하고 다시 검증하기를 겁내지 말아야 한다. 의심하고 회의하는 태도는 많은 가능성에 대해서 문을 활짝 열게 된다. 미지의 사실에 대한 두려움은 모든 질문에 조급하게 명확한 답을 바라지만 그것은 어떤 폭군보다 더 우리의 사고를 마비시키고 자유의지를 무력화시킬 수 있다. 보편적인 진리에 도달하고 세상의 근본적인 원리를 이해하기 위해서는 끊임없는 자기성찰과 반성으로 다양한 정보와 의견을 분석하고 판단하는 노력이 필요하다.

사람들에게 더 나은 정보를 더 많이 제공한다고 해서 상황이 나아지지 않기 때문에 비판적 사고의 중요성은 더 강조되어야 한다. 과학자들은 보다 나은 과학 교육을 통해 잘못된 시각을 퇴출시키기를 바라고, 사회평론가들은 이슈에 관한 정확한 사실과 전문가 보고서를 대중에게 제시하는 방법으로 여론을 움직일 수 있기를 희망한다. 하지만 대부분 우리 견해는 개인의 합리성보다 공동체의 집단사고에 의해 형성된다.

게다가 21세기의 우리 주변은 어마어마한 양의 정보로 넘쳐난다. 북한이나 중국과 같은 국가를 제외하고는 이제 많은 정부기관이나 검열관들은 정보를 차단하려 애쓰기보다 사실을 왜곡하는 정보를 퍼뜨리고 대중의 눈길을 관심을 끌만한 것들로 사람들의 주의를 분산시키는 방법을 선택하고 있다. 사회적 이슈가 될 만한 사건이 뉴스를 장식하면 꼭 연예인들과 관련된 스캔들이 터져 나오는 것이 우연한 일이 아니라는 것쯤은 이제 비밀도 아니다. 이제는 어떤 정부나 권력도 자신들이 원치 않는 정보라고 해서 억지로 감출 수는 없다. 그래서 이들이 선택한 방법은 상충되는 주장이나 주의 분산용·낚시성 뉴스로 여론을 희석하고 대중을 혼란에 빠뜨리는 것이다. 더 나쁜 것은 가짜 뉴스들이다. 의도적이고 악의적으로 퍼뜨리는 가짜뉴스가 너무도 쉽게 유통되고 이것을 검증 없이 믿고 신념화하는 사람들이 늘어나는 것은 정보화 시대의 역설이다. 그럼에도 이것은 놀랄 만큼 쉬우면서도 효과가 있음이 이미 증명되었다. 이제 지구의 어디에서나 이스라엘이 가자지구에 폭격을 해서 수십 명이 사망하고 북한이 단거리 발사체를 쏘았다는 최신 뉴스를 실시간으로 접할 수 있게 되었다. 그러나 소위 전문가라고 하는 사람들의 서로 상충되는 주장으로 인해 무엇이 사실인지 알아내는 것은 너무 힘든 일이 되어 버렸다. 이때 사실은 일어난 현상만을 이야기하는 것이 아니라 가치 판단의 문제를 의미한다. 가자지구에 대한 폭격이 이스라엘의 당연한 권리인지? 북한이 발사한 단거리 발사체는 우리를 향한 적대적인 행위인지? 안심해도 되는지? 등에 대한 판단이다.

그래서 현대 사회를 특징짓는 말 중에 데이터 스모그라는 용어가 있다. 너무 많은 데이터는 스모그처럼 공해가 된다는 것이다. 너무 많은 정보가 제공되고 다양한 선택의 기회가 주어지면서 결정 장애라는 말이 너무도 익숙해졌다. 실제로 사람들은 선택지가 많을수록 오히려 선택에 방해를 받는다는 연구 결과가 있다. '마켓의 잼 실험'이라고 부르는 연구는 마트에서 소비자들이 잼을 구매하는 특성을 관찰하는 실험이다. 이 실험에서 소비자들은 진열장에 24종류의 잼을 진열할 때보다, 6종류를 진열할 때 더 쉽게 구매하고 재구매율도 높아진다는 사실을 발견했다. 이 연구에서는 인간에게 적절한 선택지는 6~10개 정도이며 실제로 3~6가지 선택지를 주는 것이 가장 무난하다는 결론에 도달하였다. 인간에게 필요한 것은 더 많은 정보가 아니다. 오히려 너무 많은 정보는 선택을 방해하고 잘못된 선택을 하게 만들 수도 있다. 그보다는 수많은 정보의 홍수 속에서 올바른 정보, 필요한 데이터를 찾아내는 능력이 더 중요하다.

이런 세상에서 학교와 교사의 역할은 달라져야 한다. 더 많은 정보를 제공하고 기억하는 능력을 기르는 것은 학생들에게 필요한 학교 교육의 역할과는 너무 멀어져 버렸다. 학교가 아니라도 정보는 이미 너무 많은 것이 문제가 되고 있다. 제대로 된 정보를 찾기가 힘든 시대에 필요한 것은 정보를 이해하는 능력이 아닐까? 그런 점에서 어떤 정보가 논리적으로 합당한지 어떤 정보가 중요한 정보이며 가치 있는 것인지 식별하는 능력을 길러야 한다. 그것이 학교 교육에서 담당해야 할 역할일 것이다. 이렇게 정보를 식별할 수 있는 능력이 갖추어질 때 정보의 바다에서 필요한 정보를 건져내고 이를 조합해서 세상을 이해할 수 있는 통찰력을 갖출 수 있는 준비가 되는 것이다. 학점제를 도입하는 것보다 더 중요한 것은 다양한 교과목에서 이런 능력을 기를 수 있도록 내용을 구성하고 수업을 운영할 수 있는 단위학교의 준비이다.

진정한 배움이 일어나는 맞춤형 수업

데이비드 하그리브스는 교육에서 개별화와 개인화의 의미가 대량 생산에서 대량 맞춤으로의 변화와 종종 동일시되는 오류가 일어나고 있다고 지적한다. 그 의미는 현재 학교에서 이루어지고 있는 맞춤형 학습(customized learning)이 학생들의 개별적인 수준이나 관심에 맞춘 내용에서나 깊이에서의 변화가 아니라는 것이다.

많은 학교에서 그리고 학교 밖에서 아이들은 빠르게 혹은 느리게, 협동해서 혹은 혼자서 학습한다. 기존의 모습과는 분명히 많이 달라져 있다. 강의 중심의 수업에서도 아이들의 참여와 협력을 강조하는 수업이 늘어나고 있다. 토론과 활동이 수업에 더 많이 도입되고 있는 것도 명백하게 달라진 교실의 모습을 만드는 기폭제가 되었다.

그러나 학습의 내용이 세상에 일어나는 일의 본질이나 우리 삶의 중요한 것들과 연결되지 못하는 한계 또한 분명하게 드러나고 있다. 그저 학생들이 기존의 전통적인 학습 내용을 단순히 색다른 방법으로 접근할 뿐이다. 같은 학습내용을 더 재미있게 더 효율적으로 가르치는 것은 학습의 본질을 변화시키지 못한다.

수업 방법의 변화만으로 학생들의 본질적인 변화를 이끌어 내기 어렵다는 것은 여러 가지 증거로 나타난다. 학생들이 토론과 교내외의 활동을 많이 하면서 학교생활을 즐거워하고 밝아졌지만 기본적인 학습 능력은 나아지지 않고 있다. 자유학기제에 대한 긍정적인 평가는 교사들이 수업에 대해서 다시 생각하게 되었다는 것이지만, 그것이 학생들의 삶의 문제와 더 높은 수준의 도전이나 탐구로 이어지고 있다는 증거는 여전히 부족하다. 그 이유는 개인 맞춤형학습이라는 목표 하에 수업 방법의 변화는 진행되고 있지만 그것이 대량 맞춤화로 변질되었기 때문이다. 학습의 내용의 변화 없는 수업 방법만의 변화가 가져오는 공허한 결과는 교사들을 지치게 하거나 아니면 자신의 직관적 판단에 의존한 자기만족으로 빠져들게 해서 일관성 있고 지속적인 개혁을 어렵게 한다.

공자는 현실과 이상의 간극을 줄이는 방법, 즉 세상을 바꾸는 가장 바람직한 방법을 배움에 두었다. 세상을 변화시키기 위해서 사람들은 자신이 할 수 있는 일을 찾아내 그것을 실천하는 것, 배움을 통해 실천적 사실을 알고 실제 실행하는 것이 중요함을 지적한 것이다.

왜 학생들에게 학교 공부가 재미없고 고통스럽게 여겨질까? 그것은 배움이 없기 때문이다. 획일화되고 억압적인 줄 세우기 경쟁으로 전락한 학교 교육은 학생들에게 생각할 여유를 주지 않고 반복적인 암기 노동을 강요하기 때문이다. 학생들이 배움으로부터 멀어지게 만들고 있는 것이다. 학교 교육이 자신의 관심이나 흥미와 상관없이 실제 세상의 문제와 관련 없는 억지로 주어진 박제된 지식을 강요하기 때문이다. 새로운 생각을 자극하는 창의적이고 흥미로운 과정이 아닌 힘겨운 노동의 과정이기 때문에 재미가 없고 고통스러운 것이다.

학교에서 쉬는 시간이면 살아나는 아이들의 모습과 축제준비나 이벤트에 몰입하는 아이들이 얼마나 행복하고 창의적인지 보면 알 수 있다. 학교 자체가 고통의 공간은 아니다. 그 공간이 어떤 역할을 하는지 어떤 것을 학생들에게 요구하는지에 따라 그 공간의 의미가 전혀 다르게 느껴지는 것이다.

교육을 혁신하기 위해서 가장 중요한 것이 무엇일까? 라는 질문에 대다수의 교사들은 수업의 혁신이라고 이야기한다. 어떤 책 제목에서 인지 아니면 교육청의 슬로건에서 보았는지 기억이 잘 나지 않지만 "혁신학교, 수업혁신이 답이다"라고 쓰여 있는 글을 보고 한숨만 내쉬었던 적이 있다.

혁신학교 운동이나 혁신교육이 학교 현장, 특히 교실에서 큰 변화를 가져온 것은 사실이다. 그러나 이것이 진정한 배움으로 이어지고 있는지, 즉 우리 아이들이 우리가 기대하는 만큼의 성장을 하고 있는지에 대해서는 의문이다. 우리가 기대하는 만큼이란 '그 아이들이 가진 가능성과 재능을 제대로 살리고 있는지?'라는 말과 동의어이다. 분명히 그 기대하는 만큼에는 미치지 못하고 있다.

학생 맞춤형 교육이 단순히 학생들의 학습 진도를 관리하고 학습량을 조절하는 것이 아니라 배움을 더 심오하게 하고 도전을 자극하는 방향이 되어야 한다. 그리고 진정한 개별화 교육이란 학생들의 다양한 학습욕구를 수용할 수 있어야 한다. 학생 개개인의 흥미와 재능, 그리고 진로에 따른 선택이 가능하며, 같은 과목이라도 학생의 학습수준과 요구에 따라서 다른 수준과 내용으로 구성되는 교육과정이 진정한 개별화 교육으로 나아가는 길이다. 학점제는 이런 개별화 교육의 취지를 제대로 실현할 수 있는 최적의 틀을 제공한다.

대학입시에 대한 새로운 시각과 과제

우리 사회에서 대부분 착각하는 문제 중 하나가 고질적인 교육문제를 대학입시를 바꾸는 것으로 해결할 수 있다고 믿는 것이다. 이런 오류로 인해서 헛된 논란으로 수없이 많은 시간과 정력을 소비해 왔지만 여전히 교육문제는 해결되지 않는 것이다. 해방 이후 수많은 대학입시 제도가 도입되고 사라져 갔다. 새로운 제도를 도입하는 한결같은 이유는 대학입시가 지나친 경쟁과 사교육의 팽창을 불러왔기 때문이라는 것이다. 불행히도 그렇게 도입된 새로운 대학입시들도 하나같이 똑같은 운명을 반복하고 말았다. 대학입시가 수없이 바뀌었음에도 경쟁을 완화하지도 사교육의 광풍을 잠재우지 못했다. 그리고 학교 교육을 정상적으로 되돌려 놓지도 못했다.

그나마 교육이 바뀔 수 있다는 단초를 보여 준 것은 학생부전형이다. 물론 학생부종합전형(학종)의 금수저 논란이나 사교육으로 스펙을 만든다는 비난이 있는 것은 사실이다. 그래도 학교 교육에 대한 신뢰가 살아나고 고등학교 교육이 교육과정에 따라서 정상화되는 움직임이 있다는 것은 누구도 부정하지 못한다. 학생부전형은 고등학교 교육이 정상적으로 운영되는 것을 전제로 하고 있으며 실제로 고등학교 교육을 정상화하는 데 적지 않은 역할을 하고 있다는 점에 주목해야 한다.

이제 생각을 바꾸어야 한다. 대학입시로 문제를 해결할 수 있다는 헛된 믿음을 버리고 제대로 교육을 바꿈으로써 대학입시의 문제를 해결하겠다는 사고의 전환이 필요하다.

물론 세상일이 이상적인 방향으로만 흘러가지 않으므로 때로는 타협이 필요하기도 하다. 다수의 국민들이 불만을 토로하는 대학입시의 문제를 외면할 수만은 없는 일이다. 그래서 현시점에서 대학 교육의 질을 높이고 초중고 교육의 혁신을 이어 나갈 수 있는 새로운 대학입시안을 고민해 볼 필요가 있다.

여기서 새롭게 제안하는 안은 서울대를 포함한 주요 대학입시의 절반은 모든 고등학교의 내신 2등급 이내의 학생들 중에서 추첨으로 선발하거나 블라인드 면접으로 선발하자는 안이다. 내신 2등급은 성적 상위 11%에 해당되는데 너무 높은 성적도 아니고 그렇다고 아주 성적을 무시하는 것도 아니어서 절충적 기준으로 적당할 것이다.

이 기준은 미국 텍사스 주립대학의 입시제도(상위 10% 정책: Top Ten Percent Plan)를 참고한 것이다. 텍사스 주립대학 오스틴의 경우 세계 100대 대학 안에 이름을 올리고 있고 미국 내 주립대학 중에서도 상위권 대학으로 인정받고 있다. 미국의 주립대학은 주정부의 지원을 받으므로 우리나라 국립대학과 비슷한 성격이며 이들 주립대학은 사립대학과 달리 대학의 공공성을 실천할 것을 요구받고 있다. 그래서 도입한 정책이 바로 상위 10% 정책(Top Ten Percent Plan)이다. 텍사스 내의 고등학교에서 상위 10% 이내의 학생은 텍사스 주립대학에 지원할 수 있고 이들을 선발해야 하는 입시제도이다. 이 제도로 신입생의 75%를 선발한다. 그러나 이 제도에서도 나머지 25%는 입학사정관제도로 학생을 선발하고 있는데 우리의 학생부종합처럼 학생의 재능, 가능성, 관심, 학업이나 개인적 성취를 기준으로 이루어지고 있다

여기서 주목해야 할 것은 세계 최고 수준의 대학에서도 고등학교 성적 상위 10% 이내의 학생을 선발해도 별문제가 없다는 것이다. 이 정도 수준의 학생이면 우리가 늘 강조하는 높은 수준의 교육을 받을 수 있고 사실은 이런 학생들을 최고의 수준으로 교육해내는 것이 대학의 책임이자 대학의 교육력이라 할 것이다. 일반적으로 아무런 의심 없이 받아들여지고 있는 학생의 성적이 대학의 높은 교육수준을 따라갈 수 있을 정도가 되어야 한다는 주장은 타당한 근거에 기반하고 있지 않음을 확인할 수 있는 사례이다.

우리의 서울대만 해도 법인이 되었지만 여전히 국민의 세금으로 운영되는 국립대학의 성격을 가지고 있다. 텍사스 주립대와 비교할 때 그리 큰 차이가 나는 수준이라고 할 수도 없다. 그리고 서울대와 주요 대학들은 우리나라 대학 서열의 최상층에 있는 서열주의와 학벌사회의 최대의 수혜자이자 대학 간의 건강하고 생산적 경쟁을 가로막아 온 책임에서 자유롭지 못하다.

서열주의와 연고주의의 수혜자로 성적이 좋은 학생들을 골라서 뽑을 수 있으므로 제대로 교육을 하지 않아도 또다시 이들이 졸업 후 연고에

따라 좋은 자리를 차지하고 그 서열을 공고하게 하는 순환구조에서 서열을 유지해 왔다. 이로 인해 우리 사회는 능력보다 학벌이 중요한 사회가 되고 온 국민이 좋은 학벌을 차지하기 위한 무한 경쟁으로 내몰리고 있는 것이다.

이제 대학이 사회적 책임을 다하도록 강제할 필요가 있다. 국민의 세금으로 운영되는 만큼 국가의 균형적인 발전과 성장을 위해서 제대로 역할을 해야 하는 것은 당연하다. 서울대와 주요 대학들이 국가의 막대한 지원을 요구할 수 있는 근거는 그만큼 우수한 교육을 제공하는 것으로 증명되어야 한다. 성적이 좋은 학생들을 뽑아서 그 학생들이 잘하는 방식의 평가제도나 연고주의로 자신의 지위를 공고화하는 것은 불공정한 일일 뿐만 아니라 우리나라의 미래를 위해서도 바람직하지 않다. 제대로 된 성과를 요구해야 하는 것이다. 한마디로 국가의 막대한 지원을 받는 만큼의 제대로 된 가성비를 보이라는 것이다.

제대로 된 교육력이란 어떤 학생을 뽑더라도 그 학생들을 제대로 길러내는 것이다. 그뿐만 아니라 학생을 선발할 때 일부 한정된 능력만을 평가하는 표준화된 시험이 아니라 학생들의 다양한 재능과 잠재력이 대학교육을 통해서 더 성장하고 발전할 수 있는지를 기준으로 평가해야 한다. 이런 선발은 장기적으로 대학의 발전에도 도움이 된다.

이런 주장의 근거로 미국의 대학입시를 자세히 살펴볼 필요가 있는데 미국의 대학입시의 핵심요소 중 하나는 대학의 '다양성' 확보이다.

대다수 미국 대학의 기본 철학은 소수자 우대를 통한 다양성을 확대하는 것이며 이것을 '적극적 지원(affirmative action)'이라는 용어로 대변된다. 특히 자율성이 보장된 사립대학일수록 이런 원칙을 더 강조하고 있다. 우리의 일반적인 기대와는 전혀 다른 모습일 것이다. 일반적으로 소위 아이비리그의 대학들은 시험 성적이 좋은 학생들을 선발할 것이라고 생각할 것이다. 하지만 이들 대학은 학생의 성적 못지않게 그 학생의 가능성과 재능을 파악하려고 노력하고 그 학생의 문화적 사회경제적 핸디캡을 보완하려는 노력을 한다. 그것이 바로 '적극적 지원' 정책이다. 실제로 2018년 하버드의 학부생 신입생 중 소수 민족 출신은 약 52%다(아프리칸 아메리칸 15%, 히스패닉 12%, 아메리칸 인디언 또는 하와이 원주민 2%, 아시아계 미국인 23%).

이런 소수자 우대 정책은 미국 사회에서도 지속적으로 논란이 되고 있다. 그 결과 끊임없는 법적 소송(Grutter v. Bollinger(2003) 판결, Fisher v. University of Tex. at Austin(2016) 판결)으로 이어지고 있다. 지금까지는 소수자 우대 정책이 입학사정에서 학생 구성원의 다양성을 추구하기 위해서, 그리고 특정인종에 대한 우대는 정부의 간절한 이익에 해당하므로 위헌이 아닌 것으로 판단되고 있다.

Grutter v. Bollinger(2003) 판결에서는 입학사정에서 학생 구성원의 다양성을 추구하기 위해, 특정인종에 대한 선호는 정부의 간절한 이익에 해당한다고 판단하였다.[14]

이와 달리 Fisher v. University of Tex. at Austin(2016) 판결에서는 주요한 원칙으로 대학이 엄격한 심사기준을 통과하는 한 학생구성의 다양성으로부터 나오는 교육적 혜택을 추구하는 것은 학교의 판단이라는 판례에 변화가 생겼다. 대학당국의 인종고려 입학조치가 '엄격심사'를 통과할 수 있는지 여부를 법원 스스로 확인하고 검토하고자 하는 의지를 보여

---

14 최경호(2014), 《이화여자대학교 법학논집》 제19권 제1호.

준 점에서 Grutter 판결과 차이가 있다.[15]

이들 판례에서 증거되는 미국 대학입시의 큰 원칙은 다양성의 추구이다. 그 다양성이란 기계적인 인종적 혼합만이 아니라 학생의 다양한 가능성과 재능 그리고 학교에서 개인적 성취가 첫 번째 기준이며 다양한 사회적 배경이 제공하는 교육적 효과를 위해서 사회경제적 배경이 다른 다양한 인종의 비율을 유지하기 위해서 노력한다. 물론 '적극적 지원'은 역사적·사회적으로 차별받은 소수자 집단에 소속된 학생에게 적극적으로 기회를 제공하기 위한 목적으로 보아 공공성으로 해석할 수도 있다. 그러나 서로 다른 문화적 배경이 섞이는 과정에서의 교육적 효과를 위한 다양성이라는 구체적인 가치에 더 무게를 두고 있다고 보아야 할 것이다.

대학에서 학생구성의 다양성을 중요한 가치로 두는 것은 다양한 문화적 배경을 가진 학생들이 학문공동체를 형성하는 것이다. 그 공동체 내부에서 생기는 경계로 인한 갈등과 해소의 과정에서 창의성과 협력의 능력이 길러지기 때문이다. 우리나라 입시의 문제는 성적중심의 학생선발 구조이며 이로 인해 대학을 이루는 학생구성에서 심각한 획일화를 강요하기 때문이다. 대학입시에서 인종적 요소를 고려하는 정책에 대한 아시아계 학생들의 심한 반발에도 불구하고 하버드대학 등이 보이고 있는 태도는 대학에서 학생구성의 다양성 유지에 대한 흔들림 없는 강력한 의지이다. 그것은 세계 최고수준으로 평가되는 미국 대학의 경쟁력이 단순히 풍부한 재정에만 기댄 것이 아니라 다양한 학생구성으로부터 나오는 긍정적인 효과에 기반하고 있음을 짐작하게 한다.

---

15 헌법재판연구원 자료.

학생의 성적에 미치는 부모의 사회경제적 영향력과 우리 입시에서 평가하는 지식의 편중을 고려하면 대학이 선발하는 학생 구성은 다양한 문화적 배경을 기대하기 어렵다. 그런 점에서 다양성이라는 구체적인 키워드를 중심으로 우리나라 대학입시제도의 문제점을 파악할 필요가 있다. 그리고 미국뿐만 아니라 어느 나라에서든 부모의 사회경제적 배경이 학생의 학력에 미치는 영향이 중요하다. 미국에서도 이런 점에 주목하고 이를 보정하기 위한 노력을 기울이지만 기본적인 입시의 기준은 학생의 재능과 발전 가능성, 개인적 성취 등 우리나라의 학생부종합전형과 큰 차이를 찾기 어렵다. 지역균형 선발도 성적순으로 이루어지므로 다양성이라는 가치를 기대할 수 없다. 그래서 일정한 성적 이상(내신성적 2등급)의 학생들의 지원을 받아서 추첨이나 블라인드 면접 등으로 선발하면 학생 구성의 다양성을 추구하면서 지나친 경쟁을 완화할 수 있을 것으로 기대된다.

또한, 경험의 다양성이라는 측면에서 그리고 사회와 기술의 빠른 변화에 대응하기 위해서 재직자나 취업 후 진학자에 대한 문호를 넓히는 방안도 적극적으로 검토할 필요가 있다.

평가의 공정성과 객관성을 위한 대안

　내신 절대평가 도입에서 걸림돌은 늘 제기되어 왔던 학교 내신성적에 대한 신뢰의 문제이다. 이것은 IB(International Baccalaureate)처럼 표준화된 평가를 도입하려는 유혹을 불러오기도 한다. 그러나 근본적인 해결책은 학교 내신성적 산출의 공정성과 객관성 그리고 학교 간 균일성 유지를 위한 대안을 모색하여 신뢰성을 높이는 방안을 찾는 것이다. 이를 위해 다른 외국의 내신평가에 대해 살펴보고자 한다.

• 남호주주의 사례

　남호주주에서 대학입시에 반영되는 11, 12학년 과정은 남호주주 교육인증 체제인 SACE(South Australia Certificate of Education)에 따라 Stage 1과 Stage 2로 이루어진 학점제 교육과정이다.

SACE 운영에서 가장 중요한 업무는 각 교과에서 실시한 평가 결과에 대한 조정작업(moderation)이다. 평가는 성취기준에 따른 절대평가로 실시되고 교사와 학교 그리고 교과마다 평가의 편차를 조정하여 일관성과 객관성을 꾀하려고 노력한다. 특히 평가 결과는 교과 이수의 기준, 즉 이수와 재이수 여부나 이후 심화 교과의 신청 여부 등을 결정하는 데 중요한 기준이 된다. 평가는 Stage 1과 Stage 2에서 다르게 이루어지는데 Stage 1에서 모든 수행과제에 대한 평가 작업은 학교의 교사들이 실시한다. Stage 1에서 1년 동안 영어와 수학과목을 필수적으로 수강, 모두 C등급 이상을 받아야 한다. 이 두 분야의 평가는 교사가 실시하고 외부 평가자(external SACE moderator)가 확인하는 교차 평가로 실시하여 모든 학교에서 일관된 평가가 이루어지도록 조정한다.

Stage 2에서는 학교평가와 외부평가 두 단계로 평가하며 일부 과목에 한하여 표준화 시험도 존재한다. 이 경우도 학교 평가는 70%, 외부평가는 30%가 반영된다. 학생의 수행과제에 대한 교사 평가는 최종 결과 대비 70% 수준이다. 교사는 성취 기준에 따라서 학생들에 대한 교육을 실시하며, SACE 위원회는 성적의 정확성과 공정성을 위하여 주 전역의 다른 학생들과 비교할 수 있도록 각 학급에서 학생들의 학업 샘플을 제공한다. 또한 성적의 확인과 조정을 위하여 매년 말에 SACE 위원회는 한 학교에서 받은 성적과 다른 학교에서 받은 성적을 비교하도록 한다.

외부 평가는 SACE Marker가 모든 과목에 대해 실시하며 그 평가가 차지하는 비율은 최종 평가 결과의 30% 수준이다. 이러한 평가는 시험, 구술시험, 주요 탐구과제 또는 공연 등의 방식으로 평가한다.

표준화 시험이 실시되기도 하는데 일부 Stage 2과목에 한해서 SACE 위원회에서 작성하고 평가하는 시험을 실시한다. 이 시험의 대부분은 10

월부터 11월까지 4주에 걸쳐 실시한다. 시험 시간표는 매년 1학기부터 SACE 웹 사이트에서 제공되며, 일부 언어 과목에는 구술시험도 있다.

• 뉴질랜드 사례

뉴질랜드의 고등학생들은 11학년부터 13학년에서 NCEA Level 1, 2 또는 3에 해당하는 표준에 도달하면 이에 해당하는 학점을 취득한다. 이 표준에는 학생이 알아야 할 내용(학습내용)과 할 수 있는 일(성취 기준)을 제시하고 있다. NCEA에서도 구체적인 교과의 단위나 시수를 규정하지는 않고 있지만 학생들은 NCEA 인증을 위해서 레벨 1에서 문해력 및 수리력을 포함한 모든 레벨(레벨 1, 2 또는 3)에서 80학점을 이수해야 한다. 레벨 2는 레벨 2 이상에서 60크레디트 또는 모든 레벨에서 20크레디트를 이수해야 하며 레벨 1의 문해력 및 수리력 요건을 충족해야 한다. 레벨 3은 레벨 3에서 60크레디트 그리고 레벨 2 이상에서 20크레디트 이상을 이수해야 하며 레벨 1의 문해력 및 수리력 요건을 충족해야 한다. 학교에서는 학생들이 이 표준들에 얼마나 도달했는지 측정하기 위해서 내/외부 평가를 다양하게 사용한다.

이 표준에 대한 측정은 학급 교사가 하는 내부적 평가와 11월과 12월에 시행하는 외부평가인 NZQA 시험으로 이루어진다. 모든 과목이 외부평가를 시행해야 하는 것은 아니며 특히 과도한 부담을 주는 평가를 지양하도록 하고 있다.

• 스웨덴

3, 6, 9학년에 국가고시를 실시하는데 모든 성적은 공개되고, 학교 내신 성적에 반영하도록 권고되고 있다. 동일한 시험문제로 전국의 학생을 대상으로 실시하며, 구술시험, 주관식, 작문으로 이루어진 시험이다. 학교별로 채점하여 결과를 공개하지만 차후 무작위 추출을 통해 학교별 채점을 검증하는 절차를 거친다. 이러한 국가고시는 서열화를 위한 시험이라기보다는 부족한 부분을 진단하여 지원하기 위한 목적으로 실시되는 시험으로 학교 간의 과열 현상은 존재하지 않는다고 한다.

대학입학은 우리의 수능에 해당하는 국가시험으로 1/3, 고등학교 내신 성적으로 1/3, 그리고 대학자율로 1/3을 선발한다. 학교 내신성적이 대학 입시에서 중요한 평가요소로 작용하지만 학생들을 평가하는 방식은 절대평가이다. 이 절대평가의 신뢰성을 높이기 위해서 평가에 책임을 지는 교사와 공동평가자를 교장이 임명한다. 학생들에게 평점을 주는 것은 책임 교사의 독립적인 작업이지만, 평점을 결정하기 전에 공동평가자의 검토가 선행되어야 한다. 공동 평가자는 중등교육에 관한 지식 분야에 경험이 있어야 하는데 그것은 다른 교사일 수도 있고, 대학이나 직장의 대표일 수도 있다.

앞에서 살펴본 것처럼 대학입시에서 내신성적을 중요하게 반영하는 나라들에서도 내신 절대평가를 시행하고 있다. 그럼에도 이들 나라에서 내신절대평가가 큰 논란이 되지 않는 것은 기본적으로 교사의 평가에 대한 신뢰가 있기 때문이나. 여기에 내신성적의 신뢰성을 높이기 위해서 공정성과 학교 간 균일성을 유지하기 위한 제도적 노력을 다하고 있기 때문인 것으로 보인다. 앞선 사례 국가들의 예에서처럼 교육청에서 외부 시스템(가칭 '고등학교 교육과정평가원')을 구축하고 학교 내부평가에 대한 모니터링과 개입을 통해서 학교 평가의 신뢰도를 높이기 위한 방안이 현실적으로 타당한 접근이 될 것이다. 이 외부 위원회는 현직 교사들도 포함하는 전문가 그룹으로 하는 것이 바람직하다. 현직 교사들이 포함되면 이 과정을 통해서 교사들의 평가능력도 향상되고 교사 그룹 내에서 평가의 방향에 대한 활발한 논의가 이루어질 수 있을 것으로 기대되기 때문이다.

이런 제도가 도입되면 학교 간의 수업과 평가에 대한 활발한 정보교류가 이루어지고 이를 통해서 학교 교육의 상호 촉진효과도 기대할 수 있다. 단순한 평가 신뢰도 향상만이 아닌 다양한 교육적 효과도 기대할 수 있을 것이다. 이미 우리나라 교사들은 교과연구회의 전통과 혁신학교 운동으로 교육과정에 대한 이해도와 수업과 평가의 전문성이 매우 높아져 있다. 그러므로 교사들 스스로 수업과 평가에 대해 토론과 고민 속에서 새로운 길을 찾아가는 전문가로서의 역할을 기대하는 것이 더 현명한 접근이 될 것이다.

그러므로 대안은 일부에서 주장하는 IB 도입이 아니라 각 교육청에서 평가의 전문성을 높이기 위한 노력이어야 한다. IB처럼 평가의 객관성을 높이기 위한 외부 모니터링과 외부평가의 일정한 비율 반영을 고려해볼 필요는 있다. IB에 종속되지 않는 공정한 평가체계를 갖추기 위해서 교육청은 평가의 전문성을 높이기 위한 자체적인 시스템을 구축해야 한다. 교육청 조직을 장학과 연구 중심으로 전환하고 지역단위의 자체 평가검토위원회를 구성하는 것이 방법이다. 여기에서 학교 단위에서 이루어지는 평가에 대한 문항, 채점, 평점에 대한 외부 검증을 담당해서 평가의 객관성뿐만 아니라 학교 간의 평가의 균일성을 유지하도록 한다. 학점제를 시행할 때 가장 큰 걸림돌 중의 하나가 평가의 문제이다. 서로 다른 과목을 수강하는 학생들에게 일률적인 잣대를 들이댈 수 없으므로 상대평가를 유지할 마땅한 이유가 없다. 그래서 등급을 완화하든, 절대적 상대평가를 도입하든, 아니면 완전히 절대평가를 도입하든, 평가의 신뢰성에 대한 문제제기를 넘어서야 한다. 따라서 학점제의 도입을 위해서는 평가의 전문성과 객관성을 높이기 위한 체계적인 준비작업이 선행되어야 한다.

학종이 문제가 아니다, 우리 사회가 문제다

 고교학점제 도입을 검토하면서 학생부종합전형(이하 학종)에 대한 논란은 다시금 많은 것을 생각하게 한다. 우리 사회가 지향하는 가치와 교육을 바라보는 다양한 이해를 적나라하게 드러내고 있기 때문이다. 세월호의 아픔을 공감하고 우리 사회의 적폐에 분노하면서 촛불을 들었던 사람들이 해마다 세월호 참사 이상으로 불행한 선택을 시도하는 학생들의 문제의 근원에 대해서는 고개를 돌리고 있다는 사실을 제대로 바라보아야 한다. 국정농단, 사법농단을 일으킨 엘리트라고 불리었던 사람들을 만들어 온 우리 사회의 근본적인 문제, 교육과 선발시스템의 치명적 결함에 대한 문제의식은 결여되어 있다. 오히려 그런 모순된 시스템을 강화하는 방향에 동조하는 모습을 보이고 있는 것이다.

 물론 학종에 쏟아지는 분노에도 이해하지 못하는 것은 아니다. 정당하지 못한 의도적인 비난도 있지만 학종에 대한 불신을 불러올 만한 요소들이 있었던 것이 사실이다. 그러나 학종에 씌워진 부당한 프레임에 대한 논의는 별개로 하더라도 학종을 폐지해야 한다는 주장에 되묻고 싶다. 그래서 교육을 포기하자는 것인가?

이 세상에 결함이 없거나 모든 이해관계자를 만족시키는 제도는 없다. 자본주의나 민주주의가 문제점을 드러낸다고 이것을 폐기할 수는 없는 것과 마찬가지이다. 중요한 것은 철학과 기조이다. 우리가 나아가고자 하는 방향과 철학이 옳으면 절차나 방법은 보완하고 수정하면서 발전시켜 나가야 한다. 현실적 어려움을 뚫고 나가는 노력과 의지가 필요한 것이다.

그런 점에서 지금 벌어지고 있는 학종에 대한 비판은 철학과 방향에 대한 것이 아니라는 점에서 그 의도가 순수하지 못하다. 절차와 방법에 대해서 문제를 과장하고 금수저전형, 깜깜이전형이라는 식의 프레임 씌우기로 일관하는 이유는 교육적 가치와 철학으로 논쟁하는 것으로는 승산이 없기 때문이다.

학종은 교육과정의 정신을 가장 제대로 살릴 수 있는 전형이며 우리사회가 추구하는 가치와 미래사회에서 요구하는 역량을 판단하기에 적합한 전형이라는 점에는 누구도 이의를 제기하기 어려울 것이다.

물론 충분히 검토되지 않은 불완전한 정책으로 왜곡과 모순을 만들어 낸 것은 냉철하게 비판해야 한다. 도입 초기에 과도하게 많은 요소를 반영하려고 하다 보니 학생, 학부모의 부담뿐만 아니라 학교에서 소화하기 힘든 내용까지 담는 우를 범했다. 이로 인해 오히려 사교육을 부추기는 문제점을 드러낸 것이다. 이런 문제점을 조기에 해결하지 못한 것이 학종에 대한 불신을 증폭시켜온 것이다. 분명 문제는 있다. 그렇다고 무용론을 주장하는 것 또한 적절하지도 공정하지도 않다. 사실 학종이 왜곡된 것은 제도의 문제라기보다 그것을 악용한 사람들로 인한 것이기 때문이다. 과거의 경험으로 알 수 있듯이 어떤 좋은 제도가 나오더라도 이것을 왜곡하고 편법으로 와해하려는 시도는 늘 있어 왔다.

따라서 드러난 문제나 왜곡현상이 근본적인 결함으로 도저히 치유 불가능한 것인지? 아니면 제도 운영상에서 발생한 절차의 오류인지를 판단하는 것이 학종 개선안을 고민하는 출발점이 되어야 할 것이다. 개선이 필요한 것은 동의하지만 어떻게 개선할 것인지는 철저하게 교육적인 관점에서 판단해야 할 것이다.

학종을 축소하거나 폐지해야 한다는 주장의 주된 근거는 몇 가지로 정리할 수 있다.

그 대표적인 것이 그 과정을 알 수 없는 깜깜이전형이라는 것이다. 이렇게 주장하면 대응하기가 참 어렵다. 논리적으로 설명해야 하는데 상대는 한마디로 깜깜이라는 말로 모든 상황을 정리하기 때문이다. 그래서 이런 문제를 여론으로 결정하는 것은 심각한 오류를 초래하게 된다. 이런 주장의 근거는 단순하고, 객관적이며 투명해야 한다는 것이다. 단순한 전형이라는 말은 참으로 많이 주장되고 회자되는 논리이다. 설득력도 있다. 그런데 단순한 것이 공정하다는 논리는 사실도 진리도 아무것도 아니다. 그냥 감성을 자극하는 교언일 뿐이다.

그것은 공정성의 의미를 잘못 이해해서 나오는 주장이다. 공정이라는 말의 의미는 모든 사람의 특성, 배경이 다 존중받을 때 제대로 실현될 수 있다. 그래서 공정하려면 다양하고 복잡한 요소들이 포함되는 시스템이 될 수밖에 없다. 소수자까지 배려하는 제도와 시스템을 만들려면 복잡하다. 단순한 것은 간편하고 납득하기는 쉽지만 다양한 요소와 소수의 가치까지 포괄할 수 없다. 공정하려면 다양성을 인정하고 차이를 인정하고 그것들을 모두 수용할 수 있는 그리고 역차별적으로 불평등을 보정하는 시스템이어야 한다. 이것은 근본적으로 복잡할 수밖에 없다.

객관성과 투명성은 또 다른 문제인데 객관적이고 투명하면 부정이 개입할 요인이 없다는 것은 인정할 수 있으나 세상의 모든 일이 객관적이고 투명한 것만으로 최상의 가치로 삼을 수는 없는 것이다. 그런데도 유독 대학입시에만 객관성과 투명성을 최상으로 가치로 삼아야 한다는 주장은 이해하기 어렵다. 이미 많은 기업뿐만 아니라 교원임용시험까지도 객관식 시험을 배제하는 방식으로 가고 있다. 그 폐해를 사회적으로 인식하고 있기 때문이다. 대학에서 학생을 선발하는 목적과 그 학생들을 길러 내는 초중고 교육의 의미를 고려하면 결코 단순한 방식으로 얻어지는 객관성이 최고의 가치가 될 수는 없다. 게다가 세계적인 기업들의 직원 채용방식을 보면 우리의 평가 방식이 어떤 방향으로 가야 할지 분명하지 않은가?

그렇다하더라도 평가방법과 선발결과에 대한 공개와 전형을 진행하는 입학사정관의 수와 전문성을 높여서 투명성과 공정성을 확보하기 위한 투자는 반드시 필요한 일이다. 그런 점에서 평가기준 및 선발결과 공개는 투명성의 담보를 위해서 반드시 필요하며 즉시 도입이 가능할 것이다. 공정성을 담보하기 위해서 대학별 선발 과정에 외부전문 평가기관을 통한 사후 검증의 방식을 도입하는 것도 효율적일 것으로 판단된다. 이것은 고등학교의 학생부와 내신성적의 객관성을 확보하기 위한 방안으로도 적용 가능한 방안이다.

학종에 대한 또 다른 비판은 부모의 경제력이나 사회적 지위가 결정적으로 작용하는 금수저전형이라는 것이다. 분명히 부모의 경제력이나 사회적 관계가 유리하게 작용할 수 있는 요소들이 있다. 대표적으로 자기소개서와 소논문이 대표적으로 거론되는 요소인데 이것들은 제외하는 것이 바람직하다. 그렇지만 확실히 밝혀 두고 넘어가야 할 사실은 부모의 사회경제적 영향력과 사교육의 영향이 더 크게 작용하는 것은 학종이 아니라 수능이라는 점이다. 서울대에서 밝힌 자료에 보면 서울대에 1명 이상 진학시킨 지방 고등학교의 대부분이 수능으로는 1명도 합격시키지 못했다. 이것은 수능을 확대하는 것이 누구를 위한 정책인지를 너무도 확실하게 증명하는 증거이다.

그리고 준비할 것이 너무 많아서 학생과 학부모들이 부담스럽다는 주장도 높은 공감을 얻고 있는 것 같다. 그런데 학종에서 중요한 요소들 중에는 학교 교육에서 반드시 해야 할 것들이 있다. 자소서, 경시대회, 소논문, 독서활동 등은 배제되어야 한다는 데는 적극 동의한다. 그 이유는 그것들이 교육과정에서 필수적인 요소가 아니기 때문이다. 그러나 다른 요소들 중에는 대학입시에만 초점을 맞춰서 그것을 준비하고 별별 수단을 다 동원하다 보니 부담스러운 것이지만 교육적으로 매우 중요한 요소들인 것들이 있다. 봉사활동, 자율동아리 등이 그 예이다. 국가교육과정은 학생들이 학교에서 길러야 할 역량들을 교과와 비교과 영역으로 나누어서 제시하고 있다. 전통적인 생각처럼 교과영역만 중요한 것이 아니다. 비교과 영역도 반드시 중요하게 다루어야 하는 것이고 이것들이 미래사회에서 더 중요한 역량이기도 하다. 그런 점에서 이런 항목들은 부담스럽더라도 해야 할 것들이고 학종에서 중요하게 반영해야 할 것들이다. 적정한 운동을 하는 것이 부담스럽고 힘들지만 건강한 삶을 위해서 반드시 해야 한다. 먹기 싫지만 채소를 꼭 먹어야 하는 것과 마찬가지이다. 부담이 되는 모든 것들을 삭제해야 한다는 주장은 학교 교육을 편협된 지식

교육으로 내모는 악영향을 고려하지 않고 모든 것을 대학입시에 환원해서 사고하는 데서 오는 오류이다. 그러나 많은 학생과 학부모들이 대학입시에 몰입하고 있는 상황에서 논리보다는 이런 감성적 접근이 설득력을 가질 수밖에 없다. 그런 점에서 정부 당국의 대응은 너무 안일했다는 비판을 면하기 어렵다. 공정성에 논란이 되거나 교육과정에서 별도로 분리해서 다루어지지 않아도 되는 내용들은 과감하게 제거하는 노력이 선행되었어야 한다. 이런 논란이 되는 요소들 때문에 교육이라는 관점으로 보면 매우 중요한 가치들까지 공격을 받는 상황을 스스로 초래했다. 따라서 대폭적인 삭제를 기조로 하되 교육과정에서 중요한 항목은 부담이 되더라도 제대로 살려 나가는 것이 바람직하다.

또 하나 교사가 기록하는 교과세부능력 및 특별사항(교과세특)이 교사에 따라서 그 질이 크게 좌우된다는 주장이다. 이 부분은 증명하기도 어렵지만 반박하기도 쉽지 않다. 그동안 우리 학교가 학생 하나하나에 관심을 기울여 오지 않았고 학생 개개인의 특성을 파악할 수 있는 수업을 하지 않았기 때문에 많은 교사들이 학생 모두에 대해서 기록을 하는 것을 부담스러워 한다. 그런 점에서 현행 나이스에 입력하는 수행평가 항목이 학생부에 기록되도록 개선하는 단기 방안과 학생부의 '세부능력 및 특기사항'란을 교과 핵심역량별 항목으로 구조화하는 중기 방안의 단계적 접근은 합리적인 대안이 될 것이다. 그러나 이 이면에는 너무 많은 수업시수와 담당학생 그리고 행정업무의 부담이 자리 잡고 있다. 이런 문제를 해결하지 않고 교사들에게 모든 학생들에 대한 개별 기록을 작성하라고 하는 것은 무리한 일이 될 것이다. 이것은 정부와 시도교육청 차원에서 해결해야 할 과제이다. 교사들의 수업시수를 줄이고 수업당 학생 수를 줄이는 노력과 지원을 해야 한다. 학점제 시행과 더불어 이루어져야 할 조건이므로 기대해 볼 만하다. 이것을 교사들만의 책임으로 돌리는 것은 문제를 더 악화시키게 될 것이다. 모든 학생에 대한 기록은 단순히 기록 이상의 의미를 가진다. 교사의 학생에 대한 관심의 회복이자 이를 위해서는 수업의 혁신이 요구되기 때문이다. 과감한 지원을 통해서 교사와 학교에 대한 신뢰를 회복하는 것이 학종에 대한 불신을 해소할 뿐만 아니라 우리 교육의 난제를 해결하는 길이 될 것이다.

그러나 우리가 놓치지 말아야 할 것은 학종 반대론자들의 주장의 이면에 학종뿐만 아니라 학생부 교과(내신)전형도 공격하고 있는 사실이다. 2015 개정 교육과정의 정신은 '미래사회가 요구하는 창의·융합형 인재 양성'과, '학습경험의 질 개선을 통한 행복한 학습의 구현'이다. 창의·융합형 인재 양성은 기초 소양을 바탕으로 학생 개개인의 꿈과 끼를 키워주는 '맞춤형 선택 학습'이 가능한 교육과정을 개발할 것을 요구하고 있다. 학생부의 강조로 수능의 압박에서 벗어나서 이제 비로소 교육과정과 학교 교육의 일관성이 이루어지고 있는 과정에 있다고 보아야 한다. 객관식 상대평가인 수능확대는 이런 말들을 다 공염불로 만들게 될 것이다. 결국 수능으로 가자는 것은 교육을 포기하는 주장이다.

고교학점제로 고교 교육을 혁신하겠다는 야심찬 계획도 이들의 딴죽에 걸려 좌초되고 말 것이라는 불길한 예감이 든다. 고교교육 혁신의 방향으로 설정한 고교학점제는 결국 절대평가나 이에 준하는 정도로 완화된 형태의 평가로 가야 한다. 서로 다른 수업을 듣는 학생들을 한 줄로 세워서 비교하는 것은 애초에 불가능하다. 한 줄로 세워서 비교할 수 없는데 상대평가를 고집할 명분이 없다. 그러면 그들이 주장하는 객관성은 대학입시에서 한 줄 세우기를 하는 것인데 그것은 수능밖에 없기 때문이다. 따라서 한 줄 세우기를 할 수 없는 고교학점제는 수능 중심 대입에서 배제되어야 할 공격의 대상이 될 것이고, 또다시 학교 교육의 왜곡이라는 악순환이 반복될 뿐이다.

결론적으로 학종이 개선되어야 된다는 점, 즉 비교과 영역에서 불필요한 항목을 대폭 삭제할 필요가 있다는 점은 동의한다. 그러나 그 접근은 입시방법의 효율성이 아니라 무엇이 교육적이고, 교육적인 측면에서 어떻게 개선해야 하는지에 초점을 맞춘 깊이 있고 진지한 논의가 이루어져야 할 것이다.

결국은 교사들이 할 수 있음을 믿어야 한다. 우리나라 교사들의 역량은 매우 높다. 수업에 대한 관심과 교육혁신에 대한 열망으로 가득 찬 교사들이 학교 교육을 획기적으로 변화시키고 있다. 물론 아직 이런 변화가 일반화되지 못한 것도 사실이다. 이런 변화가 확산되도록 교육당국의 강력한 지원과 교사들의 의식변화가 필요하다.

그러나 무엇보다 우선하는 것은 교사들의 참여하려는 의지이다. 늘 제도와 여건을 탓하지만 같은 여건 속에서도 아니 더 열악한 수준에서도 상당한 성과를 이루어 낸 학교들을 보면 외부환경의 영향은 무시할 수 없는 요소이기는 하지만 결정적인 장애는 아니다. 그래서 제대로 교육력을 발휘하지 못하는 학교를 보면 화가 나는 것이다. 할 능력이 없어서가 아니라 할 의지가 없거나 여건이 되지 않아서임이 분명하기 때문이다.

학교 교육을 믿어야 하나?
절망과 희망의 교차

학교 교육에 대한 불신이나 학종에 대한 공격의 상당한 책임은 학교에 있다. 과거와 달리 모든 학교에 기회가 주어진 환경에도 불구하고 관심도 책임감도 없는 학교가 적지 않기 때문에 교육의 변화가 더딘 것이다. 이런 주장의 근거로 몇 가지 사례를 들어 보겠다. 뼈아픈 이야기이고 학교의 치부를 드러내는 것이다. 하지만 학교와 교사의 노력 없이 문제의 해결을 기대할 수 없으므로 각성을 촉구하는 차원에서 날 것 그대로의 모습을 조심스럽게 공개한다. 결코 학교와 교사를 비난하기 위한 것이 아니다. 다른 길을 찾아보자는 의미이다.

• 사례 1

전교생이 20여 명인 중학교가 있다. 이런 학교는 시골 지역에서 흔히

볼 수 있는 학교의 형태이기도 하다. 기존의 주장들에 따르면 이런 학교의 환경은 교육을 하기에 최적의 조건이다. 한 교실에 학생 수가 10명도 안되면 누구 하나라도 놓치는 것이 더 어려울 것이다. 최소한 이런 학교에서는 최저학력 미달 학생은 없어야 한다. 이런 학교라고 지원이 적은 것도 아니다. 오히려 도심의 학교에 비해서 학생 1인당 교육비 지원은 더 높은 편이다. 그런데 이 학교에도 기초 학력 미달자가 있다. 이제 교사들은 학생들 수준을 탓하고 있다. 중학교 교사들이다 보니 초등학교 교육을 탓한다. 그럼 초등학교 교사들은 무어라고 할까? 우리 모두가 알고 있듯이 사실은 아이들 탓이 아니다. 사교육을 옹호하는 것은 아니지만 이 정도 학생이면 학원에서는 어떻게 하든 해결하려고 노력하고 해결한다. 어디서부터 잘못된 것일까? 나는 교사들의 능력을 믿는다. 그러나 교사를 직업으로만 받아들이는 교사들은 그들의 능력을 제대로 발휘하지 않는다. 그것이 문제다. 그로 인해 자신들이 말하는 최적의 교육환경에서도 기초 학력 미달자를 만들고 있는 것이다. 물론 이런 학교도 큰 학교와 똑같은 업무가 주어지고 그걸 적은 수의 교사가 감당해야 한다는 것을 모르는 것이 아니다. 이런 문제는 교육당국이 해결해야 할 몫이다. 그래도 아쉬움은 남는다.

• 사례 2

지방 소도시에 소재한 한 고등학교의 학생 수는 40여 명이다. 한 반이 아니라 전교생이 40명이다. 이 학교도 한 학년으로 치면 10명 내외의 학생들이 전부다. 이런 학교에서도 학생들의 생활기록부(생기부)는 엉망이다. 한 반에 수십 명의 학생이 재학하는 학교에서도 이렇게까지 엉망이지는 않을 것이다. 많은 교사들이 학생 수가 많아서 생기부 작성의 어려움을 토로한다. 지금의 학급당 학생 수로는 모든 학생들에 대해서 제대로 자세히 적어 주기가 어렵다는 것이다. 맞는 말이다. 물리적으로 힘들다. 그러나 정작 중요한 것은 학급당 학생 수가 아닐 수도 있다는 사실을 이 학교 사례에서 직면하고 있는 것이다. 이 정도 숫자의 학생들조차 제대로 적어 주기 어렵다면 얼마나 학생 수를 더 줄여야 하는 것일까? 그것이 설득 가능하기는 한 것인가? 아무튼 이것은 어떤 이유로도 변명이 될 수 없는 명백한 시스템의 오작동이다. 이런 이유로 학생과 학부모들은 불안한 마음에 비싼 돈을 들여 가며 사교육을 찾게 된다. 그조차 확실한 효과를 기대하기 어렵다 보니 대학입시를 경험한 학생과 학부모들의 분노는 한계를 넘어서고 모든 저주가 수시에 쏟아지고 있는 것이다. 사실 수시, 그리고 학종은 죄가 없다. 학교가 이에 대해 충분히 대비해 주어야 할 책임이 있는 것이다. 그 역할을 하지 못하는 학교에 대한 불신과 실망감이 수시와 학종이라는 희생양을 대상으로 분출되고 있는 것이다.

이것을 일방적으로 교사들의 잘못으로 돌리기는 어렵다. 교사들의 관심 부족을 탓할 수도 있지만 경험이 부족하거나 무엇이 중요한지 제대로 이해하지 못해서 일수도 있다. 전자라면 교사들의 인식의 변화가 없으면 아무런 희망이 없다. 교사의 사명감을 불러일으키고 교사들이 변할 수 있도록 모든 수단을 동원해야 한다. 후자라면 그것은 시스템의 결함을 의미한다. 정부와 교육청이 나서서 이 망가진 시스템을 제대로 작동할 수 있도록 고칠 의무가 있다.

그런데 더 심각한 일이 있다. 이 학교의 학생이 서울 시내 모 대학에 당당히 합격하는 일이 벌어졌다. 좋은 일인데 왜 심각하냐고? 사연의 내막은 이렇다. 애초에 학생이 입학지원서를 쓸 때만 해도 학교에서는 격려는커녕 터무니없다는 반응을 보였기 때문이다. "네가 무슨? 말도 안 되는 짓을 하고 있네." 이런 반응이었다는 것이다. 지방 소도시학교의 패배의식일 수도 있고 학생의 가능성을 제대로 보지 못한 것일 수도 있다. 그래서 학교로부터 아무런 도움도 지원도 받지 못한 이 학생은 오로지 외부의 도움만을 받아서 생기부 내용을 제대로 적어 주도록 요구하고 면접 준비를 철저히 해서 소위 말하는 인-서울에 성공했다. 더 놀라운 것은 합격조차 어려울 것이라고 했던 이 학생이 지금은 그 학과에서 최고의 성적으로 매 학기 장학금을 받는 소위 말하는 우수한 학생이 되었다는 것이다. 합격조차도 어림없다던 학생이 이런 성과를 보인 것을 어떻게 설명해야 할까? 이 학생이 고등학교에서는 정말 훌륭하지 않았을까? 우리 교육 시스템이 이 학생의 가능성을 발견하지 못하는 외눈박이 괴물이었기 때문은 아닐까?

이 학생은 대학에 합격할 수 있었던 이유를 자신의 강점과 고등학교 과정에서 해 온 학습과 활동들을 자신이 전공하고자 하는 학과와 잘 연결해서 설명했기 때문이라고 이야기하고 있다.

그래서 이제 자신이 하고 싶은 공부를 하면서 그 학생은 자신의 잠재력을 마음껏 드러내고 있는 것이다. 대다수의 학생들이 다르지 않을 것이다. 그런데 그 다수의 학생들이 기회를 잡지 못하고 좌절하게 만드는 것이 우리 교육의 한계이다.

이 일로 그 학교 교사들이 변했을까? 나도 무척 궁금하다. 변했다면 우리는 적극적인 희망을 가질 수 있을 것이고 그렇지 않다고 해도 실망할 수는 없다.

이 학생은 운이 좋아서 도움을 줄 수 있는 외부의 귀인(?)을 만났다. 그런 기회를 찾아 준 부모님도 큰 역할을 했다. 그런데 이런 도움을 받을 수 없는 학생들은, 그런 기회를 찾아 줄 수 없는 학부모는 단지 운이 나빴다고 치부해야 하는 것일까?

그래서 수시와 학종을 금수저전형이라고 부른 것이 전혀 터무니없다고 치부할 수는 없는 것이다. 당연히 학교에서 해야 할 일이다. 교사의 역할로 기대하는 것이 이런 것들이 아닐까? '너무 복잡해서, 경험이 없어서, 잘 몰라서'라는 변명으로 피해질 수 없는 당사자들에게는 절박하고 인생에서 가장 중요한 일이다.

교사들이 경험이 없고 전문성이 부족하면 정부와 교육청이 나서서 전문성을 갖추도록 교육을 하든 지원을 하든 무엇이든 해야 한다. 교사들이 관심과 성의가 부족하면 모든 수단을 동원해서 제대로 역할을 하도록 강제해야 한다. 이것은 타협할 수 없는 부분이다. 그들을 믿고 있는 다수의 인생이 걸린 문제이다. 그 다수의 정당한 기회를 뺏을 권리는 누구에게도 없다. 솔직히 관심과 성의가 부족한 교사라면 다른 직업을 찾으라고 충고해야 한다.

• 사례 3

학교는 학생들의 가능성을 제한하는 것이 아니라 가능성을 끄집어내고 촉진하는 역할을 해야 한다. 학교 서열화의 부정적인 영향은 학생들의 가능성을 신뢰하지 못하는 것을 넘어서 부정하는 일들이 빈번하게 일어난다는 것이다.

모 고등학교에서는 '우리 학교는 안 돼'라는 패배의식이 교장, 교감부터 교사들에게까지 광범위하게 퍼져 있다. "우리 학교는 ○○고 잖아, 우리 학교에서 그게 말이 돼?" 이 한마디에는 스스로가 아니라 학생들을 비하하는 많은 의미가 담겨있다. 이 학교의 교사들이 스스로를 매우 객관적이라고 믿으며 악의 없는 자조의 의미로 이런 이야기를 할 수도 있다. 그러나 교사들은 몇 년을 지내고 공립학교인 이 학교를 떠나면 그만이지만 그들이 남긴 부정적인 기운은 오랜 기간에 걸쳐 학교 전체에 스며들고 짙게 배어서 학생들의 가능성을 짓누르게 된다. 실제로 이 학교의 경우는 학교의 대응 미흡으로 교장추천으로 선발하는 많은 전형에서 요구하는 자격을 갖추지 못한 학생들이 결과적으로 지원조차 못하게 되었다. 학생의 진로와 진학희망에 관심을 두지 않다 보니 특정한 학과를 지원할 학생이 자신에게 필요한 교육과정을 이수하지 못한 일들까지 벌어지고 있다. 학생이나 학부모들이 이 사실을 제대로 알았다면 뒤집어질 일이다. 이것이 우리 학교의 현실이다.

이런 사례들을 예를 든 것이 교사와 학교의 존재 가치를 부정하고자 하는 의도는 아니다. 여전히 학생들을 위해 헌신하고 열정적인 교사들이 적지 않다. 같은 학교 내에서도 교사들에 따라서 학생들의 진학결과가 판이하게 달라지는 이유는 바로 교사의 자세에 있다. 더 많은 교사들이 책임감과 소명감으로 자신의 자리에 서 주기를 바라는 마음에서 이다. 그들에게는 많은 학생들일지 모르지만 학생 한 사람 한 사람에게는 자신이 문제이고 일생일대의 중대사이기 때문이다.

또 다른 문제는 학생도 교사도 입시에 대한 경험이 부족하다 보니 대학의 입장에서 무엇을 기대하고 어떻게 평가하는지에 대해서 잘 모르는 데서 오는 미숙함이다. 이 부분은 교육당국의 책임이 크다. 교사나 학생들 개개인의 노력과 역량에만 내맡기는 것은 너무 무책임하다. 관련된 정보와 자료를 체계적으로 수집하고 제시하는 교육당국의 적극적인 지원과 노력이 이루어져야 한다.

부정적인 사례만 있는 것은 아니다. 교사와 학교, 그리고 교육당국의 노력에 따라서 성공적인 사례를 만들어 낸 경우도 적지 않다.

• 사례 1: 교사의 개인적 노력

대도시 일반 고등학교의 성공사례로 들 수 있는 A 고등학교는 교사의 헌신적인 노력으로 공교육만으로 대학입시에서 성공적인 결과를 만들어 낸 사례이다. 이 학교에서는 미술 선생님이 미술 전공을 희망하는 학생들을 대상으로 방과 후 특별 과정을 운영하면서 별도로 지도하였다. 물론 무료로 진행된 선생님의 순수한 자발적 시도로 이루어진 일이다. 이 과정에 참여한 학생들 상당수가 별도로 학원을 다니지 않고도 이름만 대면 알 수 있는 유수한 대학의 미술 관련 학과에 진학하는 성과를 보여 이 학교는 미술 분야에 강한 학교로 소문이 날 정도였다. 이 교사는 학생들의 가능성을 발견하고 이들의 성장에 대한 믿음이 있었던 것이다. 그것은 관심으로부터 가능한 일이다. 학생들을 자세히 바라보고 그들의 장점을 찾아내는 눈이 있었던 것이다. 이렇게 교사들의 노력여부에 따라서는 공교육만으로도 충분히 학생의 성장이 일어나고 그것이 대학입시라는 모두의 관심사를 충족시키는 결과를 만들어 낼 수 있다. 학교와 교사에게는 그런 힘이 있다. 학종 도입 초기에 자사고나 특목고가 학종에서 높은 성과를 보였던 것은 일반고에서 크게 관심을 가지지 않고 준비를 소홀히 했던 때문이다. 그러나 이제 일반고에서도 교사들이 관심을 가지고 지원하면서 좋은 성과를 보이고 있다. 학교와 교사의 노력에 따라서 얼마든지 바뀔 수 있고 공교육이 신뢰를 얻을 수 있다.

그런데 이 선생님이 떠나고 바뀐 교장선생님의 철학이 달라지면서 더 이상 이 학교에서 미술 집중교육이 유지되지 못하고 사라져 버렸다. 이것은 공립학교가 갖는 특수한 상황으로 인한 한계이다. 교사들이 2~5년이면 학교를 옮겨야 하고 특별한 경우 길어도 10년을 넘지 못하므로 그 교사가 떠나면 그동안의 성과가 순식간에 무너지는 것이다. 이런 성과를 문화로 정착시키는 노력이 필요하다.

• 사례 2: 학교의 변화

소개하는 학교는 사립학교로 교사들의 준비와 노력이 어떻게 좋은 성과를 낳을 수 있는지를 잘 보여 주는 사례이다. 한 교사의 고민으로부터 출발한 이 학교의 변화는 다른 학교에 비해 특별하다고 할 만한 활동이나 외형적인 것은 없다. 하지만 모든 것을 교육과정에 중점을 두고 학생들의 경험과 내적변화와 연결하려고 했다는 점에 특별함이 있다.

이 학교에서는 1학년 입학 때부터 학생들이 참여하고 경험해서 생생한 자신만의 느낌을 얻을 수 있도록 교육과정을 준비하였다. 이런 변화를 이끌어 낸 교사의 말에 따르면 모 대학의 입학사정관이 한 말이 계기가 되었다고 한다. "그 스승의 제자를 뽑겠다."라는 말이라고 한다. 교사와 학교가 어떤 교육과정을 준비하고 운영하는지를 보고 학생을 선발하겠다는 것이다.

이 학교 사례의 핵심은 아이들이 자신만의 이야기를 가질 수 있도록 교육과정을 운영했다는 것이다. 자기소개서에서도 면접에서도 자신의 고유한 경험과 느낌을 이야기할 수 있도록 하는 것이 성공의 비결이라는 것이다. 그러기 위해서는 1학년부터 아이들을 서서히 성장시키기 위한 교사들의 기획과 노력이 있었다. 신입생 오리엔테이션부터 교사들이 학생들과 거리를 좁히기 위한 산책프로그램을 만들어서 친밀한 관계를 형성하였다. 이런 자연스러운 관계는 수업에서 학생들의 참여를 높이는 데 중요한 역할을 한다. 그리고 수업에서는 과제를 주고 토론하고 질의응답을 하도록 만들고 협동학습을 통해서 학생들이 참여하도록 하고 그것을 교사가 기록하는 방식으로 변화를 꾀했다. 학생들은 수업을 통해서 얻은 자신만의 경험과 소감을 기록하도록 하여 이것이 학생 개개인의 포트폴리오가 되게 하였다. 처음 이런 변화를 시도한 교사의 노력이 성과를 보이자 다른 교사들을 설득할 수 있었고 학교 전체적인 변화가 일어났다. 수업뿐만 아니라 수련회나 체육대회를 학생들과 함께 기획하고 의미 있는 활동이 되도록 하였다. 이렇게 교사들의 준비와 노력은 학교 교육의 변화와 아이들의 성장을 가능하게 한다. 그것이 불가능하다고 이야기할 자격은 누구에게도 없다. 실천한 교사가 있고 그 실천을 통해 얻은 분명한 성과가 있다.

그러나 이 학교의 교사는 이런 변화가 진정한 학생들의 배움이 되었는지에 대해서는 우려를 하였다. 이 모든 것이 학생들에게는 점수를 따고 대학입시를 위한 준비에 불과하지 않았는지? 대학입시와 관련이 없었으면 학생들이 진정으로 참여하였겠는지? 에 대한 의문이었다. 대학입시에 연결되는 순간 모든 교육활동이 진정한 의미를 잃고 형식적인 행위로 그치게 되는 것은 아닌지 반성해야 한다는 큰 울림을 주는 질문이다. 이것도 진지한 고민과 실천의 끝에서만 비로소 볼 수 있는 본질적인 질문이다.

이 질문을 통해 새로운 질문으로 이어진다. 학점제도 마찬가지가 아닐까? 학생에게 선택권을 주는 것으로 학생들의 배움과 성장을 보장하는 것일까?

• 사례 3: 교육당국의 지원

일반적으로 생활이 불편한 도서지역이나 시골 지역은 교사들도 근무를 기피한다. 승진가산점이 있는 지역의 경우는 승진을 목적으로 하는 교사들로 경쟁이 치열하기도 하지만 이런 인센티브가 없는 지역의 경우는 다른 이야기다. 일단 배치가 되는 날부터 한시라도 빨리 그 지역을 떠나려는 경우가 대부분이다. 그래서 이런 지역에는 신규교사들이 대거 발령을 받게 된다. 그러다 보니 교직 경험이 없는 교사들끼리 근무하면서 선배들의 경험을 배울 기회를 갖지 못해서 겪는 어려움이 이루 말할 수 없다. 이것은 교사만의 문제로 끝나지 않고 학생들에게 그대로 영향을 미치므로 심각한 문제이다. 특히 요즘은 고등학교의 경우 고3 담임을 기피하는 현상으로 인해서 신규교사들이 초임임에도 고3 담임을 맡게 되어 진학지도를 해야 하는 경우가 허다하다. 초임교사들의 경우 학교에 적응하는 것도 쉽지 않은데 진학지도에 대해서 아무것도 모르면서 고3 담임을 해야 하는 것이다. 제대로 진학지도가 될 리가 없다. 이런 문제를 교육지원청 차원에서 해결하는 노력을 한 사례가 있다. 경기도교육청의 P 교육지원청에서는 이런 신규교사들을 지원하기 위해서 진학지도에 대한 연수를 학년 초부터 집중적으로 실시한 결과 교사들로부터 큰 호응을 얻고 있다. 이런 지역일수록 사교육의 도움을 기대하기도 어렵고 학부모도 큰 관심을 보이지 않기 때문에 학교와 교사의 노력이 더 큰 효과를 발휘한다. 그러나 교사들은 도와주고 싶어도 도와줄 능력이 되지 못해서 아무런 도움을 주지 못하는 무력감에 빠진다. 이렇게 안타까워하는 교사들에게 전문적인 연수를 하고 그 교사들이 학생들을 잘 지도해서 본인들이 기대했던 것보다 더 좋은 결과를 얻고 있는 것이다. 안될 것이라고 지레 포기하고 은근히 사교육에 의지하도록 하는 것은 학교와 교사가 할 일이 아니다. 이렇게 조금만 관심을 가지고 고민하면 분명히 길은 있다. 학교와 교사가 신뢰를 되찾는 것은 이런 노력들이 쌓일 때 가능해진다.

이런 교훈은 학점제 도입 과정에서도 유효하다. 학점제의 성공적인 정착은 단위학교와 교사의 이해도와 역량, 그리고 참여의지에 달려 있기 때문이다. 학생들의 성공적인 성장을 기대하는 교사의 선한 의지와 헌신성에 기대어서 학점제는 제대로 실현될 수 있다. 학점제가 추구하는 학생 선택권 확대와 학습의 질 향상이라는 목표를 실현하는 중요한 열쇠는 학점제를 이해하고 실천하는 교사들의 의지와 역량이다.

새로운 교육 체제를 준비해야 한다

　일부에서 새로운 교육 체제의 필요성을 제기하고 이에 대한 공감이 확산되고 있는 듯하다. 이런 움직임은 2014년 세월호 참극을 계기로 더 활발하게 전개되고 있는 양상이다. 20년 이상 유지되어 온 5·31 교육 체제의 한계가 드러났고 우리 사회의 전반적인 시스템 왜곡이 누적된 결과로서 세월호 참극을 반성하는 책임의식에서 비롯된 것으로 보인다.

　세월호 참극으로 희생된 국민을 구하지 못한 일차적인 책임은 정부에 있다. 하지만 이런 일이 벌어질 수 있는 사회구조를 묵인하고 때로는 적극적으로 동참해 온 우리 모두의 책임도 가볍지 않다는 점에서 당연한 일이다. 그러나 반성은 필요하지만 행동에 나설 때는 좀 더 신중하고 치밀한 원인 분석을 통해서 방향을 정하고 구체적인 문제해결 방안을 모색해야 한다. 대체로 일을 그르치는 경우를 보면 행동하지 않아서가 아니라 너무 급하게 행동하기 때문이다.

세월호 참극은 우리 사회 전반의 문제점을 다시 고민하게 하였고 다시는 이런 참사를 되풀이하지 않도록 시스템의 정비가 필요하다는 합의에 이르렀다. 그러나 교육 체제를 논의할 때는 이미 일어난 문제에 대한 반성으로는 부족하다. 새로운 교육 체제를 수립하는 것은 미래를 향한 원대하고 지속가능한 전망을 제시하는 작업이어야 한다. 거대한 문명사적 변화에 조응하는 담대한 계획이어야 한다. 그런 점에서 4·16은 우리 모두가 기억하고 다시는 반복하지 말아야 할 비극의 역사이지만 문명사적 변화를 담아내기는 어렵다. 따라서 4·16의 교훈을 교육적으로 그리고 사회적으로 어떻게 담아낼 것인지 고민하는 것과 별도의 문제이다. 다가올 거대한 문명사적 변화를 예측하고 이러한 변화의 파도를 어떻게 타고 넘을 것인지에 대한 전망을 담아내는 것이 새로운 교육 체제의 역할이다.

기술이 빠른 속도로 발전하고 복잡해지는 미래 사회의 특징은 창의성과 소통, 협력의 중요성을 더욱 강조하게 될 것이다. 단순한 작업일수록 인공지능과 로봇의 발달의 희생양이 되기 쉽고, 보다 높은 수준의 기술과 복잡한 작업이 살아남을 가능성이 높다. 이런 변화는 지금까지의 통념을 깨는 새로운 접근이 필요하다. 지금까지는 지나치게 높은 대학진학률이 사회적 문제가 되었지만 이제는 그것이 우리 사회의 바람직한 목표가 되어야 할지도 모르겠다. 양질의 일자리는 고도의 지식과 기술을 요구한다. 앞으로 이런 양질의 일자리가 비숙련 일자리보다 더 급속하게 증가될 것이라는 전망이 설득력을 얻고 있다. 이런 추세는 고등교육의 수요를 더욱 높일 것이고 우리 사회의 고민이었던 높은 대학진학률은 문제가 아니라 목표가 될 것이다. 근자에 유럽 국가들의 고민도 대학진학률을 높이는 것이다. 이제 유럽 사회의 이야기를 하면서 대학을 가지 않아도 잘 먹고 잘살 수 있는 사회를 만들어야 한다는 주장은 더 이상 유효하지 않은 듯하다. 그런데도 여전히 이런 인식이 당연하게 받아들여지고 교육계에서도 아무런 의심 없이 유통되고 있다. 물론 대학진학을 학벌로만 인식하는 사회적 편견에 대한 경계는 유효하다.

어쩌면 우리는 과거의 경험만으로 또다시 잘못된 시그널을 열심히 보내고 있는지는 모르겠다. 불과 몇십 년 전만 해도 산아제한이 우리의 국가정책이었다. "하나만 낳아 잘 기르자.", "생각 없이 낳다 보면 거지꼴을 못 면한다." 등등 아이를 많이 낳는 것은 무책임을 넘어서 야만적인 것으로 몰아붙였다. 그런데 몇십 년도 지나지 않아서 이제 저출산이 심각한 문제를 넘어서 우리 사회의 위기가 되고 있다. 마찬가지로 높은 대학진학률에 대한 비판적 인식은 잘못된 신호를 보내게 되어서 어쩌면 몇 년 지나지 않아서 낮은 대학진학률을 걱정해야 할지도 모르겠다. 산아제한 정책의 실패도 눈앞의 문제에만 매달린 탓이다. 미국을 비롯한 유럽의 국가들이 고등교육 진학률을 높이는 것을 국가의 중요한 목표의 하나로 설정한 이유를 잘 살펴볼 필요가 있다.

한 가지 예이지만 미래 사회는 그 복잡성과 복합성, 연결성으로 단순한 지식이나 기술로 접근하기 어려운 문제를 던지게 될 것이다. 우리가 왜 협력과 소통을 강조해야 하는지는 이런 미래 사회의 특성을 잘 살펴보면 쉽게 이해할 수 있다. 복잡하고 얽히고설킨 문제는 혼자의 힘으로 해결하기 어렵다. 다른 사람의 지식과 전문성을 활용하지 않고서는 해결이 불가능한 문제는 필연적으로 협력을 요구하게 된다. 제대로 협력하기 위해서는 상대방의 생각을 이해하는 소통의 능력이 매우 중요하게 된다.

그리고 미래는 언제나 그렇듯이 우리가 과거에는 경험하지 못했던 새로운 문제를 양산하고 따라서 우리의 삶의 방식의 변화를 요구한다.

4차산업혁명 시대에는 민주주의 교육이 중요하다. 4차산업혁명을 이야기하면서 뜬금없이 왜 민주주의를 이야기하냐고? 소통의 중요성은 정보의 완전한 공유를 의미한다. 이제 아프리카 초원 한가운데에서 아마존에 주문을 하고 전 세계에서 일어나는 일들을 확인할 수 있게 된다. 미래 사회는 초연결사회가 된다. 과거처럼 국가 기관이 정보를 검열하고 독점하는 것이 불가능해진다. 쟈스민 혁명의 촉발 과정과 북아프리카와 중동으로 퍼져 나간 과정도 디지털 사회의 정보공유가 어떤 일을 일으킬 수 있는지, 상상의 한계를 넘어서는 실제의 사례를 생생하게 보여 준다.

전 세계가 실시간으로 정보를 공유하고 소통하는 사회에서는 역설적으로 정보의 중요성이 더 강조되게 된다. 누가 쓸 만한 정보를 빨리 많이 획득하느냐가 권력이 된다. 공짜 서비스를 제공하는 사업이 가능한 것은 그 공짜 서비스를 통해서 얻는 데이터를 수집하고 그것이 돈이 되는 세상이 왔기 때문이다. 이미 그런 세상이 우리 곁에 와 있다. 우버의 서비스가 만족도가 높은 이유는 부르면 금방 달려오기 때문이다. 이것이 가능한 것은 우버가 수집한 데이터에서 특정한 요일에 어느 도시의 어느 장소가 가장 호출이 높은지를 알기 때문이다. 데이터는 이용자들에게는 물론 우버 기사들에게도 이롭게 작용한다. 온라인 쇼핑업체에서 서비스하는 정기배송도 데이터 수집의 결과이다. 우리 삶의 패턴이 쇼핑업체에 고스란히 저장되어서 물건이 떨어질 때쯤 되면 자동으로 배송되어 온다. 우리의 사생활을 다른 누군가가 들여다보고 있는 느낌에 기분이 찝찝한가? 그래도 어쩔 수 없다. 미래 사회에서는 데이터를 가진 자가 세상을 지배하게 될 것이다.

그리고 무언가를 새롭게 만들려고 하지 말고 디지털 플랫폼에 올라타야 한다. 우리 동네에서 3,000원에 팔리는 호미가 아마존에서 3만원(25달러 정도)에 팔리는 것처럼 디지털 플랫폼에 올라타면 기회가 생긴다. 부동산 하나 없는 에어비앤비가 화려한 호텔을 전 세계에 소유하고 있는 세계 유수의 호텔 체인보다 기업가치가 높은 이유는 디지털 플랫폼을 잘 활용했기 때문이다.

스스로 기술을 개발하는 것보다 다른 사람의 기술을 활용하는 새로운 아이디어가 필요하다. 이것이 클라우드 소싱이다. 자금을 끌어모으는 클라우드 펀딩과 달리 클라우드 소싱은 초연결사회의 특징을 잘 보여 주는 분야이다. 테스크 레빗과 같은 앱으로 전 세계에 떨어져 있는 전문가들을 모아서 프로젝트를 진행하는 시대가 온 것이다. 이제 로봇들이 자기들끼리 데이터를 올리고 다운받으면서 공유하는 로봇 클라우딩도 초연결사회의 새로운 개념이다. 사람끼리 연결하고 기계끼리 이야기를 나누는 사회는 우리의 인식의 한계를 뛰어넘는 세상이다.

이것은 비단 AI와 생명공학의 빠른 발전과 같은 과학 기술의 문제로 국한되지 않는다. 기후변화로 인한 영향이나 저출산·고령화 사회로의 전환과 같은 사회 환경의 변화로 이전과는 다른 새로운 표준(뉴 노멀)이 삶을 지배하는 양식이 될 것이다. 배달 시간이 30분 이내라는 것은 더 이상 강점이 아니다. 이동하는 피자가게에서는 주문과 동시에 배달트럭이 이동하면서 피자를 만들고 집 앞에 도착하기 4분 전에 오븐에 넣고 구워서 배달하는 기술로 피자사업의 표준을 바꾸고 있다. 이제 모든 사업은 디지털화해야 한다는 압박을 받고 있다. 전통시장뿐만 아니라 백화점과 대형마트까지 오프라인의 몰락이 시작되고 있다는 무시무시한 전망이 쏟아지고 있다. 매출의 저하가 부정할 수 없는 강력한 증거이다. 그런 반면에 인간의 감성과 세상의 본질을 추구하는 느리고 아날로그적인 접근이 성공하기도 한다. 컴퓨터와 스마트 폰 시대에 종이가 주는 촉감으로 감성을 자극하는 몰스킨, 빠르고 편리한 기술의 시대에 '느리게 느리게'를 강조하는 슬로시티 등은 우리 사회가 다양한 방향으로 나아갈 것임을 시사하고 있다. 이것은 미래의 사회는 정해진 방향이나 틀이 있는 것이 아니라 선택의 문제이며, 창의적은 발상으로 새로운 방향을 제시하고 만들어 가는 것임을 말하고 있다.

그리고 과학 기술의 발전은 사회제도, 법률, 문화의 변화를 이끌어 내기도 하므로 종합적인 문제가 되어 우리의 삶을 상상 이상으로 복잡하게 만들게 될 것이다. 이런 사회의 도래는 우리 사회의 전면적인 변화, 즉 혁신을 불가피하게 하고 있다. 과거에 한 번도 겪어 보지 못한 대변혁이 진행 중이다. 이런 엄청난 변혁에 대응하고 추격자(fast follower)가 아닌 선도자(first runner)가 되기 위해서는 우리 교육에도 획기적인 변화가 있어야 한다. 그런 필요성과 방향성을 반영한 교육의 모습이 무엇일지에 대한 논의가 필요한 것이다. 그것이 새로운 교육 체제라고 불릴 수 있는 자격이다. 이미 다른 나라에서는 이런 논의가 상당히 진전되고 있다. 그렇게 시간이 넉넉하지 않은 듯하다.

특히 학점제의 도입은 학생선택권이라는 틀을 제공하지만 그 내용을 어떻게 채우느냐가 더 중요하다. 이 내용은 새로운 시대를 위한 교육의 방향을 담고 있어야 하며 필요한 역량을 기를 수 있는 것이어야 한다. 단순히 학점제라는 껍데기를 도입하는 것이 핵심이 아니라 우리 교육의 새로운 전망을 제시하는 큰 틀 속에서 이루어지는 하나의 중요한 작업이어야 한다.

미래교육의 흐름:
핀란드의 새로운 실험

핀란드는 2016년 국가핵심교육과정 개편에서 기존의 '교과별 학습 (teaching by subjects)'을, '주제중심 학습(teaching by topics)'으로 급진적 변화를 시도하였다. 이것은 미래사회에 대처할 융합형 인재를 양성하기 위해서 융합학습을 강화하겠다는 의지가 반영된 것으로 보인다. 그러나 알려진 것과 달리 모든 교과를 없애고 주제별로 가르치는 학습이 전면적으로 도입된 것이 아니다. 일부 시험적으로 도입되고 그것도 학교의 자율적 선택에 맡기도록 하고 있다. 1990년대 이후 핀란드 교육의 큰 방향은 '교육의 탈중앙화'와 지방분권적 교육 체제의 확립, 그리고 모든 아동에게 동등하게 기회를 제공하는 평등의 교육으로 요약할 수 있다. 이번 교육과정 개편은 세계의 변화에 따른 교육 목표, 학습시간 배분, 국가핵심 및 지역 교육과정이 개편할 시기가 되었다는 것이다. 구체적으로 세상의 변화로 인해 우리가 행하고(doing), 알고(knowing), 존재하는

(being) 방식의 변화가 필요해졌고 이를 교육혁신을 통해서 달성하겠다는 것이다.

　새로운 교육과정 개편의 특징은 크게 3가지로 나눌 수 있는데 첫째, 학습의 기쁨과 학생의 능동적 역할이라는 핵심적인 방향의 제시이다. 둘째, 긍정적 정서경험, 협력학습과 상호작용 그리고 창조적 활동이 학습을 증진시킨다는 학습개념을 기반으로 하고 있다. 셋째, 교과의 비율을 조정하였는데 개별 교과내용을 줄이고 교과목표는 학습환경과 방법, 지도와 개별화를 비롯하여 학습지원 수단으로 평가가 강조되었다.

　신교육과정은 포괄적 역량(Broad based, 혹은 traverse/generic competence), 교과목 간 작업(work across subjects), 형성평가(formative assessment)에 중점을 두고 개발되었다.

　포괄적 역량이란 7가지 역량 영역-**사고와 학습, 문화역량·상호작용과 표현, 자기 돌보기·일상 꾸리기·안전, 다언어, ICT 역량, 직업생활과 창업을 위한 필수역량, 참여·권한과 책임**-을 의미한다.

　교과목 간 협력작업은 교실에서의 실천이 보다 협력적으로 이루어질 수 있도록 하기 위해서 **다학문, 현상기반학습(Phenomenon-Based Learning)과 프로젝트기반학습**을 통해 이루어진다. 이때 반드시 7~8명의 교사가 동시에 여러 학생들과 함께 작업하게 된다. 미래 사회의 핵심 역량인 협력의 능력을 중점적으로 기르겠다는 의지가 반영된 것이다.

　마지막으로 형성평가를 강조하고 있는데 학습을 위한 평가와 학습으로써의 평가개발을 목표로 함을 분명히 하고 있다. 평가가 학생들을 격려하고 학습을 증진시키는 역할을 수행해야 한다는 것이다. 평가는 학생들이 자신의 학습 과정을 이해하고 분석하기 위한 정보를 제공하고 자신의 학습에 대해 책임을 지도록 하는 역할을 감당하게 된다.

이런 국가교육과정을 기반으로 지역교육청과 학교에서는 자율적이고 다양한 시도를 하고 있다. 헬싱키에서는 **뉴스쿨 프로젝트**(2016~2019)를 진행하고 있다. 주요 목적은 미래 사회의 특성을 이해하고 필요한 지식을 준비하며, 교실을 벗어나 다양한 학습 환경을 제공하고, 학생의 성장과 발달을 돕는 적극적인 수업 참여 유도, 학생 간의 사회적 상호작용, 의견 교환, 협업을 강화하는 것이다. 뉴스쿨 프로젝트는 5가지 테마를 중심으로 이루어지는데 현상기반학습, E-포트폴리오, 교과서 없는 학교, 책상 없는 학교, 학교 없는 학교와 같은 매우 실험적이고 과감한 시도를 하고 있다. 현상기반학습은 세계의 현상을 학제 간 연구를 활용해 맥락적·총체적으로 다루는 교육이다. 기후변화를 주제로 하는 경우 학생들은 자유롭게 인터넷을 검색하고 물리·지리·경제·역사 등의 과목을 동원해 총체적으로 해당 주제를 탐구한다. E-포트폴리오는 학생 개인별로 온라인 E-포트폴리오를 작성해 자신의 성과와 발전을 직접 작성한 텍스트·그림·동영상 등으로 축적한다.

기존의 교과서 대신 다양한 텍스트를 활용하는 교과서 없는 학교는 멀티미디어, 프레젠테이션 등과 같은 다양한 내용과 매체를 활용하는 학교를 추구하는 내용이다. 이와 더불어 교사 대신 학생들이 직접 그룹을 형성해 수업을 진행하는 책상 없는 학교와 프로젝트에 기반을 둔 유연한 수업 운영 방식으로 전통적인 학교의 모습인 교실, 등하교 시간, 수업 시간표가 없는 학교 없는 학교와 같은 파격적인 실험을 하고 있다.

이를 위해서 헬싱키시는 만 7~16세의 모든 학생에게 현상기반학습을 의무화하도록 하고 있는데 이것은 핀란드 국가교육과정에서 규정하고 있는 내용이다. 그리고 숲·카페·미술관 등 도시 전역을 교육장소로 활용할 수 있도록 지원하는 내용을 담고 있다. 학제 간 수업은 교사들 간의 협업으로 진행하는 데 7~8명의 교사가 동시에 여러 학생과 작업을 하도록 하고 있는데 이 역시 국가교육과정에 따른 것이다. 헬싱키시는 교사들의 적극적인 참여를 유도하기 위해서 교육개혁에 관한 재교육을 받고 새로운 방식으로 수업하는 교사에게 보너스 지급하는 유인책을 시도하고 있다.[16]

핀란드의 이런 실험과 관련해서 오래된 이야기이지만 분업화의 명암에 대한 애덤스미스의 통찰은 매우 시사하는 바가 크다. 스미스는 국부론에서 분업화된 공정의 효율성을 강조하면서도 이런 분업화된 공정에서 일하는 공장노동자들은 단순한 작업을 반복하면서 인간으로서의 기능이 퇴화됨을 경고하였다.

> *"몇 가지 단순한 공정을 수행하는 데 평생을 바친 사람은 … 자신의 이해력을 이용하거나 자신의 창의력을 발휘할 기회가 전혀 없으므로 … 자연스럽게 그런 이용 습관을 상실하게 되고, 보통은 인간이 할 수 있는 범위 내에서 최대한 어리석고 무지해지고 만다."*

분업화된 공장 체계는 비록 전반적인 경제적 복지에는 막대하게 생산적이지만, 정작 개인을 불구로 만들고 심지어 타락시킨다는 것이다.

세분화되고 전문화된 현대 학문체계가 해당 분야의 전문가라고 하는

---

16 출처: 서울연구원.

사람들과 그 학문조차 세상을 통합적으로 이해하지 못하는 지적 불구로 만들고 있다는 비판에 직면한 현실의 반영이다. 이런 학문체계의 분화에 따라 분리된 교과목으로 이루어지는 학교 교육은 학문을 다루는 데는 효율적이지만 정작 배우는 학생들의 통찰적인 능력을 방해하는 원인이 되었다는 반성에서 핀란드의 교육개혁을 이해할 필요가 있다.

미래교육의 흐름: 미국 교육개혁의 교훈

다른 나라들과 마찬가지로 미국 사회에서도 교육개혁은 늘 현재 진행형의 과제이다. 이런 미국사회에서도 교육개혁의 목소리가 유난히 높아지던 시기가 있었다. 대표적인 시기는 구소련에서 발사한 최초의 인공위성 스푸트니크 1호로부터 시작되었다.

스푸트니크 1호의 발사 성공은 미국 사회를 큰 충격으로 몰아넣었다. 누군가 이 사태에 대한 책임을 져야 했다. 가장 손쉽게 책임과 비난의 대상으로 교육이 선택된 것은 예나 지금이나 한결같은 흐름이다. 수많은 석학들이 문제의 원인을 정치와 군사 분야의 책임자로 지목했지만 이들의 이야기는 복잡했고 정치인의 선동은 선명하고도 강렬했다. 매카시즘이라는 용어를 탄생시킨 정치선동의 전문가인 매카시 상원의원은 이 문제의 책임을 교육에 덮어씌웠다. 여기에 동조한 교육학자들이 실패의 원인을 당시 미국 교육계에 광범위하게 확산되고 있던 경험중심 교육과정으로 지목함으로써 교육개혁의 필요성을 강조하였다.

이로 인해 미국 교육은 경험중심 교육과정에서 학문중심 교육과정으로 전환되고 교육과정의 구조화와 발견학습이나 탐구학습을 강화하는 이런 변화는 1970년대에 전 세계적으로 영향을 주었다.

이런 교육개혁이 한동안 영향력을 발휘하는 가운데 새로운 변화의 필요성을 강조하는 목소리도 끊임없이 터져 나왔다. 이런 움직임에 결정적인 방아쇠를 당긴 것은 1983년 발간된 **〈위기의 국가(The Nation at Risk)〉**라는 유명한 보고서이다. 카네기 교육재단에 의해서 제작된 이 보고서를 계기로 미국 교육개혁의 필요성과 방향에 대한 공감이 형성되고 대대적인 교육개혁이 시도되었다. 부시정부가 추진한 '낙오방지법(NCLB: No Child Left Behind)'도 이 가이드라인에 충실한 내용으로 이루어졌다는 것은 명백하다.

이 보고서에 따르면 70년대 중반 이후 미국의 경제 침체와 일본의 성장과 추격으로 인한 위기는 교육의 실패에 원인이 있다. 교육의 실패를 보여 주는 가장 주목할 만한 신호는, 학생들의 성취수준이 하락했다는 사실이라는 것이다. 실제로 1963년부터 1980년 사이에 SAT 점수는 평균 50점, 수학 점수는 평균 40점 떨어졌다는 사실이 드러났다. 글로벌 경제에서 미국의 기술력이 퇴보하면 미국의 경쟁력은 약해지는 것이 당연하다. 따라서 미국의 경쟁력 약화는 교육의 실패로부터 기인한 것이고 그 책임은 교사들에게 있다는 결론으로 이어진다. 〈위기의 국가〉 보고서는 학생들에게 시험을 치르게 하고, 시험 결과를 토대로 무능한 불량 교사들을 색출함으로써 교육의 질을 개선할 수 있다는 설득력 있는 논리를 제공했다. 그러나 이 보고서에서 사용한 교사들의 수행 성과를 점수화하는 모형에는 결정적인 결함이 있었다.

〈위기의 국가〉 보고서가 발표된 지 7년이 흐른 후, 샌디아 국립 연구소 (Sandia National Laboratories, SNL) 연구진은 이 보고서의 근거로 사용된 데이터를 재검토하면서 심각한 오류를 발견했다. 1963년부터 1980년까지 17년간 SAT 평균 점수가 하락한 것은 틀림없는 사실이다. 그러나 보고서 작성자들은 같은 기간 SAT 응시자 수가 크게 증가했다는 사실을 간과했다. SAT 응시자가 급증한 것은 1961년 3월, 케네디 대통령이 발표한 행정명령 10925호의 소수자에 대한 적극적 조치(affirmative action)의 영향이다. 이에 따라 대학들이 경제적 빈곤층과 소수 인종 학생들을 더 많이 받아들였는데 취약계층의 대학 지원자 증가는 당연히 전체 SAT 평균의 하락으로 이어졌다.

그런데 SNL의 통계학자들은 SAT 응시자들을 소득 수준에 나누어 평균 점수를 계산해 보았더니 빈곤층에서 부유층까지 모든 소득 계층에서 점수가 상승했다는 사실을 발견했다.

심슨의 역설(Simpson's Paradox)

통계학에선 이 같은 현상을 '심슨의 역설'이라 부른다. 이는 하나의 추세를 나타내는 전체 데이터를 하위 그룹으로 나누면 각각의 하위 그룹에서는 전체와 정반대되는 추세가 나타나는 현상을 일컫는다.

〈출처: 수학대량살상무기〉

결국 전국적인 교사 평가 운동을 촉발시킨 〈위기의 국가〉 보고서의 비관적인 결론은, 데이터를 심각하게 잘못 해석한 결과에서 비롯됐던 것이다. 그러나 이런 오류의 발견은 크게 주목받지 못한 듯하다. 이런 지적에도 불구하고 상당 기간 동안 미국사회에서는 교사 평가 운동이 지지를 받아 왔다. 특히 부시정부는 NCLB 법안을 제정하고 학생의 시험성적을 잣대로 대대적인 학교 폐쇄와 교사 퇴출을 진행했다.

그러나 이런 개혁운동이 학교현장의 교육활동에 큰 변화를 가져왔는지에 대한 의문과 반발이 지속적으로 제기되었다. 이념적인 측면에서의 비판뿐만 아니라 오히려 학습의 질을 저하하는 역효과를 가져왔다는 지적이 나오면서 자성의 목소리에 힘이 실렸다.

이에 미국에서는 기존의 표준화된 평가의 문제점과 부작용에 대한 냉철한 평가와 인식을 바탕으로 모든 학생의 성공이라는 새로운 목표를 설정하고 교육개혁의 방향을 수정하였다. 교육개혁이 실효를 거두기 위해서는 학교 단위의 자율성과 교사들의 전문성 확대에 중점을 두어야 한다는 것이다. 이를 위해서 부시정부에서 추진한 '낙오방지법'을 수정한 '모든 학생의 성공을 위한 법(ESSA: Every Student Succeeds Act)'을 제정하였다.

우리나라에서도 학생들의 학업성취도 평가를 위해서 전수조사 방식의 일제고사를 시행하였던 적이다. 이를 추진한 이명박 정부는 자신들의 정당성을 강변하는 중요한 근거로 미국의 사례를 무척이나 강조했다. 그러나 우리나라에서도 미국에서도 이런 방식의 표준화된 평가는 교육을 개선하는 효과보다는 획일화된 교육을 강요하고 교사들로 하여금 당장의 책임회피를 위한 행동에 치중하도록 유도했다. 그로 인해 도리어 교육의 질을 저하하는 결과를 낳았다는 비판과 함께 폐기되는 운명을 밟았다.

오바마 정부에서 미국 교육개혁의 방향으로 제시한 것은 'Race to the

Top' 정책이다. 그 방향은 학업성취 수준을 높이고 더 많은 사람들이 대학에서 전문적인 교육을 받도록 하는 것이다. 점점 대학진학률이 낮아지는 우리나라와 다른 접근을 보이고 있다.

미국 사회는 새롭고 보수가 좋은 일자리들이 만들어지지 않는 불안정한 경제라는 문제를 안고 있고 이를 해결하기 위해서 교육개혁의 필요성이 제기되었다. 미래에는 전문적인 고등교육을 필요로 하는 직업의 수가 대학 경험을 필요로 하지 않는 직업의 수의 두 배가 될 것이라고 예상하고 있다. 이런 예측은 미래 사회의 과학기술의 발전에 따른 문제의 복잡성과 복합성을 고려할 때 충분히 타당성이 있는 분석이다.

이런 예측에 근거해서 오바마 정부는 미래사회에서 새롭게 만들어질 일자리가 필요로 하는 더 많은 자격증과 학위를 취득할 수 있도록 학생들을 충분히 교육시키고 지원해야 한다고 결론을 내렸다. 그리고 향후 10년 안에 모든 국가 중 가장 높은 대학 졸업률을 달성한다는 거대한 목표를 수립하였다. 이를 위해서 고등학교의 졸업률과 학생들의 학업성취 수준을 높이기 위한 계획을 수립하고 지원하는 중앙정부와 주정부의 역할은 강화하되 학교와 교사의 전문성과 자율성을 존중하는 방향으로 정책을 수정하였다.

미래교육의 흐름: 일본의 교육개혁방향

　최근 우리 사회에서 가장 관심이 높은 교육개혁 사례는 일본의 교육개혁[17]이다. 그 이유는 일본에서 공교육에 IB(international Baccalaureate)를 도입하기로 했다는 사실이 알려지면서 우리나라 일부 교육청에서도 IB 도입을 검토하고 한글화 작업에 착수했기 때문이다. 그러나 일본의 IB 도입은 처음에 잘못 알려진 것처럼 전체 고등학교에 도입하는 것이 아니라 일부 희망학교에 한해서 도입하고 2020년까지 200개 정도의 초중고에 도입하는 것을 목표로 하고 있다. 우리나라보다 학교 수가 많은 일본의 현실에서 그 숫자는 미미하다고 할 것이다. 그러나 더 중요한 것은 일본의 교육개혁은 IB 도입이 핵심이 아니다. 기존의 지식전달식 교육에 대

17　김경범,《일본의 교육개혁 2015~2024 그리고 계속되는 개혁》을 기초로 보완 및 재정리하였다.

한 비판적 반성으로 '살아가는 힘'과 '확실한 학력'을 추구하는 새로운 교육체계의 구축에 중점을 두고 있다. 확실한 학력은 참된 학력을 의미하며 이는 기본적인 지식의 습득과 이를 활용한 문제해결력, 그리고 그 과정에서 얻어지는 자기주도적인 배움의 확장을 말하는 것이다.

일본에서도 고등학교가 초/중학교와 비교해서 지식 전달형의 수업에 그치는 경향에 대한 비판이 오래된 일인데 그 이유는 우리나라와 마찬가지로 고등학교 교육에 대학입시의 영향이 매우 크기 때문이다. 기존의 일본 입시는 모두에게 획일적인 조건으로 실시되는 대학입시 센터시험과 대학별 본고사가 주된 방법이었다. 이 시험이 사전에 설정된 문제를 풀고 그 점수 결과로 학생을 선발하는 방식이라는 점이 우리와 매우 닮아 있다.

일본도 우리나라의 학종과 유사한 AO입시와 지정추천과 공모추천으로 구성된 추천입시 등 많은 입시가 본래의 취지와 목적과 달리 단순히 입학자 수의 확보 수단으로 변질되어 버렸다. 이로 인해 대학입학자 선발이 학생의 지식을 측정하기 쉬운 부분적인 능력과 선발하는 시점에 보유하고 있는 능력을 평가하는 것에 그치고 있다. 그것이 제대로 된 평가보다는 학생 확보가 우선이 되고 있다는 비판의 원인이 된 것이다.

일본에서는 대학입시는 초중고 교육을 통해서 스스로 선택한 진로를 바탕으로 대학에서 수학하기 위해 필요한 적성과 자질로 평가되어야 한다는 주장이 끊임없이 제기되었다. 최근에 와서 시험 점수에 의한 객관성 확보를 과도하게 중시하여 점수에만 의존한 선발을 진행하는 것이 '**공평**'할 수는 있어도 '**공정하지는 않다**'는 반성적 움직임이 일본의 교육개혁으로 이어지게 된 것이다.

일본 교육개혁의 방향은 '살아가는 힘'과 '확실한 학력' 두 가지로 정리할 수 있다. 그리고 미래가 불확실한 시대에는 평생을 배우고 전혀 예측하지 못한 문제를 극복하고 새로운 문제를 설정하는 능력을 갖추고 지속 가능한 사회를 위해 공존하는 가치를 존중하는 인간을 길러 내는 것이 초중고 교육과 대학 교육의 사명이어야 한다는 점을 강조하고 있다. 이를 위해 학교 교육은 공평함이 아니라 다양한 인간의 가치를 존중하는 공정함을 추구해야 한다고 명시하였다. 즉, 우리나라에 잘못 알려진 것처럼 공립학교에 IB의 전면적인 도입이 주된 목표가 아니다. 미래 사회를 위해 필요한 개인의 살아가는 힘을 기르기 위한 교육의 방향에 대해 명확한 방향을 제시하고 있다.

일본의 교육개혁은 초중고 교육과 대학교육을 나누어서 접근하고 있다. 대학교육에서는 입시 개혁을 중요한 과제로 선정하고 일본 대학입시의 변화 방향을 고등학교 교육에서 익힌 '살아가는 힘'과 '확실한 학력'을 대학교에서 얼마나 발전/향상시키고 사회에 내보낼 수 있을까? 라는 기준으로 대학을 입학하는 단계에서 요구되는 힘을 다면적/종합적으로 평가하는 것으로 제시하고 있다.

일본의 교육개혁은 입시가 단순히 현재 시점에서의 능력을 단순하게 측정하는 것이 아니어야 한다는 기본적인 인식의 전환에서 출발하고 있다. 이를 바탕으로 각각의 배움을 지원하는 관점으로 전환하여 다양한 배경을 가진 개개인이 쌓아온 다양한 힘을 다양한 방법으로 '공정'하게 평가한다는 새로운 평가 이념을 확립하였다. 그리고 개개인의 인생을 돌아보았을 때 다양한 배경을 가진 학습자 한 사람의 능력이 최대한으로 발휘되는 교육의 기회가 평등하게 부여될 수 있는 의미로서의 '공평성'을 확립해 가야 한다는 점을 강조하고 있다.

구체적으로 '사고력, 판단력, 표현력'을 중심으로 평가하는 '대학입학 희망자 학력 테스트(가칭)'의 성적과 함께 소논문, 면접, 집단토론, 프레젠테이션, 조사서와 활동보고서, 대학입학 희망 이유서와 학업계획서, 자격/검정시험 등의 성적, 각종 대회 성적과 표창 기록, 그 외 수험자들의 능력을 증명하는 자료 등을 활용하도록 하였다. 우리나라 학부모들이 들으면 까무러칠 정도로 복잡하긴 하지만 '확실한 학력'을 파악하기 위해서는 이러한 다원적인 평가 척도가 필요하다는 이유를 명확히 제시하고 있다.

대학 입학에 대해서는, 고등학교 졸업 후 입학하는 길뿐만 아니라 편입학, 전입학, 사회 경험을 쌓은 후의 입학을 포함한 사회인 입학 등 다양한 방법을 열어두고 있다. 용이하게 진로를 변경할 수 있는 전 생애를 통한 학습 환경을 조성하는 방안을 모색하는 것이다. 현재 우리 사회에서 이루어지고 있는 논의와는 사뭇 다른 수준과 방향의 논의가 이루어지고 있다는 점에서 참고할 필요가 있다. 그리고 대학은 입학 후의 학생 성적과 활동 성적, 유학/중퇴율, 졸업 후의 진로 등에 대해 추적조사를 할 의무가 있음을 강조하고 있다. 이로써 평가기준/방법의 타당성을 검증하는 것도 필요하다고 지적하며 인재의 선발과 육성에 있어서 대학의 책무를 강력히 촉구하고 있다.

고등학교의 교육 질을 개선하기 위한 접근으로 '고등학교 기초 학력 테스트(가칭)'를 도입하도록 하고 있다. 고교생 스스로 고등학교 교육에서의 기초적인 학습의 달성도를 파악할 수 있도록 학력을 객관적으로 제시하는 것이 목적이다. 이를 통해 학생의 학습의욕을 환기 및 개선하도록 한다. 고등학교 교육의 방향은 '사고력, 판단력, 표현력'을 육성하기 위한 과제의 발견과 해결에 중점을 둔 주체적/협동적인 학습/지도방법으로의 비약적 발전을 시도하는 것을 목표로 하고 있다.

　교사의 질 향상을 위한 방안으로 교사 임용을 개방하는 방안을 제안하고 있다. 교사의 역할로 과제의 발견과 해결에 중점을 둔 주체적/협동적 배움을 위한 교육을 전개하면서 학생의 다양한 학습 성과와 활동을 적절하게 평가하는 것을 강조한다. 이를 통해 새로운 시대의 필요한 자질/능력을 가르치고 학생의 가능성을 성장시키는 관점에서 지도할 것을 요구한다.

　이러한 역할을 담당하기 위한 교사의 자질/능력의 향상을 위한 교직과정을 개선하고 연수/채용 방법을 정비한다. 또 대학의 교직과정에서 교사에게 필요한 자질/능력을 육성시키는 프로그램을 조성하는 등 필요한 환경을 만들어 내야 하는 국가의 책무를 강조하고 있다. 교사는 새로운 평가 방법의 연구/개발을 하면서 학생의 다양한 학습 성과와 활동을 평가할 수 있는 방법으로 전환할 수 있는 능력이 요구된다.

　진로지도에 대해서도 이러한 평가를 기준으로 단순히 지식 및 능력의 습득 정도를 바탕으로 한 지도가 아닌 다면적/종합적인 평가를 바탕으로 학생 한 사람의 장래 목표의 실현을 지원하는 관점으로 전환할 것을 요구하고 있다.

학점제와 학제 개편

 학제 개편의 문제는 수차례 논의가 되어 왔지만 여러 가지 논란과 예상되는 문제점으로 인해 진척이 없었다. 이는 역설적으로 학제 개편의 필요성을 대변하는 것으로 볼 수도 있다. 학제 개편의 필요성에 대해서는 공감이 형성되었지만 발생할 수 있는 문제와 비용 등이 걸림돌이 된 것이므로 이에 대한 적절한 해결 방안이 모색된다면 학제 개편이 가능하다고 해석할 수 있기 때문이다.

 현재의 학제는 70년 이상 유지되어 온 근대기에 확립된 학제이므로 시대의 변화에 따른 재검토가 필요하다. 특히 학생들의 조기성숙과 사회 문화적 환경의 변화로 인해 입학연령의 하향의 필요성은 꾸준히 제기되어 왔다. 물론 만 5세의 유아기적 특성을 고려해야 한다는 반론도 만만치 않지만 어차피 학제 개편은 교육과정의 전환을 의미하므로 교육과정의 조정과 교육내용 감축 등으로 해결 가능할 것으로 보인다.

또한, 초등학교 5, 6학년 학생들의 신체적, 정신적 발달 상황이 과거 중학생 수준 이상으로 평가되므로 이 연령을 중학교 단계로 편입하는 것은 학제상으로 큰 무리는 없을 것이다. 고등학교 체제는 대학과 초중등교육의 유연한 단절과 중학교 이하는 시민 교육의 완성에 고등학교에서는 전문교육에 주안점을 두는 것을 목표로 접근해야 한다. 여기에서 대학과 초중등교육의 단절의 필요성은 대학입시에서 평가의 중점을 초중등교육에서의 성과보다 대학에서의 수학능력에 두어야 함을 주장하는 것으로 이해해야 할 것이다. 이를 통해서 초중등교육은 자기 선택과 잠재력 개발에 집중할 수 있도록 해야 한다는 것이다. 현재 우리 초중등교육은 대학입시에 종속되어 파행적으로 운영되고 그에 따른 교육왜곡의 폐해가 심각하다는 것은 대다수가 동의하고 있다. 따라서 초중등교육을 대학입시와 단절하기 위한, 적어도 초중등교육이 그 자체로서의 목적을 충실히 달성하기 위한 방안으로 초중등교육 왜곡의 정점에 있는 고등학교 체제의 전환이 필요하다. 학제 개편의 핵심적인 방향은 바로 이 지점이 되어야 한다. 그리고 이것이 '학제 개편이 필요한가?'라는 질문에 대한 대답이 될 것이다.

다시 정리하면 초중등교육과 대학교육의 단절, 인성을 다져가는 시기(초등교육)와 시민으로서 성장을 위한 여유 있고 충분한 교육 기간(중등교육), 이를 기반으로 자신의 진로를 탐색하는 진로탐색학교로 현재의 초중등교육을 혁신적으로 재편할 필요가 있다.

내용을 요약하면 만 5세와 초등학교 4학년까지를 현재의 초등학교에 해당하는 5년 과정으로, 중학교 과정은 5학년에서 9학년까지 포함하는 5년 과정, 고등학교는 2년 과정으로 재편한다(또는 만 5세에서 9학년까지를 포함하는 통합학교와 2년제 고등학교로). 이렇게 하면서 입학시기를 9월로 조정하면 현재 졸업시기로부터 6개월이 당겨지는 효과가 나타나게 된다. 여기에 특성화고와 전문대학을 연계하는 경로를 신설해서 3년 만에 전문학사를 취득할 수 있도록 하여 학생들의 직업세계 진출을 앞당긴다. 원하는 경우 직업 과정의 학사학위를 취득하거나 일반대학으로의 편입이 용이하도록 해서 고등학교 졸업자들의 진학수요를 분산시킨다. 중학교에서 고등학교로 진학할 때는 학생들이 진로에 따라서 자유롭게 선택하되 모든 학교를 추첨제로 전환해서 고등학교 입시를 폐지하는 방안이 병행되어야 효과를 높일 수 있을 것이다.

이렇게 학제 개편이 이루어지면 그동안 학제 개편 시도의 발목을 잡아왔던 재정적인 측면에서도 실현가능성이 높다. 현재 유아교육 및 보육의 무상화로 인한 교육재정부담이 심각한 상황이다. 또, 고교무상교육의 도입으로 구체적인 재원 조달 계획과 관련해서 교육부와 시도교육청이 갈등을 빚고 있다. 따라서 재정적인 측면에서의 검토할 때 학제 개편안은 전체 유초중등교육 기간 중 1년이 줄어드는 효과가 있고 학생 수가 감소하는 추세까지 고려하면 실현가능성이 매우 높은 방안이다.

학제 개편에서 고등학교 체제 개편은 고등학교 교육에서 학생의 선택권을 높이는 교육과정 다양화의 추진을 지향해야 한다. 그러나 정책은 지향점만으로 실현이 되는 것은 아니다. 정책의 실현을 위한 여건을 확보할 수 있는가에 성패가 좌우된다.

개정 교육과정에 따르면 현재 고등학교 교육과정은 학생의 선택권을 보장하는 것을 핵심으로 하고 있다. 그러나 현재의 고등학교 체제에서는 학생 수가 자연 감소하더라도 학생들의 선택권을 확대하는 것에는 한계가 있을 것이다.

그리고 현재 고등학교 교육과정은 선택교과 중심의 교육과정이라고 하지만 실제로 1학년 과정은 공통교육과정으로 운영되는 것이 현실이다. 따라서 이를 중학교 단계로 하향하고 실질적인 선택교과 중심의 2년 과정으로 재편하는 것은 문제가 되지 않을 것이다. 오히려 이렇게 학제 개편을 하게 되면 현재의 고등학교는 2개 학년만 포함하게 된다. 이런 상태에서 지금의 학교, 교사, 교실 수를 그대로 유지하면 교육계에서 지속적으로 필요성을 주장해 온 무학년제, 학점제와 같은 다양한 교육과정 운영이 가능한 인프라가 확보될 것이다. 학점제의 실현을 위해서 현실적인 대안으로 학제 개편이 반드시 검토되어야 하는 이유이다.

여기에 현재의 특성화 고등학교와 전문대학을 연계하는 한국형 폴리텍대학형 기능직업학교(이하 한국형폴리텍)를 도입하여 직업교육의 단계를 축소할 필요가 있다. 한국형폴리텍을 졸업하면 일반대학에 편입할 수 있도록 경로를 열어 주어 학생들의 직업세계 진출을 촉진하는 것도 학제 개편의 중요한 내용으로 검토되어야 한다.

한국형폴리텍에 대한 이수연한 축소와 진학경로 확대 등의 차별적 지원은 직업교육에 대한 인식을 제고하고 학생들의 선택권을 확대하는 데 기여할 것이다. 이런 점에서 고등학교 체제 개편은 학생선택권을 높이는 교육과정 다양화라는 지향점을 명확히 하고 있다.

4차산업혁명으로 상징되는 미래사회를 준비하기 위해서는 학생들이 스스로 진로를 탐색하는 능력이 필요하다. 그런데 현재의 학제에서는 3년의 중학교 과정을 통해서 충분한 진로탐색이 이루어지기 어렵다. 이미 중학교 이상은 상급학교 진학을 위한 준비의 과정으로 전락했기 때문이다. 따라서 고등학교 입시를 전면 폐지하고 중학교 과정이 시민으로서의 성장과 진로탐색을 위한 충분한 기간을 가지도록 하면 매우 긍정적인 교육적 효과가 나타날 것이 기대된다. 더 나아가서 현재의 초등학교와 중학교를 통합하면 장기적이고 일관성 있는 교육이 가능해지고 학제 개편에 따른 인프라 재배치가 더 용이해질 것이다. 이런 체제는 덴마크나 미국에서도 실시되고 있어서 전혀 새로운 모델은 아니다.

학제 개편은 고등학교 입시 폐지와 자유로운 대학입학 경로 개방을 추구하므로 이로 인해 사교육 경감이라는 부수적인 효과를 기대할 수 있다. 그리고 고등학교 입시의 폐지는 중학교 교육과정의 다양하고 여유 있는 운영과 경쟁완화로 진지한 자기 계발과 진로탐색이 가능하게 할 것이다. 진로에 대한 올바른 탐색은 선 취업 후 진학을 확대하는 역할을 할 수 있어서 과도한 대입경쟁을 해소할 수도 있을 것이다. 뿐만 아니라 자신의 필요에 의해서 다양한 시기에 고등교육에 진입하게 함으로써 학습 몰입도와 학습의 질을 높일 수 있어 전반적인 대학교육의 내실화에도 기여할 것으로 예상된다.

이렇게 고등학교 진학을 위한 경쟁 해소와 다양한 대학진학 경로가 보장되면 사교육은 획기적으로 해소될 수 있을 것이다. 대학입시의 제도 변경으로 접근해 온 기존의 실패한 사교육 경감정책에 비해서 효과가 기대되는 내용이다.

이러한 장점과 기대에도 불구하고 학제 개편에 대한 논란은 피할 수 없을 것이다. 학제 개편과 관련해서는 여전히 입학연령 하향에 대한 논란이 존재한다. 따라서 이에 대한 명쾌하고 교육적인 논거가 뒷받침될 필요가 있다. 그리고 지식교육보다는 정서적이고 여유로운 환경에서의 성장이 필요한 유아기 특성을 고려할 때 만 5세를 학교 교육에 편입하는 것은 적절하지 못하다는 유아교육계의 반발을 설득해야 할 과제가 남겨져 있다.

입학연령을 만 5세로 낮출 때 발생할 수 있는 혼란(만 6세와 만 5세가 동시에 1학년이 되는 문제와 중학교 과정의 연장으로 인한 과밀화문제)과 대학입학이나 직업세계 진출 시 발생하는 과도한 경쟁(학제 개편 전년도 입학생과 개편시기 입학생이 동시에 배출되어 일시적으로 두 배의 경쟁 발생)의 문제는 해결하기 쉽지 않다. 이미 여러 차례의 학제논의에 가장 큰 걸림돌로 작용한 문제인 만큼 이에 대한 대안을 제시하지 못하면 설득력이 떨어질 것이다.

먼저 학제 개편이 시작되는 시기에 만 5세와 만 6세가 동시에 초등학교에 입학함으로 인해서 발생하는 혼란은 만 5세를 어떻게 명명하느냐 문제이므로 기술적으로 해결 가능할 것으로 보인다. 학제 개편과 맞물려서 9월 학기제로 전환하고 유아교육은 만 5세를 정규학교 교육으로 편입한다. 학제 개편이 시작되는 해에는 만 6세는 3월에 만 5세는 9월에 입학하게 되므로 교실과 교사만 확보되면 큰 혼란은 없을 것이다. 기존의 학제에 따라 입학한 학생들과는 별도로 학사 운영이 이루어지므로 이런 구분에 따른 어려움은 있겠지만 같은 공간에서 별도의 학교를 운영한다는 개념으로 접근하면 크게 문제가 되지 않을 것이다.

그보다 이 방안은 현재의 병설유치원을 만 5세 교육만 전담하도록 하는 시스템으로 가는 것을 의미하는데 이에 대해서도 추가적인 논의는 필요하다. 이 방안은 만 5세 아이들은 모두 공교육 시스템에서 담당하고 그 이하의 연령에 대해서는 사립유치원과 어린이집이 담당하도록 하며 현재 수준의 지원을 유지하는 것을 전제로 한다(이 경우 유치원 입학연령을 만 2세 9월로 조정할 수도 있다).

특히, 0~4세까지 아동에 대해서는 학부모들은 자신이 원하는 기관을 선택하도록 하되 종일반을 자부담으로 전환한다. 이때 맞벌이 부부처럼 불가피하게 아이들 기관에 맡기는 경우의 부담을 줄이기 위해서 종일반 자부담 비용은 세제해택을(이것은 모든 종일반 자부담에 대해서 적용하므로 차별 논란은 없을 것임) 준다. 이렇게 하면 불필요한 기관 이용을 막아서 국가의 재정 부담을 줄이면서 맞벌이 부부처럼 꼭 필요한 수요자들의 피해를 막을 수 있는 방법이 될 것이다.

결론적으로 국가가 담당하는 교육을 만 5세 이상으로 제한함으로써 국가 재정 부담을 줄일 수 있고 만 4세 이하의 아동에 대해서는 사립기관 간의 건전한 경쟁을 유도하여 교육의 질은 높이고 비용을 낮추는 효과를 기대할 수 있다.

또한, 학제 개편에 따라 초등학교는 인구감소에 따른 초등학교 학생 수 감소와 더불어 1개 학년이 줄어들게 되므로 급격한 학생 수 감소로 인한 공동화가 예상된다. 이에 반해서 중학교는 2개 학년이 늘어나게 되므로 과밀현상이 초래되게 될 것이다. 대다수 학자들은 심각한 문제로 받아들이지만 이것은 인프라 재배치의 문제이므로 학제 개편을 근본적으로 부정할 이유가 되기는 어렵다. 이를 해결하기 위한 대안으로는 다음과 같은 방안을 검토해 볼 수 있을 것이다.

- 초등학교의 일부를 중학교로 전환하는 방법
- 초등학교-중학교 병설형 학교로 운영
- 중·고 병설학교로 운영

오히려 대학입시나 직업세계 진출시기에의 2개 연령 중첩은 과도한 경쟁을 초래하는 심각한 문제를 야기할 수 있다. 이 문제를 해결하기 위해서는 정교한 접근이 필요하지만 우선적으로 떠오르는 대안으로는 다음과 같은 방안이 있을 것이다.

- 취업 후 대학진학을 확대하기 위한 정책으로 대학진학시기 분산
- 중학교 졸업 후 전환학년제 등의 도입
- 한국형폴리텍의 조기 도입으로 대입경쟁 분산
- 대학 입학시기도 9월 학기로 조정

고등학교 체제 전환의 중요한 내용 중 하나는 대학만이 아닌 다양한 진로를 선택할 수 있도록 경로를 다양화하고 있다는 것이다. 이렇게 현장의 실무를 경험하고 필요에 의해서 고등교육에 진입하는 것은 평생학습 시대에 매우 바람직한 방향이다. 따라서 이런 문화를 확대하고 정착하기 위한 제도적 지원이 필요하다.

중학교 과정을 마치고 대학진학을 위한 과정으로(현재의 일반고에 해당) 진학하는 것은 논란의 여지가 없을 것이다. 그러나 직업세계로 진출하는 경우와 제안된 한국형폴리텍을 선택하는 경우 운영 방안과 이들의 대학입학자격에 대한 조건을 명확히 하는 것이 과제이다.

진학 과정을 선택하는 경우 2년을 마치면 대학입학자격시험을 치르도록 하고 있는데 반해 특성화고는 한국형폴리텍으로 전환한다. 그리고 3년을 마치면 전문학사를 수여하고 대학 편입에 특혜를 부여하는 것에 대한 설득도 필요하다. 한국형폴리텍에서 3년(2+1)을 마치면 전문학사를 수여하는 것은 현재 2년제 대학의 교과내용이 상당 부분 특성화고와 겹치므로 큰 무리가 없이 도입 가능할 것으로 판단된다. 그리고 한국형폴리텍은 현재 특성화고 자체를 한국형폴리텍으로 전환하거나, 특성화고와 전문대학간의 연계(2+1) 및 2년제 대학이 고등학교 과정까지 개설하는 방식으로 설립할 수 있다.

뿐만 아니라 한국형폴리텍이나 특성화고를 졸업하고 바로 직업현장에서 실무를 쌓은 후 국가자격증을 취득하면 전문학사 학력을 인정하는 제도가 필요하다. 더불어 취업 후 진학제도를 이용해서 쉽게 대학진학이 가능하도록 하는 방안을 마련해야 '선취업·후진학'의 문화를 확산할 수 있을 것이다.

미래사회의 변화에 조응하기 위해서는 제대로 된 인성과 시민의식을 기르는 과정으로써 보통교육 자체에 충실해야 한다는 방향을 제시하고 있다는 점이 이 학제 개편안의 특징이자 차별성이다. 지금까지 대부분의 교육개혁안은 대학입시를 어떻게 할 것인가에 주안점을 두어 왔다면 이 학제 개편안은 대학입시의 문제를 의식적으로 외면할 뿐만 아니라 아예 분리해야 한다고 주장하는 것이다. 그것은 대학입시를 해결하기 위한 수많은 안이 나왔지만 대학입시를 해결하지 못했다는 경험으로부터 얻은 교훈이다.

또, 교육계뿐만 아니라 우리사회 대다수가 동의하듯이 우리나라 교육은 대학입시에 볼모가 되어 있다. 이로 인해서 고등학교가 우리 교육의 병목지점이 되고 있다는 점을 제대로 바라보아야 한다. 따라서 고등학교 교육을 대학입시와 분리하고 새로운 체제로 전환하는 아이디어를 제안하고 있으므로 제대로 논의해 볼 만한 가치가 있다.

　문제에 집중할수록 문제는 해결되지 않는다는 격언처럼 문제에서 한 발짝 물러서거나 문제 자체를 무시하는 전략으로 접근해 볼 필요가 있다. 그리고 지금까지 해 오던 방법으로 더 열심히 한다고 해서 문제가 해결될 것이라고 믿는 것은 어리석은 일이다. 과거의 인식에서 가능성을 판단하려는 태도를 벗어나서 새로운 상상력으로 새롭게 접근할 때 혁신이 가능해질 것이다.

새로운 사회와 학점제

이 책을 마무리하고 있는 시점에 우리는 한 번도 경험해 보지 못한 새로운 세상에서 살게 되었다.

코로나19의 여파로 개학이 연기되는 초유의 사태가 벌어지고 급기야 온라인 개학을 했지만 학교나 학생 모두 준비되지 않은 상황에서 급작스럽게 도입되어 혼란과 불만의 소리가 끊이지 않고 있다. 인프라가 갖추어지지 않은 상태에서 이루어진 온라인 개학은 우선 쌍방향 수업보다 일방적인 강의 시청 위주의 수업으로 진행됨에 따라 수업의 효과에 대한 의문이 제기되고 있다. 특히 집중력이 떨어지는 저학년에서는 학부모들의 부담으로 전가되어 불만이 높아지고 있는 상황이다.

상황은 쉽게 정리되지 않을 것으로 보여 온라인 수업의 장기화로 인한 교육의 부실화에 대한 논의가 재점화될 가능성도 제기된다. 단순히 수업을 진행한 것만으로 교육이 이루어졌다고 할 수 있느냐하는 문제는 교육적으로 고민해야 할지점이다. 코로나19 사태로 교육에도 새로운 표준이 요구되고 있는 변곡점을 맞이하고 있다. 이런 불만과 우려로 인해 일각에서 지속적으로 주장하고 있는 9월 학기제에 대한 관심이 높아지고 이것은 학점제를 위한 조건과 연계되어 있어 학점제의 새로운 전환점이 될 수도 있을 듯하다.

9월 학기제는 국제적인 표준과 다른 우리의 3월 학기 시작을 9월로 옮겨서 다른 나라들과 일관성을 갖추자는 것으로 꾸준히 필요성이 제기되어 왔다. 이에 대해서 본격적으로 논의된 것은 노무현 정부 시절로 구체적인 시행방법과 소요 예산을 검토한 결과 생각보다 높은 소요예산 때문에 비용 대비 효과가 낮다고 판단되어 폐기되었다. 이후로 9월 학기제에 대한 주장이 제기되면 이때의 연구를 근거로 논의의 싹을 잘라버린 것이 그간의 일반적인 정서였다. 그런 점에서 당시의 정책검토는 아쉬움이 남는다. 단순히 9월 학기제로의 전환은 기존 연구의 결론처럼 비용대비 효과에서 낮은 점수를 받을 수밖에 없다. 그러나 새로운 시대를 전망하고 이런 시대의 변화가 요구하는 학제 개편과 같은 기존 교육 시스템의 전반적인 혁신을 염두에 두고 접근했을 때의 결론은 달라질 수도 있었다는 점을 지적하지 않을 수 없다.

　북미의 경우는 8학년으로 우리의 중학교 교육이 끝나고 고등학교는 9학년부터 시작되어 4년의 과정으로 이루어진다. 우리가 고등학교를 3년으로 고집해야 할 어떤 확고한 교육적 이유는 없는 것이다. 소위 북유럽의 시스템은 9년의 공통교육과정을 채택하고 있으나 독일의 경우 일찍 진로를 확정하는 등 우리와도 다른 시스템으로 보아야 한다. 그리고 이런 학제는 과거 시대에 만들어진 것으로 새로운 사회, 변화하는 시대에 재검토되어야 할 대상임은 분명하다.

　아무튼 우리가 현재 채택하고 있는 학제에 대한 새로운 접근이 필요한 만큼 이를 포함하는 총체적인 의미에서 9월 학기제로의 전환이 논의되었다면 9월 학기제는 비용 면에서 유리한 요인으로 작용할 수도 있었을 것이다. 그런 점에서 9월 학기제에 대한 논의를 새로운 각도로 접근해볼 필요가 있다. 먼저 애초에 코로나19의 상황이 어찌 될지 모르니 개학을 여름방학 이후로 미루고 그 참에 9월 학기제로 전환하자는 주장이 있었다. 이 주장은 이미 온라인 개학으로 인해 논의가 무의미해진 측면이 있다. 그리고 이 주장은 학교의 개학시기만을 고려하고 여타 관련된 학사시스템과 대학입시, 취업시장까지의 파급효과를 무시한 단순한 접근이라는 한계가 있다. 9월 학기로의 전환은 그렇게 단순한 문제만은 아니기 때문이다.

  그러나 이 주장은 전 학년이 전체적으로 한꺼번에 한 학기를 미루는 방안이므로 비용의 측면에서 아주 효과적인 방안일 수는 있다는 긍정적인 점도 있기는 하다. 단순히 비용 측면에서만 고려한다면 아주 좋은 방안이라고 생각되었을 것이다. 그러나 모든 문제가 그렇게 단순하지는 않다. 문제해결에 실패하는 대부분의 사례를 보는 듯하다. 단순하게 떠오르는 아이디어에 의존하는 경우 이후 대두되는 수많은 문제로 인해 해결에 실패하는 사례들처럼.

  그렇다고 온라인 개학을 했으므로 9월 학기제가 완전히 무산되었다고 생각하는 것도 무리이다. 원래 9월 학기제를 도입하더라도 일거에 도입하는 것은 무리가 있으므로 초등학교 입학을 1개월씩 당기는 방식으로 단계적으로 진행하는 것이 현재의 인프라를 고려할 때 비용 면에서 효율적이라는 것이 합의된 진행방식이었다. 그래서 코로나19로 인해 4월 중순에 개학하였으니 방학을 줄이거나 수업일수를 줄이지 않고 정상적으로 학사일정을 진행하고 다음 해의 개학을 또다시 1개월씩 미루어 가면 3년 정도면 9월 학기로 전환이 가능해진다. 그리 불가능하거나 무리한 시나리오는 아니다. 그런데 이 방안에는 교육적으로 간단하지 않은 문제가 발생한다. 이렇게 되면 전체적으로 학생들의 학령이 6개월 늦춰지는 결과가 되기 때문에 이에 대한 면밀한 검토와 사회적 합의가 필요하다. 이미 학생들의 인지발달로 인해 학령을 당기고 수업 연한을 줄여야 한다는 주장도 제기되고 있기 때문이다.

이런 문제를 해결할 수 있는 방안이 학제 개편을 동시에 추진하는 것이다. 어차피 9월 학기제로 가려면 어느 정도의 혼란과 진통을 감수해야 하고, 학령이 6개월 늦추어지는 문제가 있으므로 학제시스템에 통합적 접근을 통해서 일괄적으로 해결하는 방안으로 접근할 필요가 있다. 예를 들어 유치원 과정 중 일부를 학교로 흡수하여 학령에 대한 문제를 해결하는 방안도 가능할 수 있을 것이다. 9월 학기가 국제적 보편성을 추구하는 것이라면 만 5세 과정을 학교 교육으로 흡수하는 것도 다수의 국가에서 시행하고 있으므로 일관성 있는 접근이라 할 수 있다.

이와 더불어 좀 더 논의가 필요하지만 상급학교 진학에 초점이 맞추어져 있는 우리나라 학교시스템을 진로와 연계성이 높은 방향으로 전환하는 학제 개편은 고교학점제의 성공적인 도입을 위해서도 꼭 필요한 과정이 될 수 있다. 이런 점도 9월 학기제의 추진이 학제 개편과 함께 다루어져야 하는 중요한 이유이다.

결론적으로 9월 학기제의 논의와 관련해서는 2007년의 연구의 그림자가 너무 짙게 드리워져서 시대와 환경의 변화를 반영하지 못한 측면이 있다. 그리고 학점제를 실시하기 위해서 필요한 고등학교의 인프라 증설요구와 초중학교의 유휴 인프라를 고려하면 학제 개편과 맞물려서 9월 학기제를 추진하는 것은 여러 가지 측면에서 가능한 시나리오다.

이제 학생 수가 감소함에 따라 추가적인 인프라의 필요성이 낮아져서 비용적인 부담은 큰 장애가 되지는 않을 것이다.

변화는 새로운 아이디어에 대한 적극적인 수용과 논의를 통해서 이루어진다. 코로나19 사태로 우리 사회는 한 번도 경험해 보지 못한 시대를 맞이하게 되었고 코로나19 이후의 사회는 그 전의 사회에 분명히 달라진 모습으로 다가올 것이다. 이런 대격변의 시대를 대처하는 우리의 사고도 분명히 달라져야 한다. 기존의 사고에 머무르는 것이 아니라 코로나19로 인한 충격을 긍정적이고 발전적인 사회 시스템의 재구조화로 이끌어 내는 도전적인 자세가 코로나19라는 재앙을 극복하는 것을 넘어 우리 사회를 한 단계 성장시키는 기회로 만들게 할 것이다.

제대로 이해하는
고교학점제

ⓒ 이성대, 2021

초판 1쇄 발행 2021년 3월 22일
　　　2쇄 발행 2021년 10월 27일

지은이　　이성대
펴낸이　　이기봉
편집　　　좋은땅 편집팀
펴낸곳　　도서출판 좋은땅
주소　　　서울특별시 마포구 양화로12길 26 지월드빌딩 (서교동 395-7)
전화　　　02)374-8616~7
팩스　　　02)374-8614
이메일　　gworldbook@naver.com
홈페이지　www.g-world.co.kr

ISBN　979-11-6649-465-9 (03370)